国家自然科学基金重点项目（41430637）阶段性研究成果
河南师范大学青年基金项目（20190019）

中部老工业城市承接产业转移影响因素与效应研究

雒海潮　苗长虹◎著

RESEARCH ON THE INFLUENCING FACTORS AND
EFFECTS OF UNDERTAKING INDUSTRIAL TRANSFER IN
THE OLD INDUSTRIAL CITIES IN CENTRAL CHINA

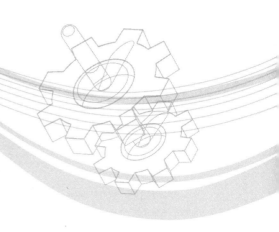

经济管理出版社
ECONOMY & MANAGEMENT PUBLISHING HOUSE

图书在版编目（CIP）数据

中部老工业城市承接产业转移影响因素与效应研究/雒海潮，苗长虹著.—北京：经济管理出版社，2021.7

ISBN 978 - 7 - 5096 - 8171 - 8

Ⅰ.①中… Ⅱ.①雒… ②苗… Ⅲ.①老工业基地—工业城市—产业转移—影响因素—研究—中国 Ⅳ.①F264

中国版本图书馆 CIP 数据核字（2021）第 146237 号

组稿编辑：魏晨红
责任编辑：魏晨红
责任印制：黄章平
责任校对：张晓燕

出版发行：经济管理出版社
　　　　　（北京市海淀区北蜂窝 8 号中雅大厦 A 座 11 层　100038）
网　　址：www. E - mp. com. cn
电　　话：（010）51915602
印　　刷：唐山玺诚印务有限公司
经　　销：新华书店
开　　本：720mm×1000mm/16
印　　张：13.5
字　　数：257 千字
版　　次：2021 年 8 月第 1 版　　2021 年 8 月第 1 次印刷
书　　号：ISBN 978 - 7 - 5096 - 8171 - 8
定　　价：68.00 元

前　言

从 21 世纪初期中央基于"中部塌陷"提出"中部崛起战略",到党的十九大提出"发挥优势推动中部地区崛起",明确将区域协调发展战略确定为国家七大战略之一,体现了党中央和国务院缩小我国区域经济梯度差异、进一步落实区域经济社会协调发展的信心和决心。加快承接产业转移是实现中部地区产业结构优化升级、加快经济发展方式转变的重要内容和根本途径。通过承接产业转移发挥中部地区的资源和劳动力优势,推动中部地区实现跨越式发展,是实现中部崛起战略的关键所在。近年来,中国面对正在出现的国际产业转移浪潮,东部地区由于经济要素成本上升、生态环境承载能力饱和等原因在承接部分转移产业时失去优势,而中部地区在承接国际产业转移过程中的优势逐渐显现。同时,经过40 多年的改革开放,我国东部沿海地区与中西部地区的经济格局正在发生重大变化。加快东部沿海地区产业向中西部地区梯度转移,形成更加合理、有效的区域产业分工格局,顺应了世界产业结构调整升级的大趋势,符合我国经济结构战略性调整的客观要求,已成为促进区域协调发展的政策取向和重要任务。现实中,随着产业跨区域重组进程的深化,我国东部沿海地区产业向中西部地区转移的趋势也在明显加快,且产业转移具有自发性、持续性和距离衰减性,表现为与经济核心区辐射范围扩大相伴而生、持续进行、随距离增加而规模减小。中部地区的城市具有中部崛起战略的政策优势,而且一些开发区发展水平较高,承接东部产业转移时间较长,已经成为承接东部产业转移的重要区域。同时,东部省份内部的欠发达地区和东南亚一些国家也在与中部地区争夺国际和国内转移的产业,竞争十分激烈。可见,现阶段中部地区正处于承接国际国内产业转移、促进经济发展的关键时期。而中部老工业城市由于工业发展较早,有一定的经济基础,具备作为中部地区承接产业转移的重要节点的优势。借助国家统筹推进全国老工业基地调整改造实现振兴的政策优势,通过承接产业转移实现老工业基地振兴是顺应国际国内产业转移发展趋势、响应国家统筹区域协调发展战略和振兴全国老工业基地战略的结合点。本书的研究重点就是分析中部老工业城市承接产业转移的关键影响因素以及产生的明显效应。

在党的十九大报告将区域协调发展战略确定为国家七大战略之一的背景下，产业转移作为实现区域协调发展重要路径再次备受学界和政界关注。现实中，承接产业转移往往被欠发达地区视为实现追赶的重要途径，产业转移相关研究也逐渐从转出地视角转向承接地视角。目前，关于中西部地区承接产业转移的大量实证研究都基于省级单元的数据，其结果不能很好地反映城市层面上的问题，而且采用省级层面数据分析，也不能反映各省内部存在的差异，忽略了其可能对整体存在的影响。从老工业城市层面上进行分析，影响中部老工业城市承接产业转移的因素究竟有哪些？在承接产业转移过程中，中部老工业城市与其他城市之间以及老工业城市自身之间存在竞争，其竞争力如何？此外，承接产业转移对中部地区可能产生低端产业的"锁定"效应和污染产业的"避难所"效应，将不利于中部地区的可持续发展。那么，承接产业转移对中部地区老工业城市经济、社会、环境、能源究竟产生了哪些影响？其效果如何？这些问题在更高层面上可以说涉及中部地区承接产业转移的成效、涉及国家统筹区域协调发展的战略效果、涉及国家调整改造中部老工业基地的成效，对于通过承接产业转移促进中部地区老工业基地振兴进而实现中部崛起、协调区域发展等都是至关重要的。

本书的研究以经济地理学、产业经济学、区域经济学、发展经济学等学科相关理论为基础，将外商直接投资、省外境内投资以及两者之和作为中部老工业城市承接国际产业转移、国内产业转移和承接产业转移总量的指标，运用面板数据模型、主成分分析法、熵值法、结构方程模型等计量经济研究方法，分析中部老工业城市承接产业转移的现状和基础，认为中部地区与发达国家和东部地区之间具备发生产业转移的基本条件，中部老工业城市承接产业转移总量也一直呈现快速上升趋势。本书分析了对中部老工业城市承接国际和国内产业转移产生正向和负向影响的因素以及因素的重要程度，对中部老工业城市承接产业转移综合能力进行了定量测度。本书分析了中部老工业城市承接产业转移产生的经济效应、社会效应、环境效应和能源效应，理论分析着重各种效应产生的途径，实证分析着重各种效应产生的正负向影响以及显著程度。

本书是河南大学教授苗长虹主持的国家自然科学基金重点项目"中部地区承接产业转移的驱动机制与环境效应（41430637）"的阶段性研究成果之一。中部地区地域广大、内部差异显著、承接的转移产业多样，课题组基于承接地域类型和承接产业类型不同形成两个基本研究进路，本书正是选择了中部老工业城市这一特殊的产业承接地域类型进行的研究。这一选题由雒海潮博士和课题主持人苗长虹教授讨论确定，全书由雒海潮负责设计研究框架、撰写、修改、统稿和定稿工作，在修改成书过程中，苗长虹教授提出了要求并进行了指导。

中部地区承接产业转移正处于快速推进过程中，老工业城市承接产业转移实现振兴也面临着不断出现的新问题和新现象，本书作为阶段性研究成果对许多问题还只是初步的探究，问题与不足在所难免，期待学界同仁给予批评指正。

雒海潮

2021 年 4 月 9 日

目　录

1 绪论 ……………………………………………………………… 1

　1.1 研究背景和选题意义 ……………………………………… 1
　　1.1.1 研究背景 …………………………………………… 1
　　1.1.2 本书价值 …………………………………………… 5
　1.2 研究范围及相关概念 ……………………………………… 7
　　1.2.1 研究范围 …………………………………………… 7
　　1.2.2 相关概念 …………………………………………… 8
　1.3 研究思路与研究方法 ……………………………………… 9
　　1.3.1 研究思路 …………………………………………… 9
　　1.3.2 研究方法 …………………………………………… 10
　　1.3.3 本书创新 …………………………………………… 11
　1.4 章节安排 …………………………………………………… 12

2 产业转移的理论梳理及相关研究进展 ………………………… 14

　2.1 产业转移相关理论梳理 …………………………………… 14
　　2.1.1 国外产业转移理论 ………………………………… 14
　　2.1.2 国内产业转移理论 ………………………………… 16
　2.2 承接产业转移影响因素和效应研究进展 ………………… 17
　　2.2.1 承接产业转移影响因素研究进展 ………………… 18
　　2.2.2 承接产业转移效应研究进展 ……………………… 24

3 中部老工业城市承接产业转移现状和基础 …………………… 34

　3.1 中部老工业城市承接产业转移现状 ……………………… 35
　　3.1.1 中部老工业城市承接国外产业转移现状 ………… 35
　　3.1.2 中部老工业城市承接国内产业转移现状 ………… 38

3.1.3　中部老工业城市承接产业转移总量分析 ……………… 42

3.2　中部老工业城市承接产业转移的基础 ……………… 44

　　3.2.1　经济发展水平 ………………………………… 45

　　3.2.2　城镇化、居民存款和收入 …………………… 48

　　3.2.3　产业结构 ……………………………………… 51

4　中部老工业城市承接产业转移影响因素研究 ……… 55

4.1　理论分析 ………………………………………… 56

4.2　实证研究 ………………………………………… 62

　　4.2.1　影响因素的量化分析和指标选取 …………… 62

　　4.2.2　数据来源及处理 ……………………………… 64

　　4.2.3　实证研究模型 ………………………………… 66

　　4.2.4　模型形式的设定检验 ………………………… 67

　　4.2.5　承接国际产业转移模型估计结果分析 ……… 69

　　4.2.6　承接国内产业转移模型估计结果分析 ……… 72

5　中部老工业城市承接产业转移综合能力研究 ……… 75

5.1　承接产业转移综合能力相关文献研究 …………… 75

　　5.1.1　承接产业转移综合能力内涵研究 …………… 75

　　5.1.2　承接产业转移综合能力研究方法 …………… 77

　　5.1.3　承接产业转移综合能力研究尺度 …………… 77

5.2　评价指标体系和研究方法 ………………………… 79

　　5.2.1　构建评价指标体系 …………………………… 79

　　5.2.2　研究方法 ……………………………………… 82

5.3　实证研究 ………………………………………… 84

　　5.3.1　研究区域概况 ………………………………… 84

　　5.3.2　数据来源和数据处理 ………………………… 85

　　5.3.3　综合评价 ……………………………………… 86

5.4　结果分析 ………………………………………… 101

　　5.4.1　综合得分分析 ………………………………… 101

　　5.4.2　分项评价结果分析 …………………………… 106

5.5　结论及建议 ……………………………………… 109

　　5.5.1　中部老工业城市承接产业转移综合能力的特征分析 …… 109

5.5.2　提升中部老工业城市承接产业转移综合能力的对策建议 … 110

6　中部老工业城市承接产业转移效应研究 ………………… 114

  6.1　承接产业转移经济效应研究 ……………………………… 115
    6.1.1　承接产业转移经济效应理论分析 …………………… 115
    6.1.2　承接产业转移经济效应实证分析 …………………… 117

  6.2　承接产业转移社会效应研究 ……………………………… 132
    6.2.1　承接产业转移社会效应理论分析 …………………… 132
    6.2.2　承接产业转移社会效应实证分析 …………………… 134

  6.3　承接产业转移环境效应研究 ……………………………… 146
    6.3.1　承接产业转移环境效应理论分析 …………………… 146
    6.3.2　承接产业转移环境效应实证分析 …………………… 147

  6.4　承接产业转移能源效应研究 ……………………………… 152
    6.4.1　承接产业转移能源效应理论分析 …………………… 152
    6.4.2　承接产业转移能源效应实证分析 …………………… 153

7　新乡市承接产业转移的影响因素和效应研究 …………… 160

  7.1　新乡市承接产业转移影响因素研究 ……………………… 160
    7.1.1　新乡市概况及承接产业转移影响因素理论分析 …… 160
    7.1.2　研究方法与数据来源 ………………………………… 165
    7.1.3　承接国际产业转移影响因素实证研究 ……………… 167
    7.1.4　承接国内产业转移影响因素实证研究 ……………… 173
    7.1.5　综合分析与政策建议 ………………………………… 176

  7.2　新乡市承接产业转移效应研究 …………………………… 179
    7.2.1　研究思路与方法 ……………………………………… 179
    7.2.2　指标选取、数据来源与处理 ………………………… 180
    7.2.3　新乡市承接产业转移效应的协整分析 ……………… 180

8　主要结论与研究展望 ……………………………………… 184

  8.1　主要结论 …………………………………………………… 184
  8.2　研究展望 …………………………………………………… 188

参考文献 …………………………………………………………… 190

1　绪论

1.1　研究背景和选题意义

1.1.1　研究背景

1.1.1.1　中部地区已成为承接国际和国内产业转移的重要地区

产业转移是产业由一个区域转移到另一个区域的经济调节过程和经济互动现象，也是当前经济学、地理学、社会学等学科研究和关注的热点。产业转移是区域经济发展到一定程度后产生的必然要求，其与区域经济发展相辅相成，联系紧密。产业转移根据转移空间是否跨越国家边界分为国内产业转移活动和国际产业转移活动。这两种类型的产业转移在中国都比较常见，本质是全球产业价值链在时空维度上调整的表现。第二次世界大战后，全球范围内经历了三次国际产业转移浪潮。第一次发生在 20 世纪 60 年代初，由美国向西欧、日本等国家进行产业转移。美国对本国产业结构进行调整，集中力量发展资本密集型产业和高新技术产业，而将传统劳动密集型产业如纺织、服装、制鞋等产业和高耗能、高污染的重化工业逐渐转移到经济发展水平低于美国而又有较好基础的西欧、日本等国家。第二次发生在 20 世纪七八十年代，由日本向东亚国家进行产业转移。最初日本将纺织等劳动密集型产业转移至距离最近的所谓"亚洲四小龙"，指中国香港、中国台湾、韩国和新加坡，保留资本密集型的钢铁、化工、汽车、机械等产业。不久由于石油危机的影响，日本开始将上述钢铁、化工、造船等高能耗、高污染的产业转移到具备一定承接基础的新兴工业化国家和地区，"亚洲四小龙"由于之前承接传统产业具备了一定经济发展基础很好地抓住了这次机遇，积极承接和引进这些资本密集型产业，快速建立了钢铁、造船、汽车、石化等重工业体系。20 世纪 80 年代，日本向外的产业转出扩展到了技术标准化的资本密集型产业和部分技术密集型产业，包括汽车、电子等。承接地不仅有"亚洲四小龙"，也开始转移到中国大陆地区。第三次发生在 20 世纪 90 年代到 2008 年全球金融危机前，信息技术主导的知识经济革命使美国、日本和欧洲发达国家开始注重知识技术密集型的高科技产业，如 IT、生化、新材料等，将重化工、电子、交通设施等常规技术产业转出。同时，在前两次国际产业转移浪潮中作为承接地发展起来的"亚洲四小龙"等国家和地区，也将劳动密集型和部分技术密集型产业向中国大陆和东盟国家转出，以便承接知识密集型产业从而实现产业结构升级。在第三次产业转移浪潮中，中国通过承接国际产业转移成为了"世界工厂"。2008 年金融危机爆发后，国际产业转移进入了一个新的时期，全球第四次产业转移浪潮已经到来，跨国公司在全球范围内配置资源，发达国家开始将劳动密集型产业、高新技术的劳动密集型生产环节转移到生产成本低的地区，这为发展中国家进入新兴产业、参与国际分工提供了条件和机会。

现阶段经济全球化和区域经济一体化过程不断加快步伐，国际产业转移也在加速发展。发达国家和新兴工业化国家积极迎接全球化，通过转出产业调整产业结构促进经济发展；发展中国家也纷纷通过吸引国外资本投入的方式承接国际产业转移，推动本国工业化进程。中国在第三次世界产业转移浪潮中，承接产业转移呈快速发展的趋势，利用外资规模不断扩大，连续多年成为利用外资最多的发展中国家。特别是中国东部沿海地区凭借优越的区位条件和对外开放政策优势，承接大量国际产业转移，快速融入了全球生产分工体系，外资成为东部地区经济发展的重要推动力量，推动经济实现了快速发展。国际产业转移往往呈现出明显的梯度性、阶段性规律和趋势，特征之一是从发达国家向发展中国家梯度推进，在承接国家内部区域间也是沿经济梯度推进。中国面对正在出现的国际产业转移浪潮，东部地区由于经济要素成本上升、生态环境承载能力饱和等在承接部分转移产业时失去优势，而中部地区在我国承接国际产业转移的过程中其优势逐渐显现，逐渐成为国际产业转移的重要承接地区。因此，中国中部地区承接的国际产业转移规模也在不断增大。

国内区际产业转移出现较晚，是在东部沿海地区经济发展起来之后，东部不同经济增长方式之间、成本与收益之间开始出现矛盾，经济转型和产业结构调整的任务才开始出现。但在 2008 年金融危机之后，无论是国内甚至世界著名大企业陆续进军中国中西部地区，还是连续多年在沿海地区出现的企业"招工难"现象，均表明国内的区际产业转移已经迫在眉睫，而且正在形成声势。可见，经过 40 多年的改革开放，我国东部沿海地区与中西部地区的经济格局正在发生重大变化。东部沿海的珠三角、长三角和环渤海等地区要素成本持续上升，传统产业的发展优势在减弱，外延型发展方式难以为继，加之受国际金融危机的冲击，加快经济转型和结构调整刻不容缓；而广大中西部地区基础设施逐步完善，要素成本优势明显，内需市场广阔，产业发展空间巨大。因此，加快东部沿海地区产业向中西部地区梯度转移，形成更加合理、有效的区域产业分工格局，既顺应了世界产业结构调整升级的大趋势，又符合我国经济结构战略性调整的客观要求，已成为促进区域协调发展的政策取向和重要任务。现实中，随着产业跨区域重组进程的深化，我国东部沿海地区产业向中西部地区转移的趋势也在明显加快。具体分析，东部沿海发达地区向沿海欠发达地区和中西部地区进行的产业转移具有自发性、持续性和距离衰减性，表现为与经济核心区辐射范围扩大相伴而生、持续进行、随距离增加而规模减小。中西部地区为抓住东部产业转移的机遇，竞争十分激烈。中部地区的城市具有中部崛起战略的政策优势，而且一些开发区发展水平较高，承接东部产业转移时间较长具备一定基础，已经成为承接东部产业转移的重要地区。但同时，东部地区地方政府也在出台政策，支持本省市产业向本省市内欠发达地区转移。东南亚一些国家也利用其廉价劳动力和资源，吸引日韩、中国港澳台以及东部沿海地区的产业转移。研究指出，新一轮国际产业转移的黄金周期可能只有 3～5 年，国内东部地区大规模的产业转移估计也在 5～8 年完成，中部地区争夺东部产业转移的竞争任务既紧迫又艰巨（马子红，2014）。

1.1.1.2 中部地区承接产业转移是统筹区域协调发展的重要途径

我国区域发展战略演进大体可以分为三个阶段：从中华人民共和国成立到改革开放，是我国工业布局由沿海向内地推进的阶段，学界称为生产力均衡布局或区域均衡发展阶段；从改革开放初到 20 世纪 90 年代中后期，是沿海地区率先发展的阶段，学界称为梯度推进或区域非均衡发展阶段；从 20 世纪 90 年代后期以来，随着区域发展总体战略的初步形成，进入了区域协调发展的阶段。国家层面强调统筹区域协调发展，源于改革开放以来，中国东中西部地区之间发展极不平衡，而且不平衡的态势有进一步加剧的风险。统筹区域经济协调发展，是扩大内需、缩小东西差距的需要，也是践行科学发展观、实现经济发展方式转变的需要。中央政府在十六届五中全会提出要推进西部大开发、振兴东北地区等老工业基地、促进中部地区崛起、鼓励东部地区率先发展等区域协调发展战略，阐述了促进区域协调发展的科学内涵。其中，中部地区在国家区域发展格局中占据重要位置，促进中部崛起是事关国家现代化建设全局的重大战略举措。中央政府在十六届四中全会上正式确立了实施促进中部地区崛起战略，2006 年出台的《中共中央、国务院关于促进中部地区崛起的若干意见》（中发〔2006〕10 号），标志促进中部地区崛起战略正式进入实施阶段。2009 年国务院批复了《促进中部地区崛起规划》，明确了到 2015 年乃至 2020 年促进中部地区崛起的总体目标和重大任务。国家区域协调发展的宏观背景和现实困境表明，解决区域经济不平衡的途径之一就是促进产业在区域之间的有序转移。作为推动国家中西部地区承接东部沿海发达地区和国外产业转移的战略举措，安徽皖江、重庆沿江和广西桂东三个国家级承接产业转移示范区的相继获批并付诸实施，说明东部向中西部实施产业转移、与中西部地区联动发展、实现共同发展目标的号角已经吹响，全国区域产业转移的趋势正在形成。自 2006 年国家实施中部崛起战略以来，通过国家政策支持和中部六省积极发展，中部地区的经济、社会、民生、对外开放等方面都获得了长足发展。国家在 2008 年开始，先后在中部地区成立了皖江城市带、湘南地区和荆州地区承接产业转移国家级示范区。中部地区承接产业转移成果丰硕，各省都有自己承接的产业转移项目。安徽省依托皖江城市带产业转移示范区、江西省依托环鄱阳湖生态经济区、湖南省依托湘南产业转移示范区、湖北省依托武汉城市圈、山西省依托临汾产业转移示范区和阳泉产业转移示范区大力推进招商引资，承接产业转移卓有成效。中部地区依托市场庞大和资源要素丰富廉价的优势，迅速成为承接国际和东部地区产业转移的重点地区。现阶段的产业转移主要表现为产业布局区际调整，此轮产业转移已经超越单纯企业区位调整，是技术、资本、要素、管理、劳动力、企业家等要素转移的叠加、整合和集聚。这轮产业转移是中国生产力布局的战略性调整，是国家扩大内需的重要举措，是促进中部地区后发优势发挥的着力点。但是，与东部发达地区横向比较分析，中部地区仍然相对滞后，其承接产业转移的潜力和优势还没有充分发挥，加快中部地区承接产业转移不仅需要总结以往的经验而且还需要继续深入推进，面临着许多理论和实践问题迫切需要加强研究。

1.1.1.3 承接产业转移是中部老工业城市调整改造的重要途径

国家在振兴东北老工业基地战略取得一定成效的基础上，编制了《全国老工业基地调整改造规划（2013－2022）》，旨在统筹推进全国老工业基地调整改造工作。明确指出老工业基地的基本单元是老工业城市，并明确了 120 个老工业城市，其中 95 个为地级老工业城市，25 个为直辖市、计划单列市、省会城市的市辖区。其中中部六省的地级老工业城市为 34 个。现阶段，中部地区正处在承接国际国内产业转移、促进经济发展的关键时期。一般认为，由于经济和技术的扩散效应和溢出效应，当两国或两地区之间经济技术水平相差较大时，相对落后的国家或地区可以借助不对称溢出效应获得更快的经济增长和技术进步（林毅夫等，2005）。中部老工业城市由于工业发展较早，具备一定经济基础，具有作为中部地区承接产业转移的重要节点地区的优势。借助国家统筹推进全国老工业基地调整改造实现振兴的政策优势，通过承接产业转移实现老工业基地振兴是顺应国际国内产业转移发展趋势、响应国家统筹区域协调发展战略和振兴全国老工业基地战略的结合点。如上文的分析，中部地区成为中国承接国际和国内产业转移的重要地区，而且承接产业转移是中部地区崛起实现国家统筹区域协调发展的重要途径，中部老工业城市调整改造实现振兴本身是中部地区崛起的一部分，承接产业转移也成为中部老工业城市调整改造实现振兴的重要途径。

1.1.2 本书价值

目前，新一轮大规模产业转移无论在国际层面还是国内区域层面都呈蓄势待发之势，其中我们国家的中部地区是具有代表性的承接地。在国际层面上，东部沿海承接国际传统劳动密集型产业、耗能较高污染较重的产业以及高新技术产业的劳动生产环节的优势都在减弱，而中部地区的优势逐渐显现，中部相比西部又具有一定的经济发展基础。在国内区际层面上，由于国内区域经济发展极不平衡，区际产业转移的发生已成为必然。为了利用产业转移推动中部地区发展，国务院在2009年专门发布《国务院关于中西部地区承接产业转移的指导意见》。为了推动全国老工业基地振兴发展，国家编制了《全国老工业基地调整改造规划（2013－2022）》。老工业基地为我国形成独立完整的工业体系和国民经济体系，为改革开放和现代化建设做出了历史性重大贡献。在新的历史条件下，做好老工业基地调整改造工作，对于加快转变经济发展方式、加速推进新型工业化和新型城镇化、加快形成新的增长极、构建社会主义和谐社会都具有重大意义。中部地区老工业基地在规划范围划定的120个城市中占有很大比例，其与东北地区老工业基地有共性的一面，但也有自己的特点。在推进全国老工业基地调整改造的过程中，中部地区老工业基地产业转型的成效事关全国老工业基地调整改造的成败。在中央政府的政策和规划支持下，国际国内产业转移势必推动中部承接国外和东部初级加工和部分深加工产业转移，不断提升中部地区区域综合效益，也将促进中部老工业城市振兴发展。目前，关于中西部地区承接产业转移的大量实证研究都基于省级单元的数据，其结果不能很好地反映城市层面的问题，而且采用省级层面数据分析，也不能反映各省内部存在的差异，忽略了其可能对整体存在的影响。在老工业城市层面分析，究竟影响中部老工业城市承接产业转移的因素有哪些？在承接产业转移过程中，中部老工业城市与其他城市之间以及老工业城市自身之间存在竞争，其竞争力如何？此外，产业转移对中部地区可能产生低端产业的"锁定"效应和污染产业的"避难所"效应，将不利于中部地区的可持续发展。那么承接产业转移对中部地区老工业城市经济、社会、环境、能源究竟产生了哪些影响？其效果如何？这些问题在更高层面上可以说涉及中部地区承接产业转移的成效、涉及国家统筹区域协调发展的战略效果、涉及国家调整改造中部老工业基地的成效，对通过承接产业转移促进中部地区老工业基地振兴进而实现中部崛起、协调区域发展等方面都是至关重要的。中部老工业城市是中部地区承接产业转移的重要承接节点地区，是中部崛起战略中地区增长极，是国家调整改造老工业基地的重要组成部分。因此，选择中部老工业城市承接产业转移作为研究对象，是选择了中部地区承接产业转移、国家统筹区域协调发展的中部崛起战略、振兴中部老工业基地的结合点，具有重要的理论意义和现实意义。

1.1.2.1 理论价值

产业转移的一般规律是产业从高级到低级按技术或经济梯度传递，通常按照"劳动密集型—资本密集型—技术密集型—知识密集型"方向传递。产业经济学、区域经济学分别从不同角度阐释了产业转移的动因、发展模式和演变趋势。国内学者对产业转移的研究总体处于探索和争鸣阶段，尚没有形成产业转移的理论体系。已有关于中部地区承接产业转移的研究成果，着眼于中部地区整体和中部 6 个省份层面上承接产业转移的现状、问题和对策研究，以及承接产业转移与产业结构调整研究。在研究区域尺度上，限于省级单元尺度，不能体现其内部差异；在研究内容上，偏于宏观和单一，微观和系统性方面不足；在研究方法上，偏于现状总结和理论分析，缺乏系统的实证研究。本书研究中部地区老工业城市承接产业转移问题，主要是进行实证分析，可以为产业经济学、经济地理学、区域经济学等学科的理论探究提供研究素材，有助于丰富产业转移理论，同时也为制定实施更有效的产业经济政策提供相应的理论基础。

1.1.2.2 现实价值

改革开放以来，中部 6 省经济发展取得了显著成就，但无论从总量规模还是从发展质量考察，与东部地区都存在较大差距，许多方面差距还在继续扩大。进入 21 世纪，特别是国家提出西部大开发和振兴东北老工业基地后，中部不单是与东部存在差距，与西部和东北的差距也呈现扩大趋势，在国家经济版图上，"中部塌陷"已成事实。在此背景下，国家出台了促进中部地区崛起战略，这是国家统筹区域协调发展的重要举措，是中部地区经济社会可持续发展的长期战略工程和产业协调快速发展的系统工程。中部老工业城市的调整、改造、振兴是促进中部地区崛起的应有之义，也是中部崛起的重要环节，通过基础较好的老工业基地承接产业转移实现振兴，可以形成中部地区的增长极带动区域经济快速发展，有利于中部地区经济快速发展，有利于国内发达地区产业转移和调整，获得更好、更快发展。通过分析中部老工业城市承接产业转移的现实状况、影响因素、竞争能力、产生的效应等问题，发现承接产业转移过程中的规律和问题，以便为更好地促进老工业城市承接产业转移做好准备，为老工业城市政府和所在省区政府提供实践参考和决策支持。

1.2 研究范围及相关概念

1.2.1 研究范围

改革开放后，老工业基地作为"问题地区"受到政府和学界关注，列入需要振兴和政策支持的地区。相应地，关于我国老工业基地概念的界定问题在学界有相应的讨论，具有代表性的包括戴伯勋（1997）、林凌（2000）、费洪平（2000）、王青云（2007）等提出的观点。2005 年，时任国务院总理温家宝主持会议研究中部老工业基地振兴问题后，关于中部老工业基地的标准和范围以及国家应支持的老工业基地如何界定的研究在学界展开，代表性成果是中国社会科学院魏后凯研究员（2000）和河南省发展改革委高树印研究员（2000）提出的标准。但是，国家没有正式文件明确老工业基地范围之前，中部老工业基地相关研究主要以中部六省为研究对象（姚莉，2012）。中部老工业基地研究内容限于范围界定和总体发展状况、存在问题和发展对策研究，相对比较宏观，多视角切入的系统性、全面性研究还比较欠缺。在城市层面上系统的研究还没有，这主要在于老工业基地对应的城市还没有统一，直到 2013 年国务院批复了《全国老工业基地调整改造规划（2013 - 2022）》，明确指出老工业基地的基本单元是老工业城市，并明确全国共有 120 个老工业城市，其中 95 个为地级老工业城市，25 个为直辖市、计划单列市、省会城市的市辖区。其中中部六省的地级老工业城市为 34 个，分别是山西省的大同、阳泉、长治、晋中、临汾 5 个城市；河南省的开封、洛阳、平顶山、安阳、鹤壁、新乡、焦作、南阳 8 个城市；湖北省的黄石、十堰、宜昌、襄阳、荆门、荆州 6 个城市；湖南省的株洲、湘潭、衡阳、邵阳、岳阳、娄底 6 个城市；安徽省的淮北、蚌埠、淮南、马鞍山、芜湖、安庆 6 个城市；江西省的景德镇、萍乡、九江 3 个城市。本书将国家明确的中部地区这 34 个地级老工业城市作为老工业基地研究范围，其余中部地区省会城市的市辖区考虑与地级城市规模、行政级别不对等以及数据的可获取性限制，不在本书的研究范围。

1.2.2　相关概念

1.2.2.1　老工业城市

虽然我国学术界很早就提出了"老工业基地"这个术语，但迄今尚没有统一的定义。一种观点认为，我国的老工业基地是指在中华人民共和国成立以前及成立初期所形成的对工业化起步产生重要影响的工业集中的城市或区域。另一种观点认为，所谓老工业基地是指在计划经济时期，依靠国家投资建设形成的门类比较齐全、相对集中的工业区域（城市），主要包括东北老工业基地（以沈阳、长春、哈尔滨为中心）、西北老工业基地（以西安为中心）、西南老工业基地（以重庆为中心）、华中老工业基地（以武汉为中心）以及上海老工业基地。此外，存在相近的一些观点如把老工业基地定义为国家"一五"时期重点投资建设的工业城市，或定义为在工业发展过程中对区域经济或国民经济产生重大影响的工业区域或中心城市。以上定义中，老工业基地内涵一般可包括以下五个方面：一是老工业基地形成的时间较早，相对而言具有较长工业化过程；二是老工业基地是对全国工业化进程产生重要影响的工业城市，在全国工业发展中具有重要的地位和作用；三是老工业基地形成的门类比较齐全、相对集中的工业城市；四是老工业或传统工业所占比重大、集中度高；五是老工业基地具有层次性，有些是全国性的老工业基地，有些是区域性或地方性的老工业基地。中华人民共和国成立前形成的全国性老工业基地主要有上海、天津、青岛、沈阳、大连、哈尔滨、武汉、重庆等，"一五"时期形成的老工业基地主要有吉林、长春、鞍山、齐齐哈尔、抚顺、太原、包头、大同、西安、兰州、洛阳、成都、武汉。本书采纳国务院 2013 年批复的《全国老工业基地调整改造规划（2013 – 2022 年）》的定义，指"一五""二五"和"三线"建设时期国家布局建设、以重工业骨干企业为依托聚集形成的工业基地。老工业基地的基本单元是老工业城市。我国传统体制中的老工业基地是为了实现国家的战略意图，靠政府以行政的力量通过计划和资源配置建立起来的，在我国的工业发展进程中占有举足轻重的地位。面对计划经济向市场经济转轨的重大变迁，老工业基地出于各种原因有所衰退，但仍具备相对优势，老工业基地改造具有必要性和可行性。

1.2.2.2　产业转移

产业转移有两种含义：第一种含义是指生产要素的产业间转移，是产业的纵向转移。农村劳动力向非农产业的转移，制造业从业人员向服务业的转移，这是劳动力的产业间转移；利用某种特定资产设备的生产能力转而生产其他产品，是资本品的产业间转移。第二种含义是指产业的区域间转移，即某一产业从产业成熟区域向产业潜力区域转移，它是某一产业在空间布局上的移动，是产业的横向转移。产业的区域间转移不仅发生在发达国家或地区与欠发达国家或地区之间，也发生在发达国家或地区之间及各自内部。两种含义的产业转移代表着两种类型的产业转移：第一种含义的产业转移是以同一区域或者同一经济单位生产要素的产业间的移动为研究对象，研究的目的在于揭示区域内生产要素产业间的最优配置问题；第二种含义的产业转移是以同一产业的空间移动为研究对象，研究的目的在于揭示生产要素区际流动的规律及其对区域经济发展的影响并探讨推动产业区域间转移的机理、效果、对策等。本书所研究的产业转移是第二种含义的产业转移。

产业转移的代表性概念包括如下几种：1994 年卢根鑫提出产业转移是由于产品市场和生产要素市场需求或供给发生变化导致产业在国际间或区域间的转移，在此基础上，卢根鑫对国际产业转移做了说明，认为国际产业贸易和产业投资必然会引起产业在国际间的转移，但国际产业转移又不能完全等同于国际产业贸易和产业投资。按照顾朝林等（2001）的研究，产业转移是一个综合的、复杂的过程，产业转移的过程同时也是劳动力、资本和技术等生产要素的转移过程。陈建军（2002）对产业转移的内涵进行了系统、深入的研究，认为产业转移是企业在产品市场和生产要素市场发生变化后，产业从一个国家或地区转移到其他国家或地区，包含着时间和空间两个层面，产业转移后会形成新的分工格局，可以促进移出地和移入地产业结构的调整和升级。本书所研究的承接产业转移不仅包括国外转移过来的产业，也包括我国内部区域之间的产业转移，即中部老工业城市承接的国际和国内产业转移。

1.3 研究思路与研究方法

1.3.1 研究思路

本书将中部老工业基地振兴和承接产业转移置于一个统一研究框架中，选择中部老工业城市承接产业转移作为研究的结合点。第一，回顾产业转移的经典理论和梳理与承接产业转移相关的研究文献，以此作为理论分析的基础；第二，在实证分析方面，基于资本流动是产业转移的主要表现形式，利益是产业转移内在核心机制，承接产业转移的主要方式是引进与利用外来投资，将中部老工业城市利用外商直接投资和省外境内投资分别作为衡量其承接国际和国内产业转移的指标进行研究；第三，运用统计描述和对比分析方法研究中部老工业城市承接产业转移的现状和基础；第四，从理论和实证两方面分析研究中部老工业城市承接产业转移的影响因素、竞争能力以及产生的效应；第五，作为对中部老工业城市整体研究的补充，以新乡市为例分析单个老工业城市承接产业转移的影响因素和效应，侧重研究方法的探索；第六，对全书进行总结，并提出需要进一步研究的问题。

1.3.2 研究方法

1.3.2.1 整体研究与个体分析相结合

本书的研究主题是中部老工业城市承接产业转移问题，由于中部老工业城市数量较多，除作为老工业城市具备一定的共性外，分属不同省份，发展水平不同其承接产业转移也存在差异。基于对中部老工业城市进行全面系统研究的目的，本书在设计研究的框架结构时，不仅选择将中部 34 个老工业城市作为整体进行研究，还选择单个老工业城市进行案例研究。整体研究着眼于承接产业转移的影响因素、竞争能力和效应，个体研究还关注研究思路和具体方法的探讨，便于其他老工业城市在城市尺度研究上作为参考。

1.3.2.2 理论研究与实证分析相结合

产业转移是经济要素在空间流动实现配置效率提高的过程，包含众多影响因素、涉及多方利益主体、形成结构层次复杂的经济过程。即使仅从承接地视角分析，影响因素和产生的效应仍然是复杂多样的，本书在中部老工业城市承接产业转移影响因素和效应的研究中采用理论研究和实证分析相结合的方法。首先，通过理论分析对承接产业转移的影响因素和效应进行研究，探究承接产业转移的一般规律和特殊性。然后，结合中部老工业城市的具体情况构建计量经济模型，运用计量经济软件进行运算得出结果，并将理论研究和实证分析结果进行综合分析得到客观合理的结论。

1.3.2.3 统计描述和比较分析相结合

中部老工业城市承接产业转移现状和基础的研究部分，本书选择统计描述和对比分析相结合的研究方法。运用统计描述的方法研究承接产业转移规模和速度随时间的变化，运用区位商原理分析承接产业转移对承接地经济发展的贡献。运用比较分析的方法，对比分析中部地区与东部、西部、东北以及全国平均水平的差异，可以更好地明确中部地区的优势和基础。对比分析中部老工业城市和其他城市的差异，可以明确中部老工业城市承接产业转移的现状、优势和基础。

1.3.2.4 计量分析方法

计量经济学是以一定的经济理论和统计资料为基础，以建立经济计量模型为主要手段，定量分析研究具有随机特性的经济变量关系的一门经济学学科。本书研究中部老工业城市承接产业转移问题，利用中部多个老工业城市序列年份形成的面板数据，运用面板数据模型分析承接产业转移的影响因素和效应。运用结构方程模型分析单个城市承接产业转移的影响因素。运用主成分分析法和熵值法研究中部老工业城市承接产业转移的竞争力。

1.3.3　本书创新

本书在前人研究成果的基础上，根据产业转移相关理论，重点分析中部老工业城市承接产业转移的影响因素以及产生的效应。本书可能的创新主要体现在以下几个方面：

第一，研究内容方面。产业转移和老工业基地振兴都涉及国家区域协调发展战略目标，选择国家战略层面关注的产业转移和老工业基地振兴相结合的问题具有重大意义，国家推动老工业基地调整振兴的规划指出将中部等老工业城市振兴作为重要任务，老工业城市作为老工业基地的基本单元出于各种原因有所衰退，通过承接产业转移实现振兴是切实可行和极为重要的路径。将老工业基地振兴与承接产业转移结合，研究中部老工业城市承接产业转移问题本身具有现实需要和理论价值，对老工业基地振兴、区域均衡发展、产业优化布局都具有重要战略意义。

第二，研究思路方面。目前关于承接产业转移的研究，主要以中西部地区省级地域单元为研究对象，以城市为尺度的研究较少，以跨省域的某一类城市为研究对象的更少。本书选择中部地区具有代表性和特色的老工业城市为研究对象，是一种新的研究视角和思路。在地级城市尺度上，将研究的焦点放在承接产业转移影响因素、竞争力和产生的相关效应上，可以更好地与老工业城市的调整改造振兴结合分析。

第三，研究方法方面。基于城市尺度的分析采用面板数据模型，分析承接产业转移的影响因素及其重要程度，并构建面板数据模型分析产业转移形成的不同效应；在单个城市作为案例的分析中，采用结构方程模型分析承接产业转移影响因素及其重要程度，并从实际出发分析承接产业转移形成的效应。

第四，研究结论方面。已有承接产业转移研究成果早年多关注承接国际产业转移，近年来关注承接国内产业转移，本研究发现中部老工业城市承接国际和国内产业转移的规模都呈现上升趋势，因此在实证分析中，将承接国际产业转移、承接国内产业转移以及承接产业转移总量分别进行计量研究。这在研究内容上更为系统全面，不仅可以呈现承接产业转移总量，而且可以呈现承接国际产业转移和国内产业转移各自的情况。

1.4 章节安排

本书研究内容的安排如下：

第 1 章绪论。首先阐述了本书的研究背景及选题意义；其次明确了本书的研究范围和研究涉及的相关概念，介绍了本书主要的研究方法、研究思路和创新之处；最后介绍了本书的主要内容框架。

第 2 章产业转移的理论梳理及相关研究进展。首先简要梳理了国内外关于产业转移的经典理论；其次回顾了承接产业转移的研究历程、内容和主要成果，并进行了简要评述。

第 3 章中部老工业城市承接产业转移现状和基础。通过分析中部老工业城市引进和利用外部投资情况探讨其承接产业转移的现状。外部投资主要包括外商直接投资和利用省外境内资金情况，分别将其作为承接国外产业转移和国内产业转移的指标，分析最近 10 多年来中部老工业城市实际承接产业转移的规模变化、速度变化、承接产业转移竞争力以及对经济增长贡献程度。在宏观尺度上，从经济发展、居民收入、产业结构等方面，对比分析了中部地区承接产业转移的基础。

第 4 章中部老工业城市承接产业转移影响因素研究。基于中部老工业城市承接产业转移现状和基础，对中部老工业城市承接产业转移的影响因素进行理论分析。根据理论分析结论选择代表承接产业转移影响因素的相应指标，并采用面板数据模型进行实证研究。根据理论分析和实证研究的结果，厘清中部老工业城市承接产业转移的影响因素，并识别其显著影响因素。

第 5 章中部老工业城市承接产业转移综合能力评价。在回顾承接产业转移综合能力评价相关研究成果的基础上，构建评价指标体系，包括市场吸引能力、基础承接条件、经济发展水平、产业结构与发展水平、对外开放程度、科技创新能力 6 个方面 38 个二级指标。具体评价方法选择上，首先运用主成分分析方法确定二级指标的权重并计算出一级指标得分，然后运用熵值法计算综合得分，并进行排序分析。

第 6 章中部老工业城市承接产业转移效应研究。本章研究中部老工业城市承接产业转移的经济效应、社会效应、环境效应以及能源效应。理论研究部分着重分析各种效应产生的途径。实证研究使用面板数据模型计量方法，分析中部老工业城市承接国际、国内以及产业转移总量产生的经济效应、社会效应、环境效应以及能源效应。

第7章新乡市承接产业转移的影响因素和效应研究。在第6章对中部老工业城市进行整体研究的基础上，选择单个老工业城市进行案例研究，主要实证研究承接产业转移影响因素和产生的效应。关于承接产业转移影响因素研究，在理论分析的基础上，探索使用结构方程模型（SEM）进行分析，该方法能体现各个影响因素之间的相互影响。关于承接产业转移效应的研究，运用协整分析方法，分析承接产业转移与各种效应变量之间存在的长期稳定的均衡关系，并给出效应发生的数量比例。

第8章主要结论与研究展望。总结本书研究得出的主要结论，分析本书存在的不足之处，并提出未来需要进一步研究的问题。

2 产业转移的理论梳理及相关研究进展

2.1 产业转移相关理论梳理

2.1.1 国外产业转移理论

（1）雁行形态理论及拓展。雁行形态理论也称雁行模式，1932 年由日本学者赤松要在《我国经济发展的综合原理》一文中提出，研究了欠发达国家承接产业转移实现产业发展的现象。他选择日本棉纺工业的发展作为研究案例，得出其发展经历了"进口—国内生产—出口"的过程。然后将这一过程用图形展示呈倒"V"字形，看起来如一群飞行的大雁，这是"雁行产业发展形态"的由来。并且认为欠发达落后国家产业的发展许多都会经历这样一个过程，并在后续研究中不断修正和提炼其理论模型。将同一国家单个产业和多个产业的兴衰发展都用雁行形态理论进行了描述，而且总结了以生产多样化和产业多样化为特征的第二个模式，实现了对产品由低附加值到高附加值、由一般消费品向资本品、由轻工业向重工业转换时国家产业结构演变过程的描述。其中，产品多样化有助于提高产品附加值、促进产业发展壮大，生产多样化过程有助于实现国家的产业结构升级，这是产业结构变动过程也是国家经济发展过程。随着该理论研究对象拓展，其开始被用于解释日本对东亚其他经济体的直接投资以及产业转移等现象，逐渐成为研究不同国家和地区间产业转移和产业分工的理论。此时，理论描述的是同一产业在不同国家之间的转移现象，即同一产业在领头雁和雁群之间的国际或地区转移现象。雁阵最前面是发达国家，其通过技术创新努力保持与欠发达国家的距离，而后者尾随其后并效仿前者，以不同速度的雁行形态完成工业发展过程。之后日本学者小岛清将对外投资因素纳入雁行模式中，并与弗农的产品生命周期理论进行整合，提出了"产业选择理论"和"产业转移比较优势"概念。建议对外产业转移从技术差距最小的产业开始进行，以这类产业的中小企业为转移主体。小岛清模式同样描述了对外直接投资形式下的产业转移轨迹，该模式包含了产业多元化和合理化、顺贸易导向型直接投资和协议分工三个核心理论模型。产业多元化和合理化有利于促进经济效率，提高收入水平并最终实现经济发展，投资国将边际产业转移到具有比较优势的东道国去生产，本国生产更具有比较优势的产业，两国的比较优势都扩大，并导致贸易规模的增加和生产效率的提高，所以也称为"边际产业扩张论"。20世纪90年代以来，产业转移理论与国际经济学和国际经营学理论的联系日趋紧密。日本学者关满博提出产业"技术群体结构"概念，运用一个三角形模型对比了日本与东亚各国和地区的产业技术结构。结论是日本应放弃"全套型产业结构"，并促使东亚形成网络型国际分工，在参与东亚地域分工和合作的过程中对产业结构进行调整，才能保持日本的领先地位。日本学者山泽逸平对雁行形态进行了扩展，将成熟阶段和逆进口阶段补充进来，提出了"引进—进口替代—出口成长—成熟—逆进口"的五阶段理论。他分析了东亚各经济体产业水平和产业结构间存在梯度差异的事实，并强调了国际直接投资和技术转移在区域产业融合中的巨大作用，也更加详尽地描述了后进国家如何通过引进技术、满足国内生产、出口后实现经济起飞的过程。日本学者小泽辉智在雁行模式的基础上发展出增长阶段模型，认为跨国公司在产品生命周期初期在国外投资生产可以帮助东道国建立起有竞争力的消费品工业，无须再经历出口产品、开发东道国市场的阶段。

（2）要素禀赋论及其延伸。赫克歇尔和俄林的要素禀赋论假定生产要素在各国间不能自由流动，劳动力和资本等生产要素不能从低收入国家或地区流入高收入国家或地区。因此，在不同生产要素禀赋国家间就形成了产业分工的差异，并形成了产业梯度。当生产要素流动成为可能，就会形成各国产业按产业梯度从高向低在国家间的转移。发展经济学家阿瑟·刘易斯在继承要素禀赋论观点的基础上，将要素禀赋、比较优势和产业转移相联系，认为发达国家劳动力不足和成本上升导致其劳动密集型产业比较优势丧失，并因此将此类产业向具有比较优势的发展中国家转移。刘易斯仅对劳动密集型产业向发展中国家转移进行了解释，但对产业转移的研究并没有形成独立、完整的理论体系，他的观点被称为"劳动密集型产业转移论"或"成本上升论"。

（3）跨国公司产业转移相关理论。第一，产品生命周期理论。1966年，美国哈佛大学教授雷蒙德·弗农在《产品周期中的国际投资与国际贸易》一文中首次提出产品生命周期理论。弗农从工业先行国角度出发，提出工业先行国应参与产业分工使本国实现产业结构升级，产业结构演变要紧密结合国际市场的发展变化，以实现产业结构的国际一体化。该理论认为产品具有生命周期，包括开发阶段、成熟阶段及标准化阶段，它动态地描述了工业发达国家从出口到对外直接投资再到进口的产业发展过程，进而反映了发达国家的产业经发展、成熟到衰退并向落后国家进行产业转移的发展轨迹。基本内核就是产业转移是按照产品生命周期转移产品的生产，产业转移是产品生命周期在特定阶段的必然结果。第二，垄断优势理论。美国学者斯蒂芬·海默对企业跨国经营进行研究并于 1960 年提出了垄断优势理论，后由查尔斯·金德尔伯格等深化发展，成为跨国公司主流经济理论。该理论认为不完全竞争是跨国公司直接投资的根本原因。跨国公司的垄断优势是对外直接投资获利的条件，包括规模经济优势、技术优势、管理优势、营销优势和资金优势等。第三，内部化理论。Buckly 和 Casson 将交易成本引入国际生产的研究，提出了内部化理论。该理论认为中间产品市场的不完全性导致的高交易成本直接影响了跨国公司的利润。将这些中间产品在企业的内部进行交易，把外部市场内部化就会提高跨国公司的获利水平。内部化交易可以减少不确定性，避免政府干预和双向垄断，增强了控制力和计划性。而产业、地区、国别和企业因素是外部市场内部化的四个决定因素。第四，国际生产折衷理论。邓宁综合了垄断优势理论、内部化理论和区位理论，提出了国际生产折衷理论。该理论认为跨国公司直接投资是所有权优势、内部化优势和区位优势三者结合的结果。市场不完全导致跨国公司拥有国外企业所没有或无法获得的特定优势，也就是所有权优势；内部化优势把所有权优势控制在跨国公司内部，提升获利水平；而区位优势决定跨国公司将生产地点选择在特定的国家或地区。国际生产折衷理论是跨国公司理论的一个综合，是解释国际直接投资的一般理论。

2.1.2　国内产业转移理论

（1）重合产业理论。卢根鑫（1994）认为，重合产业是指发达国家和欠发达国家在一定时期内存在的技术构成相似的同类产品生产部门。它们使用相似的机器设备或生产线，运用相似的技术工艺，需要相似比例的生产资料和劳动力，生产相似的商品。产业贸易和产业投资越是发展，这种重合产业就会不断出现、发育、成长和持续演变。当产业深化不能抵消别国相对产地的成本优势时，发达国家重合产业只有一个调整方向即产业转移。这是因为产业转移不仅能够摆脱重合产业绝对成本较高的不利地位，而且能够实现重合产业的再次价值增值。

（2）梯度转移理论。我国区域经济学者夏禹农、冯文浚（1982）在区域生命周期理论和产品生命周期理论基础上引入了梯度转移理论。该理论认为区域经济的兴衰主要取决于区域产业结构的优势，后者又取决于区域主导部门在生命周期所处的阶段。如果主导部门处于创新和发展阶段前期，说明该主导产业发展有潜力,其所处的区域为高梯度地区。随着时间的流逝和主导部门生命周期的变化,区域主导部门趋于衰退并逐步由高梯度地区向低梯度地区转移。石东平等提出梯形产业转移和升级观点,认为发达国家不断向发展中国家或地区转移已经失去比较优势的产业,从而推动发展中国家或地区的产业升级。这种产业转移呈梯形,沿着劳动密集型—资本密集型—技术密集型产业的方向进行转移和升级。

(3)集成经济理论。石奇(2004)用集成经济的一个理论模型解释了产业转移的经济现象。他认为,集成经济形成于对产业链中不同价值环节最优效率的利用,产业转移是企业实现市场集成的手段。

2.2 承接产业转移影响因素和效应研究进展

20世纪90年代,随着改革开放,国内学界开始对从国际产业转移到涉及缩短我国区域差距、实现区域协调发展等重大问题的国内产业转移进行相关的研究。特别是随着国家实施区域产业转移战略后,产业转移承接地经济发展取得良好成效,学界对国内承接产业转移的研究逐渐重视。随着现实经济发展过程中承接产业转移逐渐成为中西部欠发达地区实现跨越式发展的有效路径,学界已不仅仅从产业转出地的视角进行研究,而开始更多地从已经发生的产业转移中去探索原因,产业转移承接地成为研究的焦点。承接地视角的研究与转出地视角的研究相互补充可以更全面、更有力地回答产业转移实现的原因,承接地视角的研究可以实证地分析承接产业转移的影响因素,以及承接产业转移产生的经济、社会、环境、资源、福利等效应,研究具有现实意义,可以为欠发达地区制定切实可行的承接产业转移政策提供决策参考,发挥承接产业转移的正效应,为最终实现欠发达地区经济水平快速提高达到区域协调发展目标,避免承接产业转移负效应可以促进欠发达地区可持续发展。本书从承接地视角研究产业转移的影响因素和效应,故将产业转移影响因素和效应的相关研究进行重新整理,先不区分承接地和转出地视角概述产业转移影响因素的研究,然后再重点分析承接地视角的产业转移影响因素研究。首先概括介绍国际产业转移影响因素和国内产业转移影响因素相关研究,这可以为承接地视角研究产业转移影响因素提供借鉴,而且两者存在交集,故先回顾相关研究。其次重点关注承接地视角的产业转移影响因素研究,从相关的理论综合研究到具体影响因素研究以及多种影响因素的研究进行分类整理分析。最后重点梳理国内外承接产业转移效应的研究,国外承接产业转移效应研究,关注经济增长效应、产业结构效应、技术溢出效应;国内承接产业转移效应根据本书研究对象结合文献情况关注综合效应、经济效应、环境效应、资源能源效应等方面。

2.2.1 承接产业转移影响因素研究进展

2.2.1.1 国际产业转移影响因素研究进展

产业转移现象出现后，学术界关于产业转移发生的影响因素探讨就一直持续存在。最初发生于发达国家和欠发达国家之间的产业转移现象表现显著，日本学者赤松要（Kaname Akamatsu）提出的产业转移"雁行模式"和美国学者阿瑟·刘易斯提出的劳动密集型产业转移理论都是针对存在于不同经济发展水平国家之间的产业转移现象进行理论总结。学者们认识到产业转移发生的客观影响因素是地区间经济发展水平的梯度差异，即主要关注经济因素，包括生产成本和市场因素。此后，随着现实中产业转移形式多样化和理论研究的深入，产业转移研究关注的影响因素也逐渐增多。Kogut 和 Chang（1991）考察了日本跨国企业在美国的投资后发现，日本进行产业转移可能性大的企业通常其研发力度小于美国，从而得出日本对美国进行产业转移的影响因素可能是获取美国研究发明的技术。George P. Artikis（1991）运用回归计量模型研究希腊食品业区位决策考虑的主要影响因素，发现影响企业再区位的主要因素不是区域提供的优惠政策，而是为了靠近原料产地。而 Cheng 和 Kwan（2000）采用动态面板数据模型，通过分析国家层面的宏观数据，得出对中国承接产业转移有显著影响的因素是政府制定的相关政策。鲁明泓（1999）实证研究了制度因素对国际产业转移的影响，具体提出了国际经济安排、经济制度、法律制度以及企业运行便利性四类制度因素，并指出制度因素比经济因素或硬环境更重要，而且不能忽略，非常重要的制度因素还有经济制度、法律制度等。孙雅娜等（2007）采用以邓宁为代表提出的国际生产折衷理论，认为承接国际产业转移的影响因素包括市场规模、平均工资水平、产业结构、技术水平、基础设施建设、开放度、政府的平均规模和干预程度、国有化程度等。Sung JinKang 等（2007）运用回归模型分析中国的韩国跨国企业数据，发现对产业转移有正向影响的因素包括市场容量、劳动力质量及政府政策，而劳动力成本因素对产业转移有负向影响。李国平等（2007）研究外商直接投资（FDI）在中国空间布局情况，指出国内省际之间 FDI 空间分布存在正向空间相关性，即相邻省份外商投资增加会带来本省投资增加。李郇等（2007）研究了广东省珠三角承接产业转移的影响因素，指出除城市区位因素之外，发挥更大作用的是已有 FDI 投资的聚集效应因素。黄凌云等（2009）通过分析中国省际面板数据得出影响国际产业转移的主要因素包括技术差距、人力资本、对外开放度、研发能力等。周江洪等（2009）借鉴物理力学原理提出，国际产业转移是多种不同方向作用力共同作用的结果，包括转出地推力和阻力以及承接地拉力和斥力，具体推动区际产业转移的重要因素包括企业盈利空间区位决策、产业及区域生命周期演化规律以及政府经济政策调控导向等。冯海华等（2010）采用 Dixit – Stiglitz 模型分析得到：国际产业转移的影响因素包括成本、市场、集聚程度和制度等，承接地选择受到经济发展水平、空间因素、资本存量及工资水平等因素影响。王然（2011）指出，国际产业转移的基本前提是国家和地区间生产力发展水平存在差距，这种差距导致了国际产业转移的发生与产业转移的内容。如上所述，国际产业转移影响因素的研究已经不限于经济因素，开始关注政策因素、制度因素、空间因素、文化因素、对外开放因素等，对于经济因素的研究也不仅仅粗略地分析成本和市场，开始详细分析劳动、技术、工资、资本、聚集、市场战略等方面。

2.2.1.2 国内产业转移影响因素研究进展

随着国内产业转移现象的出现，学界开始关注国内产业转移发生的影响因素。魏后凯从企业微观角度分析产业转移现象，提出企业作为产业转移的微观主体其再区位首先受到现有区位的阻力作用，涉及对企业资本的影响，主要是经济原因，但也包括来自劳工部门以及政府部门的影响。陈建军（2002）指出，两个高度发达的区域很难出现产业转移，即经济发展处于不同阶段是前提条件，同时市场的交易本质决定其影响产业转移中企业的成本收益预期，从而他强调产业转移的两个影响因素：一个是市场因素，另一个是经济发展阶段性。陈建军（2002）还通过实证研究得出市场扩张是影响产业转移的重要因素。邹篮等（2000）从经济因素角度出发，强调产业转移发生于存在"经济势差"的区域之间，并用中国东西部地区之间的差距进行说明，势差体现于成本方面，如土地价格、原材料成本、租金、劳动工资等，以及基础设施和公共服务水平等配套软硬环境等方面，认为这是造成产业在东西部地区发生转移的重要影响因素。王剑等（2005）、王亚飞等（2007）分别运用产业转移相关数据进行了实证研究，证明产业转移受到产业集聚程度的正向影响，效应显著。黄伟（2008）实证研究了浙江省产业集聚区企业外迁情况，指出影响企业发生转移的重要因素包括企业规模、区位优势、边际成本等。马子红（2008）研究国内区际产业转移并指出成本因素的重要性，主要包括生产成本、运输成本和制度成本。陈计旺（2009）从产业转移转出地视角实证研究指出，劳动力自由流动对国内区际产业转移产生负向影响。马子红等（2009）根据国内区际产业转移影响因素的不同，将产业转移分为几种主要模式，从这些模式中可以体现产业转移的主要原因：市场开拓型转移、成本导向型转移、竞争跟进型转移、多元化经营观转移、追求规模经济型转移、应链衔接型转移和政策导向型转移。张婷婷（2009）分析了中国产业转移发生情况，指出西部地区承接产业转移受到政府政策、区位等因素影响。李小庆（2011）对安徽皖江城市带承接产业转移示范区的十个城市进行研究后得出，正向影响因素为经济发展整体规模、路径依赖效应和劳动力成本。左小德等（2011）以广东省产业转移为研究对象，认为产业转移存在路径依赖现象，重要影响因素是比较优势和增长潜力。贾兴梅等（2015）运用面板数据模型研究中西部地区承接产业转移的影响因素，选取的影响因素包括资本存量、经济规模、劳动力成本、人力资源和路径效应。如上所述，国内产业转移的影响因素研究不仅涉及宏观层面整体情况的梳理，也包括微观层面企业迁移的分析，而且影响因素也不仅关注经济因素，开始涉及政府政策因素、制度因素以及生态环境因素。

2.2.1.3 承接产业转移影响因素研究进展

（1）基于产业转移承接能力的综合研究。关于承接产业转移影响因素的研究中，一部分学者基于承接地视角提出了产业转移承接能力概念，从动态和综合的角度研究了承接产业转移的影响因素。展宝卫（2006）较早提出了产业转移承接能力建设问题，并从理论上按照产业转移的发展阶段提出产业转移承接能力的内涵，从承接地最初凭借自身条件集聚产业的能力界定其对产业转移的吸引力，然后针对能吸引到的产业承接地准确选择合适的承接产业，界定其对转移产业的选择能力，接着对于承接到的产业承接地稳固接纳并支持其正常发展界定其支撑能力，最后对于顺利承接后健康发展的产业，承接融合并促进与原有产业协同发展界定其发展合力。周江洪等（2009）从产业承接地吸引产业的能力出发，提出产业吸引力、选择力、支撑力和发展力等，呼应并深化展宝卫提出的产业转移承接能力的概念。张冬梅（2008）研究了中国西部地区承接产业转移能力问题，指出西部承接产业转移能力主要受到西部产业承接竞争力和客观环境的影响。此外，承接产业转移能力研究已经向具体能力研究领域拓展，孙君军（2009）通过研究中西部地区承接产业转移的物流能力指出，基础设施支撑能力、经营管理运作能力、信息系统保障能力、发展环境支持能力是四个主要影响因素。

（2）承接产业转移的经济影响因素研究。王燕玲和林峰（2005）研究指出，欠发达地区劳动力价格和土地价格通常较低，可以降低产品单位成本，但是欠发达地区相对发达地区通常出现运输费用增加、管理成本升高、劳动生产效率下降以及规模经济效应下降将导致产品单位成本上升，两者相比较将最终决定产业转移的发生与否。从他们的研究可以看出，承接产业转移的影响因素中成本因素非常重要，涉及劳动力成本、土地成本、运输成本、管理成本等，以及生产效率和规模经济效应。贾文彬和乌云其其格（2010）辩证分析了我国东西部之间存在的经济发展水平差距、经济技术水平差距以及主导产业差异，认为东西部之间产业存在巨大的梯度差距，这成为承接产业转移的基本前提。同时，指出过大的级差也会对欠发达地区承接产业转移产生负向影响。丁金刚（2010）基于比较优势原理从宏微观层面研究后指出，市场是企业转移再区位的决定性因素，企业必然向具备获利空间的潜在市场转移，指出市场拓展是产业转移的重要影响因素。相应地从承接地视角分析，承接地市场潜力成为决定产业转移的重要影响因素。杜传忠（2011）指出，在一般情况下，产业转移受综合成本因素的影响，企业通常会比较转移前后的费用成本，并决定转移承接地。从承接地视角分析，承接地综合成本因素将成为决定产业转移的重要影响因素。翟国涛和刘业兴（2011）研究得出地区金融市场发育程度是区际产业转移产生的重要影响因素。关于承接产业转移影响因素的研究，从成本因素、市场因素到综合成本因素、市场拓展因素，研究不断细化、关注因素更加具体，也更加综合全面。

（3）承接产业转移的制度政策文化影响因素研究。许琳和毛加强（2005）在研究中指出了在政策和制度方面影响西部地区承接产业转移的具体因素，如西部依法办事环境缺失，转移企业面对社会上普遍存在的以情代法、执法不公、地方保护以及治安环境较差的情况，对承接产业转移产生负向影响。王花荣（2007a，2007b）提出产业转移的影响因素包括生产资料、销售市场、产业关联和制度环境四个方面，并指出前两个因素的影响力下降，后两个影响因素应该受到重视。认为转出地产业关联是产业转移的阻力，从承接地角度分析制度环境建设可以克服产业关联阻力，并指出这是国内东部地区向中西部地区实现产业转移的关键。肖灿夫（2005）、庞玉萍（2007）、陈计旺（2009）等的研究从承接地政府干预行为和相关政策角度指出了其对产业转移的影响，认为优惠的财政、信贷、投资和税收等政府政策对承接产业转移产生正向影响，而政府工作效率低下和过度行政干预将对产业转移产生负向影响。狄强和张章（2007）从承接地投资软环境角度分析，指出地方政府作为承接地投资软环境营造主体，应该以产业长效发展机制建立为目标加大管理体制改革力度，指出传统计划经济体制在西部地区的遗存对承接产业转移产生严重负向影响，也指出了法律法规不完善、当地居民意识和落后文化的负面影响。马子红（2011）的研究除了指出传统因素的影响外，还指出许多企业通过地缘关系、亲缘关系完成再区位。关于承接产业转移的制度政策文化影响因素研究，是近年逐渐开始的，而且由于其难以进行量化研究，所以许多问题还没有进行系统、深入的探讨。

（4）承接产业转移的区位环境影响因素研究。陈建军和葛宝琴（2008）在分析我国承接产业转移情况时指出，我国西部地区紧邻中亚和东南亚，具备良好的区位优势，通过开展边境贸易和凭借其占领国际市场的区位优势，有利于更好地承接产业转移。相反，贾文彬和乌云其其格（2010）在研究中指出，从运输成本角度分析，西部距离海岸线遥远，位于大陆深处，导致外向型企业出海运输成本陡增，削弱了西部地区的要素优势，对一些产业的转移形成负向影响。谢丽霜（2011）研究指出，国内东西部区域间产业转移的主要是高耗能和强污染企业，西部过度承接此类产业容易导致资源被无序、粗放、过度利用，并引发各种生态环境问题。何龙斌（2011）在指出西部地区承接产业转移是实现自身跨越式发展的有效途径前提下，提出西部脆弱的生态环境将是影响承接产业转移的重要因素，从长期来看可能造成更大牺牲，所以承接产业转移必须考虑产业与生态环境的耦合协调发展。马红（2011）从区位角度分析了承接地交通便捷性和产业关联性，指出交通运输因素对承接产业转移的正向影响。通过整理已有研究发现，关于承接产业转移的区位环境影响因素研究比较少且零散，还没有形成系统、完整的研究成果。

（5）承接产业转移的综合影响因素研究。近年来，有关承接产业转移影响因素的研究，不仅仅关注某一方面的影响因素，许多研究成果将各种不同影响因素进行综合，采用不同计量模型进行分析，判断其重要程度，并有针对性地提出研究对策。魏后凯等（2001）研究了河北省秦皇岛市承接产业转移的影响因素后指出，影响承接产业转移的综合影响因素主要可以概括为城市经济文化环境因素、交易成本因素、生产投入供应因素、市场因素以及投入成本因素。刘君（2008）研究了重庆承接产业转移的影响因素后，提出影响承接产业转移的因素包括市场规模和市场潜力、基础设施条件、劳动成本和生产效率、对外开放程度、政府政策、地理空间接近和文化、语言亲和性，以及承接地的投资环境，包括软、硬环境以及竞争环境等。冯邦彦和段晋苑（2009）通过对广东省区际产业转移的实证研究得出，影响产业转移的主要因素包括路径依赖效应、距离阻碍因素、人力资本因素、资本存量因素以及开放程度因素，影响效果不能确定的是劳动力成本因素，而经济规模因素对产业转移没有显著的影响。吴雪萍（2010）实证研究了安徽省皖江城市带九个城市承接产业转移的影响因素，指出主要影响因素按照重要程度排序分别为外贸开放度、基础设施投入以及生产要素成本。李斌等（2011）实证研究了影响湖南省承接产业转移的因素，指出产生正向影响的因素包括市场需求及潜力、资本存量情况、经济发展水平等，产生负向影响的因素包括劳动力工资和科技水平等。檀世凯（2012）实证研究了西部直辖市重庆承接产业转移的影响因素，指出影响其承接产业转移的因素可以划分为经济因素、制度和政策因素、其他因素。其中，经济因素包括经济发展、生产要素及流动性、市场和成本；制度和政策因素包括政府政策、市场经济体制、法律法规因素和文化因素；其他因素包括生态环境和空间区位因素。认为影响重庆承接产业转移的主要因素依然是经济因素。周戈（2013）采纳与檀世凯相同的理论分析，实证研究了广西承接产业转移的影响因素，指出经济因素依然是影响广西承接产业转移的主要因素。王满四和黄言生（2012）指出，承接产业转移影响因素包括经济因素和非经济的社会政治因素，选取产业转移承接地市场规模及潜力、基础设施条件、产业配套能力、人力资本情况、经济发展水平等因素，通过对地级城市江西省赣州市实证研究得出影响最显著的是经济发展因素，其次是人力资源因素中的普通高等教育因素，再次是市场规模及潜力因素，最后是产业配套因素。黄秀霞（2013）实证研究了重庆市产业转移力度的影响因素，利用省际截面数据分析得出影响产业转移的成本因素中首要的是效率工资，影响最小的是环境规制因素；产业转移的投资环境影响因素中最显著的是市场化水平，其次是产业集聚程度因素、对外开放度和基础设施建设因素等；影响产业转移的市场潜力因素中影响较大的是相对总资产贡献率，影响较小的是相对工业成本费用利润率。企业层面实证研究得出影响承接产业转移首要因素是人力资本因素。陈飞（2013）研究了影响西部承接产业转移的因素，指出影响较大的三个方面为政府政策、市场发育程度以及资源环境。其中，影响显著的因素包括地区的收入水平、市场规模、资源禀赋、土地和产业政策；其次是生产要素和产业发展状况，其中科技要素影响小于资本和劳动要素；开放程度、文化习俗、基础设施与公共服务等的影响不显著。面板数据实证结果是以土地价格为代表的政府政策和以邮电业务为代表的公共服务影响显著，劳动力影响不显著。如上所述，关于承接产业转移影响因素的研究，已经从以研究 FDI 为主转向国外和国内投资的产业转移并重，研究关注的影响因素也更加全面综合。

2.2.1.4 产业转移影响因素研究评述

回顾产业转移影响因素相关研究，研究成果很多，但是许多研究还是比较零散，没有形成系统性研究成果，而且研究以关注经济方面因素为主。虽然，随着研究不断深入和视野不断拓展，关于制度和政策因素的研究以及生态环境因素的研究逐渐开始受到学界关注，但是基本是在经济因素实证研究之外加以概略介绍。因此，本书认为国内关于承接产业转移影响因素的研究，仍然存在以下需要深入探讨的方面：

（1）承接产业转移研究中转移的产业多限于国外转移的产业（主要用 FDI

表示）和国内省级区域间的转移产业，即承接地多以中国整体、中西部地区、省级单位为研究单元，针对单个地级城市为承接地的研究也有涉及，但成果极少。关于国内省级地域单元内部地级城市、县级城市、乡镇之间的产业转移少有涉及，而对其承接产业转移的影响因素研究自然相应缺失。然而现实中恰恰是国内产业转移承接地主要以地级城市为基本单元，且受地级城市所属各种因素影响为最，急需以地级城市为产业转移承接地进行深入系统研究。

（2）关于承接产业转移影响因素的已有研究成果，受制于选择的承接地地域单元较大比如中西部地区或者省级单位，同时加上数据获得性之限制，通常在实证研究中将经济因素作为主要分析对象，而同样发挥影响作用的政策制度以及其他区位生态文化等因素，虽有涉及但关注程度显然不够。本书将承接地选择为地级城市单位，并以中部老工业城市作为研究对象，可以更好地结合这类城市形成演化特征，将经济因素与政策制度以及其他因素结合进行全面综合分析。

（3）分析承接产业转移影响因素的相关研究成果可以发现，研究多聚焦影响因素本身的重要程度，对涉及不同区位、不同产业影响因素重要程度各异的分析重视不够。本书在将中部老工业城市作为研究对象分析其影响因素及其重要程度的同时，对不同城市以及不同产业进行比较，以便更深入地分析不同因素对不同承接地和不同产业的重要性存在的差异。

2.2.2 承接产业转移效应研究进展

2.2.2.1 国外承接产业转移效应研究进展

（1）关于承接产业转移的经济增长效应研究。赤松要（1935）、De Mello（1996）研究指出，欠发达国家承接发达国家产业转移能够促进经济增长，其机制是在承接产业转移过程中吸收直接影响经济增长和间接影响经济增长的要素从而达到直接或间接导致承接国经济增长，其中直接影响经济增长的要素主要包括资本和设备，间接影响经济增长的要素主要包括知识、技术、管理理念、营销手段等。荒山裕行（1995）实证研究了中国自1978年改革开放后至1989年省级产业结构和就业结构的变化，指出国内不同经济发展水平的地区都通过产业转移实现了经济增长，承接产业转移对于经济发展水平较低地区的产业结构调整有显著正向效应。Jordan Shan（2002）运用向量自回归方法研究中国FDI与经济增长的关系，结果表明中国承接产业转移对经济增长产生正向效应。

（2）关于承接产业转移的产业结构优化升级效应研究。Barry（1996）研究葡萄牙、爱尔兰、英国、西班牙承接国际产业转移的产业结构优化效应，指出四国的FDI对其产业结构优化有显著的正向效应。Magnus Blomstrom（2000）研究产业转移的产业结构优化升级效应，构建模型实证研究日本产业转移后指出，日本对外投资有助于日本企业维持其在海外的市场份额以及有助于承接国产业结构优化升级。Hunya（2002）研究 FDI 流入罗马尼亚制造业的效应，指出 FDI 流入行业与该国制造业出口行业基本一致，但其并没有改变传统优势产业，得出承接产业转移并没有威胁和冲击承接国的传统优势产业。Eva（2005）研究了捷克承接国际产业转移的产业结构优化效应，指出吸引 FDI 进而与发达国家经济联系促进承接国产业结构的优化升级，也证实了 FDI 对承接产业转移国家的产业结构优化存在正向效应。

（3）关于产业转移的技术溢出效应研究。Chen 等（1995）研究了国际产业转移对承接国技术进步的影响，指出国际产业转移导致国内外企业竞争加剧，国内企业被迫提高研发投入。承接产业转移后通过企业生产经营活动，承接地区会接受转移企业的技术、管理经验的扩散，提高承接地区技术水平，促进承接地区产业升级和经济增长。此外，Markusen（1997）、Markusen 和 Maskus（2001）以及 Andrew Bernard（2002）的研究结果都表明跨国公司对外直接投资引致的产业转移不仅提高了东道国的生产效率，而且促进了投资国的技术开发和在东道国的技术溢出，有利于产品的升级换代和产业结构优化。

（4）关于承接产业转移环境效应研究。国外承接产业转移环境效应研究主要针对 FDI 的环境效应进行，最知名的是"污染避难所"假设。所谓"污染避难所"假设指经济全球化进程中发达国家通过产业转移将严重污染的生产活动转移到发展中国家，通过贸易进口消费产品，导致国际间产业和污染转移。相应的实证研究结果分为支持和反对两种结果，即环境正效应和负效应。关于承接产业转移的环境负效应，主要研究污染产业转移存在和产业转移后导致的环境污染存在。Low 等（1992）实证研究了 20 世纪 60 年代和 80 年代污染产业比较优势大于 1 的比例，充分展示了污染产业转移的演变趋势。Mani（1997）研究发展中国家严重污染的 5 个部门，证实存在污染产业转移。Mani 等（1999）实证研究了 20 世纪 60 年代前半期的数据，指出经合组织国家污染产业与清洁产业产出比呈现下降趋势，相反，拉美和亚洲污染产业与清洁产业产出比呈现上升趋势，证实污染产业转移存在。Smarzynska 等（2001）研究 24 个国家的产业相关数据，指出产业转移的过程中伴随着污染的转移。Baumol 等（1988）研究指出污染密集型的产业向发展中国家转移有必然性，发展中国家充当了世界"污染避难所"。World Bank（2000）和 Zarsky L.（1999）的研究均证实了国际产业转移促进了经济增长，但存在对宏观环境的影响，对环境存在污染影响。关于承接产业转移的环境正效应，研究结论基本支持承接产业转移对改善环境有利。Clark

（1993）、Birdsall（1992）、Jeffrey（2003）、Antweiler（2001）等认为，发展中国家在利用外资的同时，采用了清洁技术、形成"污染光环"改变环境。Grossman等（1991）通过分析指出，转移产业能提供更为先进的生产技术，对承接地环境改善具有促进作用。Birdsall等（1993）和 Zarsky 等（1999）的研究认为，承接国际产业转移可以推动承接国经济可持续发展，并使环境保护工作形成规模，经济发展使承接国可以进行清洁生产，提高生态环境效益。Christman 等（2001）和 Eskeland 等（2003）通过比较外资和国内企业，指出承接的转移产业其环保管理体系更完善，而且对清洁能源和洁净生产技术执行得更彻底。

2.2.2.2　国内承接产业转移效应研究进展

（1）承接产业转移的综合效应研究。卢根鑫（1994）认为，国际产业转移对于发展中国家经济的发展，既有积极的影响，也有消极的影响，关键在于如何有效利用积极的一面，消除和弥补消极的一面。同时，他把国际产业转移推动发展中国家经济发展的效应概括为要素转移效应、结构成长效应、就业结构变化、提高社会平均资本的有机构成和加速国民生产总值的提高。王先庆（1998）指出，产业转移的正面效应主要是整合升级效应，不仅可以促使转出方自身的结构优化和内部空间联系有机化，而且可以促使承接产业转移方的产业结构优化，进而强化产业转移转出地与承接地之间的外部联系，而且认为产业转移是一种"双赢"而非"单赢"。张洪增（1999）认为，由于转移国不会将关键技术和新工艺扩散，转移出去的产业多为其所生产产品的生命已进入成熟期，因此由于转移产业对承接国正向效应不能长久，两国之间的技术级差将会固化存在。陈计旺（1999）以区际发展不平衡为既定条件，分析在此状态下所出现的两种经济现象：产业转移和要素流动，将产业转移和要素流动对发达地区和落后地区的收入水平和经济发展所产生的不同影响进行比较分析。研究认为，发达地区把已经丧失比较优势和竞争优势的产业不断向落后地区转移，以及伴随着先进的管理经验和企业家精神的资本流动有助于缩小区际发展差距，而劳动力流动则趋向于扩大区际发展差距。劳动力流动和产业转移、资本流动间存在一定程度的替代关系，故而国家的区域经济政策应该有助于区际产业转移和资本流动。于治贤（2000）指出，我国承接国际产业转移对我国参与国际分工有深远影响，如在航天工业、数字电视、机器人制造和生物制药等领域，有可能同发达国家处于水平分工状态，但多数制造业由于附加值低，可能同发达国家处于垂直分工状态。聂华林等（2000）研究了中东部对西部产业转移的可行性和合理性，深入探讨了中东部对西部的产业转移对西部产业发展的积极作用，包括为西部产业结构调整和升级提供了契机；有利于提高西部产业的科技总水平和形成产业规模经济；有利于缓解西部产业趋同现象。并指出会出现的负面效应，认为中东部对西部进行产业转移会造成与西部产业级差和技术级差的进一步拉大并固定化。而且中东部会考虑到自身的利益，把一些具有污染性的化工能源产业转移到西部，这些产业会对西部的生态环境造成破坏或形成资源的恶性开采，严重影响西部地区的长期发展。陈红儿（2002）指出，承接产业转移对落后地区经济社会发展的影响主要表现为要素注入效应、技术溢出效应、关联带动效应、优势升级效应、结构优化效应、竞争引致效应和观念更新效应。魏后凯（2003）从产业转移对竞争力影响出发进行分析，认为产业转移有助于提高企业的整体竞争力，进而可以通过政府有效的政策同时实现转出区和转入区竞争力的提高。余慧倩（2004）研究了承接产业转移产生的负向效应，指出产业转移承接方应该慎重对待转移产业，承接产业转移可能导致承接地处于垂直型国际分工格局中产业链和价值链的低端，不能相应地推动技术进步，并有拉大转出地和承接地彼此间技术差距的风险；同时承接地为争夺转移产业进行恶性竞争产生内耗，导致限制技术开发等负向效应。跨国公司的生产技术主要是提供给该公司国内使用，不会转移给国外公司使用。只有在产品生命周期达到成熟阶段，市场需求量达到饱和状态后，跨国公司才会把产业转移到产业技术水平层次低的国家和地区。承接产业转移方应该基于自身技术研发，结合引进跨国公司的技术发展产业；否则，可能成为跨国公司转移衰退产业和技术的长期对象，将影响承接国产业发展，在全球产业链中处于低位而不能攀升，一直处于受控制的低位。不打破这种分工体系，可能陷入"分工陷阱"，被锁定在低水平的分工链条上。羊绍武（2006）研究人民币汇率制度的改革，指出其将产生产业转移效应，这种效应既有产业承接效应，又有产业外移效应；既有产业升级效应，又有产业空心化效应；既有产业转移的短期效应，又有产业转移的长期效应。陈勇（2007）研究指出，国际产业转移对中国经济有明显的积极效应，但这些积极效应不会自动发生，而是受到各种约束条件的限制，要促进这些积极效应实现，就要从约束条件设计入手，设计合理的经济政策。丁刚（2007）分析了中国承接国际产业转移对自身能源消耗的影响，认为以外商直接投资为载体的国际产业转移虽然加大了中国工业能源消耗总量，但并没有加大中国工业能源消耗强度，而且还在一定程度上优化了中国工业能源消费结构。王国中等（2007）通过实证分析，论述了国际产业转移对我国外贸商品结构的影响，提出我国应通过承接发达国家和地区的产业转移来提升产业结构、优化外贸商品结构，推动经济可持续发展。朱华友（2008）从集群路径的角度分析产业转移的区域效应，将对承接地产生的效应分为积极效应和消极效应，其中对承接产业转移地区产生的积极效应包括要素注入效应、增加投资需求，促进 GDP 增长、增加就业、技术溢出效应、产业关联效应以及产业结构优化升级效应。消极效应包括可能出现产业的非集群化现象、环境问题以及产业结构失衡。陈刚等（2006）对产业转移的效应进行了总结梳理，指出承接产业转移的效应研究主要集中于产业转移对生产要素、思想观念、制度、产业关联、技术溢出、竞争和竞争力态势、产业成长和结构升级、产业分工和区域经济发展等方面的影响或效应。之后，朱华友等（2008）、吴文洁等（2010）、杨敏等（2012）、安增军等（2013）关于承接产业转移效应的实证研究也都基于上述分析内容构建研究框架。赵威（2007）以长春经济技术开发区承接 FDI 为研究对象，分析了其负向效应，包括挤出效应和替代效应、技术外溢效应、环境污染的转嫁效应、对经济自主权和国家安全的冲击效应、经济发展的非均衡效应以及人才流失效应等。陶诚（2009）分析了安徽省承接东部沿海产业转移的经济效应，指出产生了带动效应、优化效应、集聚效应、扩大效应。严薇、赵宏宇和夏恩君（2009）认为，一个介于完全垄断与完全竞争之间的市场结构，将有利于产业转移效应的发挥。贾广森（2010）以淮北市濉溪县工业园区承接浙江省产业转移为研究对象，指出承接产业转移的效应分为产业结构优化、产业关联、就业扩大和环境优化等方面。元振海（2010）以甘肃省为例，从承接国内和国外产业转移的产业结构及变动的视角分析其生态环境效应，指出甘肃省整体产业结构对生态环境负向影响经历了从大到小的过程，承接产业结构存在恶化生态环境的可能。李承柳（2012）以成都承接电子信息产业为例，分析了其生产要素注入的效应、对外贸易发展效应、竞争引致效应、就业扩大效应。邵宪宝（2012）分析了西部地区承接区际产业转移的自然、经济、社会效应，认为承接区际产业转移对资源和环境的负效应显著；经济效应用全要素生产率衡量不是可持续发展的，技术溢出效应不明显；社会效应方面扩大了社会内部收入差距，承接的第二产业对行业收入公平有正向效应。王建峰（2012）在博士学位论文中将区域产业转移效应总结为要素互动效应、技术溢出效应、关联带动效应、结构优化效应、竞争学习效应、协同发展效应、社会效应和环境效应八个方面，并构建了承接产业转移综合协同效应模型以京津冀为对象进行了实证研究。宋哲（2013）从理论上分析了中国承接国际产业转移的效应，在空间上从转出地和转入地两方面分析，在效应上从正负两方面分析，指出承接产业转移的正效应包括产业集聚、制度优化、竞争引致、产业关联、结构优化、要素注入、技术溢出、观念更新等，负效应包括扩大发展差距和低端价值锁定。郝洁（2013）从理论上分析产业转移承接地效应，将其总结为企业经济效应、产业结构效应、技术扩散效应、市场竞争效应、就业效应、城市化效应、环境综合效应、国家效应八个方面。程杰（2013）分析了河南省承接产业转移的效应，认为河南具备承接产业转移的优势条件，但承接产业转移的效果有待提升。王建平（2013）综合分析了国际产业转移的模式和效应，指出承接国际产业转移分为正负效应，正效应包括资本供给效应、技术优化效应、产业发展效应、就业扩大效应四个方面；负效应包括产业结构性偏差、技术级差固化、国家产业安全以及负外部性四个方面。王颖瑞（2014）实证分析了甘肃省承接产业转移的产业结构效应、就业扩大效应、技术溢出效应、生态环境效应，指出对经济发展有正向效应，但是生态环境负效应显著，不符合可持续发展理念，对经济长期稳定发展不利。曾琦（2014）实证研究了湖南省承接产业转移的城镇化效应，结果表明整体上湖南省承接国外和国内产业转移都存在显著城镇化效应；湖南省内部承接产业转移的城镇化效应存在较大空间差异。安增军和杨敏（2014）以海峡两岸产业转移效应为研究对象，从产业关联效应、劳动力整合效应、产业结构优化效应以及环境效益变化效应四个方面进行分析，构建了评价指标体系，并对福建省、海峡西岸经济区承接台湾产业转移的效应以及海峡两岸之间产业转移的效应运用计量方法进行了综合评价。

（2）承接产业转移的经济效应，主要是对经济发展的正向影响，包括产业结构优化升级效应、技术溢出效应、就业效应。

王莹莹（2008）研究了内地承接香港产业转移的经济效应，指出其长期效应大于短期效应、对就业和固定资产投资都存在正向效应、导致内地经济增长但对技术进步促进作用不大。李伟庆（2011）通过构建数理模型，从理论上推导了国内区际产业转移对自主创新溢出的效应的分析框架，分别从安徽和重庆地区与行业层面检验了区际产业转移对自主创新的溢出效应及其影响因素，并进行了实证研究。崔志刚（2011）研究了河南省承接产业转移的产业结构升级效应，指出产业转移可以从资本、技术、资源配置方面推动产业结构升级，并分析了承接产业转移对产业结构的正负效应。多淑杰（2012）构建面板数据模型分析中国27个省级单元承接国际产业转移的技术进步效应，研究结论表明各地区加工贸易出口有助于促进地区技术进步，而加工贸易进口阻碍了地区技术进步。冯南平等（2012）使用中国31个省级单元的面板数据分析产业转移对区域创新能力的效应，结果表明，产业转移对区域自主创新投入和产出都起到阻碍作用，但是具体到东中西三大区域，产业转移能大大促进中部地区创新投入的增长，对西部地区创新投入和创新产出的增长均有促进作用。魏博通（2012）分析了江西省承接沿海产业转移的经济效应，认为从沿海承接的产业转移促进了江西省工业的快速增长、产业结构的调整和优化、地区生产的专业化和对外贸易的迅速发展。关爱萍等（2013）运用空间计量模型分析区际产业转移技术溢出效应，结果表明西部地区承接产业转移对技术创新存在正向空间溢出效应。王海文（2013）将承接产业转移的经济增长效应分为技术扩散效应、产业结构效应、就业效应和资本积累效应，对江西省南昌市的实证研究表明资本积累效应对经济增长的影响最为显著。蔡绍沈（2013）研究了陕西省承接区际产业转移的效应，实证研究主要包括经济增长效应、就业效应、技术溢出效应、产业集聚效应及产业结构优化升级效应等方面。结果表明陕西承接区际产业转移在经济增长、扩大就业方面存在积极正向效应；没有技术溢出效应；对产业集聚有积极影响；对产业结构有一定的影响。孙书利（2013）研究了浙江省承接国际服务业转移的经济效应，表明服务业国际转移通过贸易效应、就业效应和技术溢出效应三条路径均对国民经济总量的增长有促进作用，而资本效应并不明显。汪立（2013）以湖南省为例实证研究了承接产业转移的技术溢出效应，结果表明湖南省承接国内区际产业转移存在正向技术溢出效应，而承接国际产业转移的技术溢出效应为负，人力资本在发挥技术溢出效应中起到至关重要的作用。张璐璐（2013）研究了湖南省承接产业转移的收入效应，结果表明湖南省承接产业转移对其人均收入的影响不大。韩艳红（2013）研究了欠发达地区承接产业转移的效应，具体分析为产业结构升级效应、技术溢出效应、就业增加效应和城市化效应，认为承接产业转移存在上述效应。李芸（2013）研究了安徽省承接产业转移的产业结构优化升级效应，将产业集聚、人力资本、科技创新、生产效率、就业规模、引资规模、政府政策等作为影响路径构建回归模型，结果表明，承接产业转移可以通过生产效率和就业规模促进产业结构优化。冯大威（2014）以河南省为例将国外、省外、省内投资作为承接产业转移变量分析其就业效应，结果显示 FDI 对整体就业数量的影响并不显著，省外投资和省内投资对整体就业数量的影响均显著为正，其对三次产业的影响均存在差异。张兆昕（2014）研究浙江金华市产业转移的经济效应，指出金华市产业转移对区域经济发展有正负向效应，且正效应显著大于负效应。姜霞（2014）分析了湖北省承接产业转移对产业结构的正负效应，正面效应包括资本创造、技术进步和产业聚集等产业结构优化效应；负面效应包括加剧产业结构性失衡、加大生态环境恶化风险、阻碍产业结构高级化进程等方面。刘永举（2014）实证研究重庆市承接产业转移的产业结构优化效应，指出承接产业转移通过产业集聚、结构调整、人力资本、劳动生产效率导致的生产技术进步促进产业结构优化，科技投入、就业规模对产业结构优化没有发挥作用。胡伟等（2015）研究了省级层面上中西部承接产业转移的经济效应，指出由区域产业转移所引起的区域产业调整对经济增长的促进作用因省而异，且各省级单元之间的差异较大。

　　（3）承接产业转移的环境效应研究，焦点是承接产业转移的环境负效应，即承接产业转移对环境污染的影响。

夏友富（1999）认为外商直接投资带来污染转移，既有投资理论和环境法规的影响也有环境成本内部化的影响。谢姚刚（2004）对发达国家向次发达国家转移的污染密集型产业进行分类考察，在一定程度上否定了"污染避难所"的假说，提出发展中国家应该辩证、理性地看待污染密集型产业转移，并结合经济发展水平制定环保政策。沙文兵等（2006）通过省级面板数据进行检验，分析了外商直接投资的生态环境效应，结果证明环境负效应的存在，并且认为实际利用外资额越高污染越严重，"污染避难所"假说在我国是存在的。陈凌佳（2008）研究了中国112座重点城市承接产业转移的环境效应，证实承接产业转移产生了负面效应，并且东部负面效应低于中西部。张健（2009）提出产业转移对环境既有污染效应，也有保护效应，产业转移通过产业结构的调整与升级对环境发挥这两个作用。莫莎等（2010）从行业角度研究了承接国际产业转移的环境效应，以湖南省为例证实负向效应存在，对各种污染物排放的影响并不一致。胥留德（2010）分析后发现地区承接产业转移的环境污染负效应，并将其分为承接废物资源化利用中的污染转移、拯救濒危企业中的污染转移、承接资源开发项目中的污染转移、承接淘汰产业或设备中的污染转移四种类型。彭文斌等（2011）通过实证分析指出FDI作为承接国际产业转移的主要形式实际投向了高污染、高能耗行业带来了环境负效应。李子豪等（2011）通过收集整理FDI数据及中国1999～2008年35个工业行业碳排放强度的面板数据，就FDI所产生的技术效应对东道国的碳排放影响进行了实证检验，得出FDI对部分行业的碳排放有显著的积极影响。杜运苏等（2012）研究了我国承接国际产业转移的碳排放，认为承接国际产业转移导致数量巨大的碳排放占总量的近1/4。即承接国际产业转移在促进我国经济发展的同时，也带来了环境污染。刘海燕（2013）研究了湖南省承接产业转移的环境效应，证实湖南承接产业转移与湖南工业废气排放量和工业固体废物产生量为正相关关系，且承接产业转移是工业"三废"的格兰杰原因。侯伟丽等（2013）、何龙斌（2013）、古冰等（2013）通过不同视角的研究也证明了国内区际产业转移过程中承接产业转移地区"污染避难所"现象存在。武瑶（2014）以黑龙江哈大齐工业走廊三个城市为例研究承接产业转移对水环境安全的效应，评估结果显示，承接产业转移给哈尔滨、大庆及齐齐哈尔水环境带来了压力，且压力主要表现在承接产业转移初期，随着产业转移进程的推进，其对水环境的压力逐步得到缓解。张晋霞（2014）实证分析新疆承接产业转移的环境效应，指出承接国内国外产业转移加重了环境污染，导致新疆经济发展需要更长时间才能到达改善环境的阶段。豆建民等（2014）研究了中国中部地区承接污染密集型产业转移的环境效应，结果表明承接的污染密集型产业转移在增加，造成污染转移进入中部地区。成艾华等（2015）分析了国内区际产业转移过程中，中西部地区承接产业转移的污染转移问题，结果表明西部地区承接了东部的高耗能产业，产生经济正效应的同时也带来了环境污染，部分转移行业存在"污染避难所"现象。关于承接产业转移是否一定产生负向环境效应，也有不同研究结论。李小平等（2010）通过投入产出模型及净出口消费指数等进行定量分析，得出在国际产业向中国转移过程中，转移企业不仅是污染密集型产业，同时也转移了许多"干净"产业，中国并没有成为发达国家的"污染天堂"。王爱民（2013）实证分析了承接产业转移的环境效应，指出承接产业转移的环境效应因污染外部性的差异而不同。

2.2.2.3 关于承接产业转移效应研究的述评

梳理目前关于承接产业转移效应的研究文献，可以按照不同的标准将已有文献进行划分。结合本书的研究目的将其按照四类标准进行划分：一是按照是属于理论研究还是属于实证研究进行划分，分为理论研究文献、实证研究文献、理论和实证结合的研究文献。其中，理论研究文献注重承接产业转移效应发挥机理的分析，对承接产业转移效应的分析较为全面综合，包括政策因素、文化扩散传播效应、制度惯例影响效应等难以定量分析的方面；实证研究文献注重承接产业转移经济效应分析，包括产业结构优化升级效应、技术溢出效应、产业关联效应、要素投入效应、劳动力整合优化效应，以及环境效应分析、区域福利效应分析等易于进行定量化的方面。有些文献同时进行了理论研究和实证分析，一般是在进行承接产业转移效应理论探讨的基础上，构建评价的数理模型选择研究承接区域进行实证分析。这类文献以著作和硕博学位论文的形式居多，因其有较大的篇幅可以进行两方面的深入研究。二是按照分析是承接产业转移的综合效应还是单一方面的效应进行划分，单一效应可以指经济效应、技术溢出效应、社会效应、就业效应、产业结构优化升级效应、环境效应等方面。三是按照研究的承接区域尺度进行划分，分为国家尺度、跨省区域尺度、省级区域尺度、省级内部区域尺度以及城市尺度。在国家尺度上，主要是以国家整体上承接国际产业转移产生的效应为研究对象；在跨省区域尺度上，主要是以国家东中西三大地带划分标准，研究中西部地区承接国际和国内产业转移产生的效应；在省级区域尺度上，主要是以单个省级区域承接产业转移效应为研究对象；在省级内部区域尺度上，主要是以省内的经济区域包括几个国家承接产业转移示范区承接产业转移效应为研究对象；在城市尺度上，主要是以某一个省的地级城市为研究对象，或者以单个城市承接产业转移效应为研究对象。目前由于数据收集方面的困难，城市尺度上的研究成果相对较少。四是按照实证研究思路不同进行划分，主要包括两种思路，一种思路是先定量分析承接产业转移地区经济、社会、环境、就业等发展情况，将其视为被解释变量，然后定量分析承接产业转移量，最后实证研究承接产业转移变量与承接地区发展之间的因果关系和贡献率。进而确定承接产业转移是否对承接地区产生效应，以及产生效应的程度。另一种思路是将承接产业转移产生的效应与区域本身发展产生的效应分开进行分析，通过理论分析确定转移产业产生效应的评价指标体系，分析论证指标权重，最后进行承接产业转移效应评价。前一种思路在进行实证研究时，指标数据相对容易搜集，研究的客观性较强。后一种思路进行实证研究时，指标数据相对难以搜集，指标和权重多是主观确定，研究的客观性减弱。

3 中部老工业城市承接产业
转移现状和基础

产业转移是产业的空间移动或空间迁移现象，是具有时间和空间维度的动态过程。从经济学角度看，产业转移是资源要素的优化配置过程，从地理学角度看，产业转移是资源要素的空间流动过程。产业转移受到经济要素、交易成本、生态环境门槛、国家和区域经济政策、国际经济形势等因素的影响，在宏观上表现为生产力空间布局的变化，在微观上表现为企业向预期更为有利于自身发展的地区转移。王先庆（1998）指出，产业转移的实质和关键是资本转移。从承接地角度看，承接地通过发挥自身优势、出台优惠政策、加强宣传以及发挥自身能动性，实现吸引外部投资是其承接产业转移的主要形式。因此，对于产业转移的研究，其量化指标通常选取外部投资数据做近似分析，本书借鉴已有研究成果通过分析中部老工业城市引进和利用外部投资情况探讨其承接产业转移的现状。外部投资主要包括外商直接投资和利用省外境内资金情况，分别将其作为承接国外产业转移和国内产业转移的指标。从经济发展、居民收入、产业结构等方面，对比分析了中部地区承接产业转移的基础。本书所指中国东部、中部、西部和东北地区的具体划分如下：东部地区包括北京、天津、河北、上海、江苏、浙江、福建、山东、广东和海南10个省（市）；中部地区包括山西、安徽、江西、河南、湖北和湖南6个省；西部地区包括内蒙古、广西、重庆、四川、贵州、云南、西藏、陕西、甘肃、青海、宁夏和新疆12个省（区、市）；东北地区包括辽宁、吉林和黑龙江3个省。除特别说明外，本章所使用的数据均来自中部六省各个年度的统计年鉴，包括《河南统计年鉴》（各年度）、《安徽统计年鉴》（各年度）、《山西统计年鉴》（各年度）、《湖南统计年鉴》（各年度）、《湖北统计年鉴》（各年度）、《江西统计年鉴》（各年度），以及《中国城市统计年鉴》（各年度）和《中国统计年鉴》（各年度）。

3.1 中部老工业城市承接产业转移现状

本书将中部老工业城市作为中部地区一种特定类型的城市进行分析，关于其承接国际产业转移的情况，主要将 34 个老工业城市吸引外商直接投资的数据汇总进行分析。承接国内产业转移的情况，由于受到城市层面上利用省外境内资金数据的限制，主要将 14 个老工业城市吸引省外境内资金的数据汇总进行分析。进而将 14 个老工业城市吸引外商直接投资和省外境内资金的数据加总作为承接产业转移总量进行分析。

3.1.1 中部老工业城市承接国外产业转移现状

如图 3 - 1 所示，中部老工业城市利用外商直接投资自 2003 年以来一直呈上升趋势，2003 ~ 2013 年，利用外商直接投资年均增长率达到 25.25%，呈较快发展趋势。这种利用外商直接投资规模逐渐加速发展的态势，应该是多种因素影响的结果。国际产业转移的浪潮在加快，中国作为发展中国家和全球经济活跃地区是承接国际产业转移的重点地区，许多国际直接投资的首选地。而且经过 40 多年的改革开放之后，中国东部地区经济发展水平不断提高，正在谋求产业结构调整升级淘汰落后产业，以及环境生态遭到破坏后，环保意识不断提高，这些都导致东部地区承接产业转移的门槛不断提高。而中部地区在国家追求区域经济协调发展的宏观政策如中部崛起战略等的支持下，具备政策优势，又有一定的经济发展基础，加之土地、劳动力等经济要素的丰裕廉价和环境生态承载能力较强，相

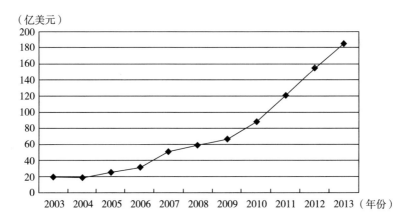

图 3 - 1　2003 ~ 2013 年中部老工业城市利用外商直接投资状况趋势

比东部地区显现出自身的优势进而成为承接国际直接投资的重要地区。在中部地区，老工业城市是具备一定工业基础、发展较早的一类城市，相应的具备承接产业转移的产业基础包括经济发展水平、产业工人、相应的技术以及配套能力，这应该也是中部老工业城市利用外商直接投资绝对规模迅速增加的原因。

中部老工业城市利用外商直接投资增长速度呈先慢后快的发展势态。如表 3-1 所示，2003~2006 年是缓慢发展阶段，利用外商直接投资 3 年间从 19.45 亿美元增加到 31.76 亿美元，增加 1/2 左右；2006~2009 年是较快发展阶段，利用外商直接投资 3 年间从 31.76 亿美元仅增加到 67.25 亿美元，增加 1 倍多；2009~2013 年是快速发展阶段，利用外商直接投资 3 年间从 67.25 亿美元仅增加到 184.80 亿美元，增加两倍多。以上分析表明，中部老工业城市承接国际产业转移发展速度在最近 10 多年经历了先慢后快的发展过程。

表 3-1　2003~2013 年中部老工业城市及中部六省利用外商直接投资状况

年份	34 个老工业城市 FDI（万美元）	中部六省 FDI（万美元）	中部老工业城市 FDI 占中部六省 FDI 比例（%）
2003	194461	583078	33.35
2004	191369	705227	27.14
2005	255837	962529	26.58
2006	317557	1111718	28.56
2007	510372	1839849	27.74
2008	588765	1922859	30.62
2009	672515	1984646	33.89
2010	884245	2504689	35.30
2011	1207429	3107053	38.86
2012	1547723	3380483	45.78
2013	1848029	4466084	41.38

在承接国际产业转移方面，如表 3-1 和图 3-2 所示，中部 34 个老工业城市利用 FDI 占中部六省的比重呈波动上升的趋势。2003~2007 年，所占比例总体上处于下降的态势，2007~2012 年基本上呈上升态势，而且每年上升的比例基本相同，达到 3% 左右，2012 年承接国际产业转移突然增加，达到了以往 2 年的上升幅度。2013 年又有所回落，但仍然比 2011 年增加了 3%。已有的研究成果通常将 2008 年金融危机作为中国中西部地区承接产业转移的机遇和优势增强的

时间点，结合 2008 年这个时间点进行分析。2009 年金融危机之后，中部老工业城市利用 FDI 占中部六省比例恢复到 2003 年的高位水平，并且一直以 3% 左右的速度提升。如上分析，中部 34 个老工业城市在中部六省所占比例总体是上升的，特别是 2008 年金融危机之后稳步上升。从承接国际产业转移方面分析，中部老工业城市在中部六省承接产业转移的竞争力在金融危机之前有一段衰落，之后以较快的速度恢复到之前的竞争地位而且地位不断提升，在 2012 年达到历史高位占 45.78%。而 2013 年中部 34 个老工业城市人口占中部六省比例为 38.6%，GDP 占中部六省比例为 39.7%，可见中部 34 个老工业城市承接国际产业转移的竞争地位已经超过其所占人口和经济比例。中部 34 个老工业城市承接国际产业转移指标在 2003～2013 年年均增长率达到 25.25%，中部六省承接国际产业转移指标在 2003～2013 年年均增长率达到 22.58%，中部 34 个老工业城市增长速度也快于中部六省。如上，按照区位商原理，与人口和经济规模所占比例相比，中部 34 个老工业城市承接国际产业转移超过自身所占比例；与中部六省承接国际产业转移速度相比，中部 34 个老工业城市承接国际产业转移超过中部六省速度；因而可以认为中部老工业城市与中部六省其他城市比较其承接国际产业转移的竞争力更强。

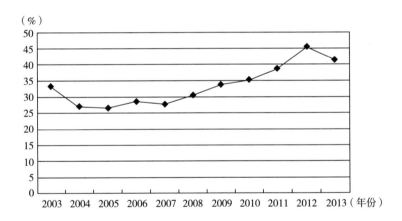

图 3 - 2 2003～2013 年中部老工业城市占中部六省利用外商直接投资比例

根据经济学原理，资本投入是推动城市经济发展的重要原因。如表 3 - 2 所示，中部老工业城市 GDP 总量从 2003 年的 9393 亿元增加到 2013 年的 50558 亿元，年均增长 18.3%。全社会固定资产投资从 2003 年的 2600 亿元增加到 2013 年的 42631 亿元，显然是 GDP 增长的重要源泉。外商直接投资占全社会固定资产投资的比例从2003年的6.19%下降到2013年的2.68%，可见其对中部老工业城市经济增长的贡献率并不大，但外商直接投资绝对规模在加速增大，从2003年的161亿元增加到2013年的1145亿元。

表3-2 2003~2013年中部老工业城市外商直接投资及全社会固定资产投资状况

年份	GDP（亿元）	外商直接投资（亿元）	全社会固定资产投资额实际到位资金（亿元）	外商直接投资占全社会固定资产投资比例（%）
2003	9393	161	2600	6.19
2004	13130	158	4230	3.74
2005	13932	210	5304	3.95
2006	17360	253	7176	3.53
2007	20779	388	9678	4.01
2008	25014	409	12704	3.22
2009	27958	459	18206	2.52
2010	34004	599	23901	2.50
2011	41653	780	26425	2.95
2012	46441	977	33915	2.88
2013	50558	1145	42631	2.68

综上，中部老工业城市承接国际产业转移规模自2003年以来一直呈上升趋势，2003~2013年年均增长率达到25.25%，呈较快发展趋势；中部老工业城市承接国际产业转移增长速度在最近10多年经历了先慢后快的发展过程。按照区位商原理，将中部老工业城市承接国际产业转移量占中部六省比例与人口和经济规模所占比例相比，可以认为中部老工业城市与中部六省其他城市比较其承接国际产业转移的竞争力更强。虽然，承接国际产业转移对中部老工业城市经济增长的贡献率并不大，但承接国际产业转移绝对规模在加速增大。

3.1.2 中部老工业城市承接国内产业转移现状

由于城市尺度上统计资料的限制，主要是代表中部各个老工业城市承接国内区际产业转移的指标，利用省外境内投资金额的统计数据各省份公布情况不同。湖南省从2006年开始公布各地级市利用省外境内投资数据，河南省从2007年开始公布各地级市利用省外境内投资数据。因此，本节选择中部14个老工业城市2007~2013年的数据进行分析，探讨中部老工业城市承接国内产业转移的情况。

其中，14 个老工业城市分别是：河南省的开封、洛阳、平顶山、安阳、鹤壁、新乡、焦作、南阳 8 个城市以及湖南省的株洲、湘潭、衡阳、邵阳、岳阳、娄底 6 个城市。

如图 3 - 3 所示，中部 14 个老工业城市利用省外境内投资从 2007 年始一直呈上升趋势，绝对规模从 2007 年的 770 亿元迅速增长到 2013 年的 4496 亿元，年均增长率达到 34.19%，呈快速发展的态势。利用省外境内投资可以作为国内区际产业转移的指标，主要来自中国东部发达地区的产业转移，这与国际和国内两方面的经济发展背景相关。在国际层面上，由于信息通信技术发达以及高新技术产业大量出现和发展，新一轮的产业转移浪潮方兴未艾，中国东部地区作为承接国际产业转移的重要承接地存在一系列需要及时调整的问题。东部改革开放后承接的传统产业包括劳动密集型产业和高污染高耗能产业急需通过产业结构调整进行转移淘汰，为产业转型升级腾出空间和经济要素并改善东部地区生态环境发展高新技术产业和承接国际产业转移，这是产业从东部地区转出的推力。国家在 2008 年金融危机后更加注重中西部地区发展追求区域经济协调发展，在这种背景下国家和中西部地区出台大量优惠政策吸引东部地区发展，同时中西部地区也具备产业梯度转移理论中承接地的条件，拥有丰富廉价的经济要素、大量资源能源、较强的生态环境承载能力，这是产业转向中西部地区的拉力。在这种东部地区产业有迫切转出需求、中部地区急切需要转入产业的情况下，产业转移较为顺利地在东部和中部地区实现，这应是中部地区快速承接大量国内区际产业转移的原因。

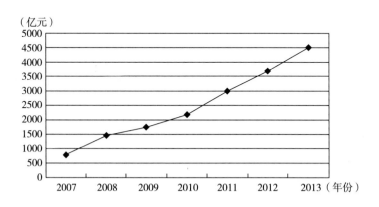

图 3 - 3　2007 ~ 2013 年中部老工业城市利用省外境内投资趋势

结合表 3 - 3 和图 3 - 4 分析在承接国内产业转移方面，中部 14 个老工业城市在所属两省的竞争能力。如图 3 - 4 所示，中部 14 个老工业城市利用省外境内

表3-3 2007~2013年中部老工业城市及所在两省利用省外境内投资状况

年份	老工业城市利用省外境内资金（亿元）	河南和湖南利用省外境内投资（亿元）	老工业城市利用省外境内投资占两省比例（%）
2007	770	2574.40	29.93
2008	1459	3079.37	47.39
2009	1751	3644.88	48.03
2010	2182	4476.53	48.73
2011	3007	6102.32	49.28
2012	3696	7492.20	49.34
2013	4496	9081.40	49.50

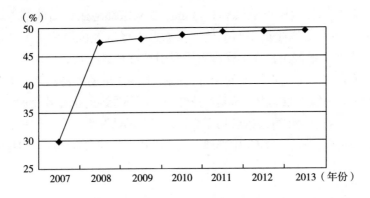

图3-4 2007~2013年中部老工业城市占所在两省利用省外境内投资比例

投资占所属两省总量的比重呈现先快后慢持续上升的趋势。2007~2008年，所占比例从不足30%大幅度上升达到47.39%的高位水平，2008~2013年所占比例一直呈缓慢上升的态势，上升幅度逐渐减小。从承接国内产业转移方面分析，中部14个老工业城市在所属两省承接产业转移的竞争力在不断提升，在2013年达到历史高位，占49.50%，接近两省承接国内产业转移的一半。而2013年中部14个老工业城市人口占所属两省比例为44.4%，GDP占所属两省比例为43.4%，可见，中部14个老工业城市承接国内产业转移的竞争地位已经超过其所占人口和经济比例。中部14个老工业城市承接国内产业转移指标在2007~2013年年均增长率达到34.19%，所属两省承接国内产业转移指标在2007~2013年年均增长率达到23.39%，中部14个老工业城市增长速度也快于所属两省。如上，与人口和经济规模所占比例相比，中部14个老工业城市承接国内产业转移超过自身所占比例；与所属两省承接国内产业转移速度相比，中部14个老工业城市承接国内产业转移超过所属两省速度；因而可以认为中部14个老工业城市与所属两省其他城市比较其承接国内产业转移的竞争力更强。

如表3-4所示，中部14个老工业城市GDP总量从2007年的11004亿元增加到2013年的24585亿元，年均增长14.3%。全社会固定资产投资从2007年的5306亿元增加到2013年的19515亿元，全社会固定资产投资显然仍是GDP增长的重要源泉。中部14个老工业城市利用省外境内投资绝对规模在不断增大，从2007年的770亿元增加到2013年的4496亿元。利用省外境内投资占全社会固定资产投资比例从2007年的14.52%波动上升到2013年的23.04%，可见其对中部老工业城市经济增长的贡献率是在不断上升的。

表3-4　2007~2013年中部老工业城市利用省外及自身投资状况

年份	GDP（亿元）	外商直接投资（亿元）	利用省外境内投资（亿元）	全社会固定资产投资（亿元）	利用省外境内投资占全社会固定资产投资比例（%）	外商直接投资占省外境内投资比例（%）
2007	11004	167	770	5306	14.52	21.67
2008	13208	198	1459	7000	20.85	13.58
2009	14548	228	1751	9351	18.72	13.04
2010	17227	288	2182	11737	18.59	13.21
2011	20458	401	3007	12377	24.30	13.33
2012	22541	470	3696	15429	23.96	12.71
2013	24585	543	4496	19515	23.04	12.07

如表3-4所示，中部14个老工业城市吸引外商直接投资的绝对规模在不断增加，表示承接国际产业转移在不断增加；其利用省外境内投资的绝对规模也在不断增加，表示承接国内产业转移也在不断增加。关于承接国际和国内产业转移的绝对规模的比较，外商直接投资规模远小于利用省外境内投资规模，可以考察外商直接投资占省外境内投资比例，从2007年的21.67%持续下降到2013年的12.07%。可见，在2007~2013年中部14个老工业城市承接的转移产业中，承接国内区际产业转移所占比例越来越大。

综上，中部老工业城市承接国内产业转移规模从2007年开始一直呈上升趋势，2007~2013年年均增长率达到34.19%，呈现快速发展的态势。中部14个老工业城市利用省外境内投资占所属两省总量的比重呈现先快后慢持续上升的趋势，按照区位商原理，可以认为中部 14 个老工业城市与所属两省其他城市比较其承接国内产业转移的竞争力更强。此外，承接国内产业转移对中部老工业城市经济增长的贡献率不断上升。在 2007～2013 年中部 14 个老工业城市承接的转移产业中，承接国内区际产业转移所占比例越来越大。

3.1.3　中部老工业城市承接产业转移总量分析

本节将中部 14 个老工业城市 2007～2013 年吸引外商直接投资额与利用省外境内投资额加总的数据作为其承接产业转移总量的指标进行分析。如图 3－5 所示，中部老工业城市承接产业转移总量自 2007 年以来一直呈上升趋势，2007～2013 年，承接产业转移总量年均增长率达到 32.3%，呈快速发展趋势。承接产业转移总量的快速发展的原因，包括如上分析的承接国际产业转移和国内产业转移的原因。

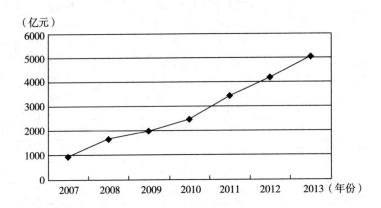

图 3－5　2007～2013 年中部老工业城市承接产业转移总量趋势

结合表 3－5 和图 3－6 分析在承接产业转移总量方面，中部 14 个老工业城市在所属两省的竞争能力。由图 3－6 可知，中部 14 个老工业城市承接产业转移总量占所属两省总量的比重呈现先快后慢持续上升的趋势。2007～2008 年，所占比例从 30% 左右大幅度上升达到 45.56% 的高位水平，2008～2012 年所占比例一直呈缓慢上升的态势，上升幅度逐渐减小，至 2013 年有小幅度下降。从承接产业转移总量方面分析，如表 3－5 所示，中部 14 个老工业城市占所属两省承接产业转移总量比例在不断提升，在 2012 年达到历史高位，占 49.33%，接近两省承接产业转移总量的一半。而 2013 年中部 14 个老工业城市人口占所属两省比例为 44.4%，GDP 占所属两省比例为 43.4%，可见，中部 14 个老工业城市承接产业转移总量的竞争地位已经超过其所占人口和经济比例。中部 14 个老工业城市承接产业转移总量在 2007～2013 年年均增长率达到 32.3%，所属两省承接产业转移总量在 2007～2013 年年均增长率达到 22.7%，中部 14 个老工业城市增长速度也快于所属两省。如上，与人口和经济规模所占比例相比，中部 14 个老工业城市承接产业转移总量超过自身所占比例；与所属两省承接产业转移总量的速度相比，中部 14 个老工业城市承接产业转移总量速度超过所属两省；因而可以认为中部 14 个老工业城市与所属两省其他城市比较其承接产业转移总量的竞争力更强。

表 3-5　2007～2013 年中部老工业城市及所在两省承接产业转移总量状况

年份	GDP（亿元）	14 个老工业城市承接产业转移总量（亿元）	所属两省承接产业转移总量（亿元）	老工业城市占所属两省承接产业转移总量比例（%）
2007	11004	937	3055.90	30.67
2008	13208	1657	3637.60	45.56
2009	14548	1979	4286.75	46.17
2010	17227	2470	5250.36	47.04
2011	20458	3408	7150.74	47.66
2012	22541	4166	8445.04	49.33
2013	24585	5038	10453.90	48.19

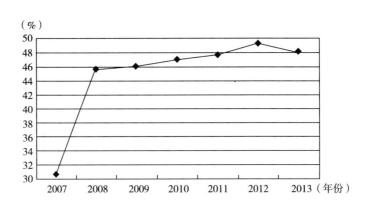

图 3-6　2007～2013 年中部老工业城市占所属两省承接产业转移总量比例

如表 3-6 所示，中部 14 个老工业城市 GDP 总量从 2007 年的 11004 亿元增加到 2013 年的 24585 亿元，年均增长 14.3%。全社会固定资产投资从 2007 年的 5306 亿元增加到 2013 年的 19515 亿元，全社会固定资产投资显然仍是 GDP 增长的重要源泉。中部 14 个老工业城市承接产业转移总量绝对规模在不断增大，从 2007 年的 937 亿元增加到 2013 年的 5038 亿元。承接产业转移总量占全社会固定资产投资的比例从 2007 年的 17.67% 波动上升到 2013 年的 25.82%，可见其对中部老工业城市经济增长的贡献率是在不断上升的。

表 3-6　2007~2013 年中部老工业城市承接产业转移总量及自身投资状况

年份	GDP （亿元）	承接产业转移 总量（亿元）	全社会固定资产 投资（亿元）	承接产业转移总量占全社会 固定资产投资比例（%）
2007	11004	937	5306	17.67
2008	13208	1657	7000	23.68
2009	14548	1979	9351	21.16
2010	17227	2470	11737	21.04
2011	20458	3408	12377	27.54
2012	22541	4166	15429	27.00
2013	24585	5038	19515	25.82

综上，中部老工业城市承接产业转移总量自 2007 年以来一直呈上升趋势，2007~2013 年，承接产业转移总量年均增长率达到 32.3%，呈快速发展趋势。与人口和经济规模所占比例相比，中部 14 个老工业城市承接产业转移总量超过自身所占比例；与所属两省承接产业转移总量的速度相比，中部 14 个老工业城市承接产业转移总量速度超过所属两省；按照区位商原理，可以认为中部 14 个老工业城市与所属两省其他城市比较其承接产业转移总量的竞争力更强。此外，承接产业转移总量对中部老工业城市经济增长的贡献率在不断上升。

3.2　中部老工业城市承接产业转移的基础

随着国家调整产业结构、转变经济发展方式，以及重视区域协调发展战略和振兴老工业基地规划的执行，全国老工业城市经济发展面对一种良好的发展态势。中部老工业城市如何抓住国际国内产业转移机遇快速发展实现振兴，是一个重要课题，对于中部老工业城市承接产业转移的基础主要从如下方面进行分析。

3.2.1 经济发展水平

经典的产业转移理论，特别是流行于国内的梯度产业转移理论，强调产业转移转出地和承接地之间的经济梯度差异，将其作为产业转移发生的重要条件。本节采用地区 GDP 总量和人均 GDP 两个指标衡量经济发展水平。首先，从宏观上考察东部、中部、西部、东北四大板块的发展情况；其次，从中部六省经济发展水平进行考察，并将中部老工业城市与所属省份进行比较，考察其承接产业转移的经济优势。

由表 3 - 7 可知，从中国四大经济板块分析，中部地区的 GDP 总量略高于西部地区，但远低于东部地区，中部地区、西部地区和东北地区三大经济板块 GDP 总量之和还低于东部地区。中部地区发展历史悠久，人口极为密集，中部六省人口总数量相应非常大，与包括 12 个省份、几乎占一半国土面积的西部地区人口规模持平。但是，用人均 GDP 指标衡量，中部地区经济发展水平并不高，仅稍高于西部地区，远低于东部地区和东北地区。从承接国际和国内产业转移的角度分析，中部地区与发达国家和东部地区存在经济梯度差异，具备经济梯度差异的基本条件。

表 3 - 7　2013 年中国四大板块经济规模和水平

四大板块	GDP 总量（亿元）	人口规模（万人）	人均 GDP（万元）
东部地区	322259	51819	6.2189
中部地区	127306	36085	3.5279
西部地区	126003	36637	3.4392
东北地区	54442	10976	4.9601

资料来源：笔者根据《中国统计年鉴》（2014）整理。

如表 3 - 8 所示，考察中部 6 个省份经济规模和水平状况，在全国排名靠前经济规模最大的是河南省，GDP 总量排名为第 5 位，进入全国前 10 名的还有湖北省，排在第 9 位。湖南省、安徽省、江西省、山西省的 GDP 分别排在第 10位、第 14 位、第 20 位和第 23 位。

表 3 - 8　中部六省经济规模和水平

排名	省份	GDP 总量（亿元）	人口规模（万人）	人均 GDP（万元）
23	山西	12602	3630	3.4716

续表

排名	省份	GDP 总量（亿元）	人口规模（万人）	人均 GDP（万元）
5	河南	32156	9413	3.4161
9	湖北	24668	5799	4.2538
10	湖南	24502	6691	3.6619
14	安徽	19039	6030	3.1574
20	江西	14339	4522	3.4716

资料来源：笔者根据《中国统计年鉴》（2014）整理。排名指各省 GDP 总量在全国的排名。

因人口规模大，中部地区 GDP 总量排在第 1 位的河南省，人均 GDP 排在第 23 位，在全国处于后 10 位，已经是落后地区了。这里采用世界银行对世界各个经济体最新的分组标准，即将国家和地区分为低收入国家、中等偏下收入国家、中等偏上收入国家和高收入国家四组的标准。世界银行分类的指标是人均国民总收入（GNI）（以前称为人均 GNP），国民总收入（GNI）是指所有居民生产者创造的增加值的总和，加上未统计在估计产值中的任何产品税和境外原始收入的净收益。国民总收入（GNI）以本国货币计算，为便于经济体之间的比较分析，通常会按照官方汇率转换为美元。为熨平价格和汇率波动，世界银行采用图表集法作为换算方法，人均国民总收入具体是用世界银行图表集法换算为美元再除以年中人口数。最新公布的标准是，人均国民总收入在 1045 美元以下的国家属于低收入国家，人均国民总收入在 1046～4125 美元的国家属于中等偏下收入国家，人均国民总收入在 4126～12735 美元的国家属于中等偏上收入国家，人均国民总收入在 12736 美元以上的国家属于高收入国家。这里根据世界银行 2014 年最新制定的标准，以与 GNP 相近的 GDP 作为参考，以 2013 年人民币兑美元平均汇率进行计算，中国有 3 个省（市）的人均 GDP 超过了 12736 美元的世界银行标准，分别为天津、北京和上海；有 25 个省份超过 4126 美元的世界银行标准，包括中部地区的 6 个省份，依次为湖北、湖南、山西、河南、江西、安徽。

如表 3-9 所示，分析中部 34 个老工业城市的人均 GDP，仅有河南南阳、湖北荆州、湖南邵阳 3 个城市低于 4126 美元的世界银行标准，表明中部老工业城市具备承接国内外产业转移的经济承接能力。结合表 3-8 和表 3-9，分析各中部省份中超过各省人均 GDP 平均水平的城市，山西省包括阳泉、长治 2 个城市；河南省包括洛阳、鹤壁、焦作 3 个城市；湖北省包括黄石、宜昌、襄阳 3 个城市；湖南省包括株洲、湘潭、岳阳 3 个城市；安徽省包括淮北、淮南、马鞍山、芜湖 4 个城市；江西省包括景德镇、萍乡 2 个城市。中部 34 个老工业城市中共有 17 个城市超过所在省份人均 GDP 平均水平。

表 3-9　中部 34 个老工业城市经济规模和水平

省份	城市	GDP 总量（亿元）	人口规模（万人）	人均 GDP（元）
山西	大同	967	337	28741
山西	阳泉	612	139	44251
山西	长治	1334	339	39474
山西	晋中	1022	330	31015
山西	临汾	1224	439	27949
河南	开封	1364	511	29327
河南	洛阳	3141	692	47569
河南	平顶山	1557	538	31496
河南	安阳	1684	576	33100
河南	鹤壁	622	161	38919
河南	新乡	1766	600	31138
河南	焦作	1707	367	48545
河南	南阳	2499	1171	24692
湖北	黄石	1142	245	46750
湖北	十堰	1081	337	32142
湖北	宜昌	2818	410	68846
湖北	襄阳	2814	559	50509
湖北	荆门	1203	289	41668
湖北	荆州	1335	574	23300
湖南	株洲	1949	393	49723
湖南	湘潭	1443	280	51717
湖南	衡阳	2169	725	30030
湖南	邵阳	1130	720	15727
湖南	岳阳	2436	556	43953
湖南	娄底	1118	383	29249
安徽	淮北	704	214	32996
安徽	蚌埠	1008	322	31482
安徽	淮南	819	236	34897
安徽	马鞍山	1293	221	58733

省份	城市	GDP 总量（亿元）	人口规模（万人）	人均 GDP（元）
安徽	芜湖	2100	360	58532
安徽	安庆	1418	534	26596
江西	景德镇	680	162	42186
江西	萍乡	798	188	42515
江西	九江	1602	479	34284

资料来源：笔者根据 2014 年中部六省统计年鉴整理。

综上，从承接国际和国内产业转移的角度分析，中部地区与发达国家和东部地区存在经济梯度差异，具备经济梯度差异的基本条件。中部 34 个老工业城市中有一半城市超过所在省份人均 GDP 平均水平，属于中部地区经济基础较好的城市，显示承接产业转移的经济优势。

3.2.2 城镇化、居民存款和收入

美国城市地理学家诺瑟姆（Ray M. Northam）1975 年研究世界各国城镇化过程所经历的轨迹，将其概括为生长理论曲线，即著名的逻辑斯蒂曲线。根据该曲线的描述，可以将城镇化全过程划分为初期、中期和后期三个阶段：①初期阶段（城镇人口占总人口比重在 30% 以下）。这一阶段农村人口占绝对优势，工农业生产力水平较低，工业提供的就业机会有限，农业剩余劳动力释放缓慢。因此要经过几十年甚至上百年的时间，城镇人口比重才能提高到 30%。②中期阶段（城镇人口占总人口比重在 30%～70%）。这一阶段由于工业基础比较雄厚，经济实力明显增强，农业劳动生产率大大提高，工业具备了吸收大批农业人口的能力，城镇人口比重可在短短几十年内突破 50% 而上升到 70%。③后期阶段（城镇人口占总人口比重在 70%～90%）。这一阶段农村人口的相对数量和绝对数量已经不大，为了保持社会必需的农业规模，农村人口的转化趋于停止，最后相对稳定在 10% 以下，城镇人口比重则相对稳定在 90% 以上的饱和状态。后期的城镇化不再主要表现为变农村人口为城镇人口，而是城镇人口内部职业构成由第二产业向第三产业转移。从世界各国城镇化发展一般规律来看，一个地区城镇化率达到 50% 以后，人均 GDP 超过 3000 美元，通常就进入了城镇化快速发展的阶段。

如表 3－10 所示，按照诺瑟姆总结的阶段划分标准，中部六省城镇化都已经进入了城镇化中期阶段，已经经过较长时期的积累超过 30%，全部在 50% 左右

的水平。其中，山西省和湖北省已经超过50%，人均GDP也超过了3000美元，处于快速发展的阶段；河南省、湖南省、安徽省、江西省4个省份的城镇化率虽没有超过50%，但都接近50%的水平，而且人均GDP也超过了3000美元。因此，基本可以判定中部6个省份城镇化都处于快速发展阶段。从全国城镇化水平排名来看，中部城镇化水平最高的湖北省仅排在第12位，山西省排在第16位；其他4个省份基本排在第20位之后。从全国层面来看，中部地区城镇化率与东部地区相比落后许多，与东北地区相比也有差距，与西部地区相比水平基本相近。这表明中部地区城镇化建设与发达地区存在一定差距的客观现实，也表明处于快速发展阶段的中部地区城镇化建设还存在较大的发展潜力。

表3-10　中部六省城镇化发展水平

排名	省份	城镇化水平（%）	人均GDP（美元）
16	山西	52.56	5606
27	河南	43.80	5516
12	湖北	54.51	6869
22	湖南	47.96	5913
23	安徽	47.86	5098
19	江西	48.87	5120

资料来源：笔者根据《中国统计年鉴》（2014）整理。排名指各省城镇化水平在全国的排名。

城乡居民人民币储蓄存款年底余额可以从侧面反映出居民可支配收入的高低，也是衡量居民生活水平的重要标准之一。如表3-11所示，中部六省城乡居民人民币储蓄存款年底余额排名基本都处于中间阶段，比较平均，其中除河南省进入了前10名外，湖北省、湖南省、山西省、安徽省和江西省分别位列第11、第12、第13、第14和第18，彼此之间差距并不太大。

表3-11　2013年中部六省城乡居民人民币储蓄存款年底余额　单位：亿元

排名	省份	余额
13	山西	13339
9	河南	20232
11	湖北	15507
12	湖南	14540
14	安徽	12925
18	江西	9725

资料来源：笔者根据《中国统计年鉴》（2014）整理。排名指各省储蓄存款在全国的排名。

如表 3-12 所示，从 2013 年起，国家统计局开展了城乡一体化住户收支与生活状况调查，为城乡统筹协调发展提供数据支持。表中显示了三个方面的数据：一是城镇居民人均可支配收入，是指城镇居民家庭人均可用于最终消费支出和其他非义务性支出以及储蓄的总和，即居民家庭可以用来自由支配的收入。二是农村居民人均纯收入，是按人口平均的纯收入水平，反映的是一个地区农村居民的平均收入水平；是将农村居民家庭纯收入按人口平均，农村居民家庭纯收入指农村住户当年从各个来源得到的总收入相应地扣除所发生的费用后的收入总和，是反映农村居民家庭实际收入水平的综合性的主要指标。三是全体居民人均可支配收入，反映城乡一体化住户收支与生活状况，反映城乡统筹协调发展状况。

表 3-12　中部六省城乡人均可支配收入

排名	省份	城镇居民人均可支配收入（元）	农村居民人均纯收入（元）	全体居民人均可支配收入（元）
19	山西	22456	7154	15120
24	河南	22398	8475	14204
12	湖北	22906	8867	16472
13	湖南	23414	8372	16005
18	安徽	23114	8098	15154
20	江西	21873	8781	15100

资料来源：笔者根据《中国统计年鉴》（2014）整理。排名指各省全体居民人均可支配收入在全国的排名。

从城镇居民人均可支配收入来看，中部六省城镇居民人均可支配收入排名基本位于中间阶段，其中城镇居民人均可支配收入最高的省份是湖南省，排在第 12 位，安徽省、湖北省、山西省、河南省和江西省分别处于全国的第 15、第 17、第 20、第 21、第 24 位。与国家平均水平比较，从城镇居民人均可支配收入绝对量来看，中部六省城镇居民人均可支配收入都没有超过全国平均水平 26955.1 元，而且存在大约 4000 元的差别。从农村居民人均纯收入看，中部六省农村居民人均纯收入仍然处于全国中等区间，湖北省、江西省、河南省、湖南省、安徽省和山西省分别位列第 13、第 14、第 16、第 17、第 20 和第 23。与国家平均水平比较，从农村居民人均纯收入绝对量来看，中部六省农村居民人均纯收入都没有超过全国平均水平 8895.9 元，但除山西省外差别都不大。从全体居民人均可支配收入来看，中部六省全体居民人均可支配收入仍然处于全国中等区间，湖北省、湖南省、安徽省、山西省、江西省、河南省分别排在第 12、第 13、第 18、第19、第20和第24名。与国家平均水平比较，从全体居民人均可支配收入绝对量来看，中部六省全体居民人均可支配收入都没有超过全国平均水平18310.8元，而且存在2000~3000元的差别。

综上，中部地区城镇化建设与东部发达地区存在一定差距，但是中部6个省份城镇化都处于快速发展的阶段，因此，中部地区城镇化建设还存在较大的发展潜力。此外，根据年末人民币储蓄余额和城乡人均收入情况排名，中部地区也处于全国中间水平。

3.2.3 产业结构

配第一克拉克定理指出，随着经济发展水平的提升，第一产业国民收入和劳动力的相对比重逐渐下降；第二产业国民收入和劳动力的相对比重上升，经济进一步发展，第三产业国民收入和劳动力的相对比重也开始上升。如表3－13所示，2013年，中部地区第一产业、第二产业和第三产业占该地区GDP的比重分别是11.79%、52.13%和36.08%，与西部和东北地区产业结构类似，都呈现"二三一"格局。与全国平均水平相比，第一产业比重较高，还没有降到10%以下，超过全国平均水平6.89个百分点；第二产业比重较高，但是第二产业优势不够明显，超过全国平均水平3.83个百分点；第三产业比重低，发展相对滞后，低于全国平均水平10.72个百分点。2001年，中部地区的第一产业、第二产业和第三产业占该地区GDP的比重分别是18.7%、45.95%和35.37%，经过10多年的发展，第一产业降低了近7个百分点，第二产业增加了6.18个百分点，第三产业增加了0.71个百分点。但中部产业结构中存在的工业化比重过高、产业结构偏离度过大、第三产业发展滞后等不合理问题仍很突出，尤其是与东部地区相比，彼此差距还很大。

表3－13　2013年中国及四大板块产业结构　　　单位：亿元，%

指标	全国	东部地区	中部地区	西部地区	东北地区
国内生产总值	568845.2	322259	127306	126003	54442
第一产业产值	56957.0	19894	15015	15701	6348
第一产业产值占比	4.9	6.17	11.79	12.46	11.66
第二产业产值	249684.4	150996	66363	62357	27046
第二产业产值占比	48.3	46.86	52.13	49.49	49.68
第三产业产值	262203.8	151369	45928	47945	21048
第三产业产值占比	46.8	46.97	36.08	38.05	38.66

资料来源：笔者根据《中国统计年鉴》（2014）整理。

结合表 3-14 和表 3-15 可知，中部六省第二产业产值比例基本都在 50% 左右，已经占主导地位，第三产业产值比例基本达到 30%~40%，远超过第一产业产值比例。但除山西省外，第一产业产值比例都高于 10%，表明产业结构还有较大调整空间。从中部六省三次产业就业进行考察，除山西省外，第二产业吸纳的就业人数比例达到 20%~30%，第三产业吸纳的就业人数比例达到 30%~40%，但第一产业吸纳的就业人数比例仍然较高，达到 30%~40%，表明中部地区农业仍然在区域经济中占据十分重要的位置。按照产业经济学的理论，第一产业就业人口仍然有很大的下降空间，这需要发展第二和第三产业来提升产业结构高度。从工业化角度来分析，中部六省已经具备了一定的工业化基础，人均 GDP 也达到了 5000 美元以上，可以说目前是中部六省工业化进程的快速发展阶段。在这一阶段，资本投入仍然是推动经济快速发展的主要动力，因此大量承接产业转移吸引更多的资本投入到中部地区，是加快中部崛起的重要途径，是实现国家区域经济协调发展的重要手段。

表 3-14　　中部六省三次产业产值及比例　　　　单位：亿元，%

地区	GDP 总量	第一产业产值	第一产业产值比例	第二产业产值	第二产业产值比例	第三产业产值	第三产业产值比例
全国	568845.2	56957.0	10.0	249684.4	43.9	262203.8	46.1
山西省	12602	773.81	6.1	6792.68	53.9	5035.75	40.0
河南省	32156	4058.98	12.6	17806.39	55.4	10290.49	32.0
湖北省	24668	3098.16	12.6	12171.56	49.3	9398.77	38.1
湖南省	24502	3099.23	12.6	11517.35	47.0	9885.09	40.3
安徽省	19039	2348.09	12.3	10403.96	54.6	6286.82	33.0
江西省	14339	1636.49	11.4	7671.38	53.5	5030.63	35.1

资料来源：笔者根据《中国统计年鉴》（2014）和各省统计年鉴整理。

表 3-15　　中部六省三次产业就业人口及比例　　　　单位：万人，%

地区	就业总数	第一产业就业人口	第一产业就业比例	第二产业就业人口	第二产业就业比例	第三产业就业人口	第三产业就业比例
全国	76977	24171	31.4	23170	30.1	29636	38.5
山西省	798.4	31.6	3.95	396.6	49.67	370.3	46.38
河南省	6387	2563	40.1	2035	31.9	1789	28
湖北省	3692	1582.00	42.85	793.80	21.50	1316.20	35.65

续表

地区	就业总数	第一产业就业人口	第一产业就业比例	第二产业就业人口	第二产业就业比例	第三产业就业人口	第三产业就业比例
湖南省	4036.45	1656.01	41	964.56	23.9	1415.96	35.1
安徽省	4275.9	1469.7	34.4	1169.2	27.3	1637	38.3
江西省	2588.7	820.9	31.7	824.1	31.8	943.8	36.5

资料来源：笔者根据《中国统计年鉴》（2014）和各省统计年鉴整理。

本章小结

　　本章通过分析中部老工业城市利用外商直接投资和省外境内投资数据，得出其承接产业转移的情况如下：①在承接国际产业转移方面，中部老工业城市承接国际产业转移规模自 2003 年以来一直呈现上升趋势，2003～2013 年，年均增长率达到 25.25%，呈现较快发展趋势；中部老工业城市承接国际产业转移增长速度在最近 10 多年经历了先慢后快的发展过程。按照区位商原理，将中部老工业城市承接国际产业转移量占中部六省比例，与人口和经济规模所占比例相比，可以认为中部老工业城市与中部六省其他城市比较其承接国际产业转移的竞争力更强。虽然，承接国际产业转移对中部老工业城市经济增长的贡献率并不大，但承接国际产业转移绝对规模在加速增大。②在承接国内产业转移方面，中部老工业城市承接国内产业转移规模从 2007 年开始呈现上升趋势，2007～2013 年，年均增长率达到 34.19%，呈现快速发展的态势。中部 14 个老工业城市利用省外境内投资占所属两省总量的比重呈现先快后慢持续上升的趋势，按照区位商原理，可以认为中部 14 个老工业城市与所属两省其他城市相比，其承接国内产业转移的竞争力更强。此外，承接国内产业转移对中部老工业城市经济增长的贡献率不断上升。2007～2013 年，在中部 14 个老工业城市承接的转移产业中，承接国内区际产业转移所占比例越来越大。③在承接产业转移总量方面，中部老工业城市承接产业转移总量自 2007 年以来一直呈上升趋势，2007～2013 年，承接产业转移总量年均增长率达到 32.3%，呈现快速发展趋势。与人口和经济规模所占比例相比，中部 14 个老工业城市承接产业转移总量超过自身所占比例；与所属两省承接产业转移总量的速度相比，中部 14 个老工业城市承接产业转移总量速度超过所属两省；按照区位商原理，可以认为中部 14 个老工业城市与所属两省其他城市比较其承接产业转移总量的竞争力更强。此外，承接产业转移总量对中部老工业城市经济增长的贡献率在不断上升。

本章通过分析中部地区以及老工业城市的经济发展、城镇化、人均收入以及产业结构得出承接产业转移的基础如下：①从承接国际和国内产业转移的角度分析，中部地区与发达国家和东部地区存在经济梯度差异，具备经济梯度差异的基本条件。中部 34 个老工业城市中有一半城市超过所在省份人均 GDP 平均水平，属于中部地区经济基础较好的城市，显示承接产业转移的经济优势。②中部地区城镇化建设与东部发达地区存在一定差距，但是中部 6 个省份城镇化都处于快速发展的阶段，因此，中部地区城镇化建设还存在较大的发展潜力。此外，根据年末人民币储蓄余额和城乡人均收入情况排名，中部地区也都处于全国中间水平。③近年中部地区产业结构不断优化升级，但中部产业结构中存在的工业化比重过高、产业结构偏离度过大、第三产业发展滞后等不合理问题仍很突出，尤其是与东部地区相比，彼此差距还很大。从产值比例来看，除山西省外，其他中部省份第一产业产值都高于 10% 的水平，表明产业结构还有较大调整空间；从产业比例来看，除山西省外，第一产业吸纳的人口仍然存在较高比例，达到 30% ~ 40%，表明中部地区农业仍然在区域经济中占据过大的比例。

进入 21 世纪后，承接产业转移已经成为带动国家中西部落后地区经济快速发展的重要手段，中部地区特别是老工业城市承接产业转移的状况到底如何，急需总结研究，基本的问题包括影响承接产业转移的因素、承接产业转移的竞争力、承接产业转移的效应等，这也是本书后面章节要探讨的问题。

4 中部老工业城市承接产业转移影响因素研究

根据产业转移的梯度推移理论产业梯度差异最小的区域间应该最先发生产业转移的论证，FDI 以及我国东部地区的产业会优先选择转移向中部地区，相关的实证研究也支持这一结论（魏后凯，2001；雒海潮，2014）。在中部地区承接产业转移的行政地域级别中，竞争最为激烈的是地级城市（人民论坛问卷调查中心，2010）。在中部地区激烈竞争的地级城市中，老工业城市因其在新中国成立后特殊的工业发展经历中形成的城市产业发展基础和在新的历史条件下其具备的重要意义而特别值得关注。老工业基地可以说是中华人民共和国成立后工业发展的摇篮，为建设中国相对独立完整的工业产业体系和国民经济体系以及为改革开放和现代化建设都做出了巨大的历史性贡献。在新形势和新的发展条件下，重视并做好老工业基地调整改造振兴发展的工作，是切实贯彻落实党的十八大精神，对于当前中央要求的加快转变经济发展方式、推进新型工业化和新型城镇化建设以及全面建成小康社会都具有非常重大的意义。但是，当前老工业城市还存在经济发展方式粗放、产业层次低、基础设施落后、环境污染严重、失业率高、居民收入水平低、国企改革滞后、历史遗留问题多等问题，迫切需要调整改造振兴发展（国家发展和改革委员会，2013）。根据区域产品生命周期理论对老工业基地的解释，老工业基地是由于处于区域生命周期的最后阶段，这一阶段以区域供给的刚性和创新能力缺失为特征，而发展新产品和淘汰旧产品的传送机制已经被中断了（Michael Steiner，1985）。从锁定和路径依赖概念对老工业基地的解释，中国老工业基地改革开放后的衰退正是中国经历从计划经济体制到市场经济体制转型这一重大外部制度突变带来老工业城市不适应从而产生外生型锁定的表现。中部老工业基地要振兴发展，实现路径突破的影响因素众多，但承接产业转移无疑是实现路径突破的重要动力。中部老工业城市通过承接产业转移实现振兴发展过程中，究竟哪些因素发挥关键影响作用是本章的主要研究内容，这可以为老工业城市更好、更快承接产业转移，实现调整、改造、振兴目标提供政策建议和决策参考。研究内容安排如下：首先，根据承接产业转移的已有研究成果，结合上文对中部老工业城市承接产业转移现状和基础的分析，对中部老工业城市承接产业转移的影响因素进行理论分析。其次，根据理论分析选择代表承接产业转移影响因素的相应指标，并采用面板数据模型进行实证研究。根据理论分析和实证研究的结果，厘清中部老工业城市承接产业转移的影响因素，并识别其显著影响因素。

4.1 理论分析

产业空间布局的不均衡性表明产业区位选择必然依赖相关因素，包括经济和非经济因素。在城市层面，中部老工业城市作为一类城市有其特征，在调整改造过程中，通过承接产业转移实现了其社会经济快速发展。在这一过程中，也受到了邻近城市和同类城市之间的竞争，具体分析发现承接产业转移影响因素在不断增多，并且越来越受到学界关注。而且，随着经济发展水平的不断提高，生态环保意识不断提高，影响产业布局和组合的因素也越来越多，传统的区位因素已经不能完全解释和影响产业转移，更多的影响因素逐渐体现。本书结合已有的承接产业转移研究成果，来分析中部老工业城市承接产业转移的影响因素。

（1）市场因素。市场是企业的生命线，扩张市场是企业发展的本性。可见，市场因素是产业转移发生的重要影响因素之一。从微观角度分析，从市场上产品供求分析，供不应求的产品其产业利润率较高。这种较高利润的产业也会吸引大量的资源，导致该产业发展繁荣，大量企业也会竞相进入该产业加剧竞争。首先，大量资源进入利润较高的产业，导致利润率低于社会平均利润率的产业发展空间受到挤压，这类产业可能发生转移寻求发展空间。其次，企业竞争激烈，为了使产品更能满足市场需求，从而扩大市场占有率提高市场份额；为了降低生产成本，扩大销售规模便于向外扩张，增加企业知名度，企业会将全部或部分生产转移到有条件承接产业转移的区域。从宏观角度分析，市场规模由该城市需求量、顾客购买潜力决定，市场规模能够促使企业为利润进行规模扩张，从而吸引企业进入。市场因素还涉及资源配置时市场的作用即市场化程度的问题，改革开放就是要过渡到市场配置资源的经济体制，但是区域之间市场化程度不同，市场化程度高的企业更多与市场作用而不是与地方政府，效率提高。市场化程度高，垄断和地方保护就少，竞争环境更公开公平，从而对产业的吸引力强。从承接地的视角分析，市场容量、消费和收入水平是企业在进行产业转移时首先要考虑的问题。市场容量大的区域，对商品的需求量大，对转移产业的吸引力大。收入水平决定消费水平，收入水平高，消费能力自然大，市场规模潜力相应大，对产业转移影响力就大。目前，在经济发展情况下，不论是国际产业转移还是东部地区产业转移到中部地级城市，其主要动力都考虑了市场因素，要么考虑占有承接地城市的市场，要么考虑提高市场份额，要么为追求市场占有战略目标。因此，承接地吸引产业进驻的重要一点就是市场化体制和机制，影响产业承接地吸引投资的重要因素之一就是本地市场规模和市场潜力。同时，直接影响企业发展的还有市场开发程度、规模大小、发展潜力以及市场结构功能，空间上接近市场能降低相关的搜寻成本和运输成本，市场规模大和发展前景看好的市场潜力就有较大吸引力。现实中，世界范围内的三次产业转移浪潮，有边际产业扩张的因素，但拓展承接地市场也是产业发生转移的重要影响因素。发达国家向中国进行产业转移，最重要的一个目标是占领中国庞大的国内市场。而随着东部省份经济发展收入提高，企业市场压力骤升，企业被迫通过产业转移打开有获利空间的市场。研究表明，现阶段中国产业转移的主要类型是市场扩张型。国家发展改革委的调研显示，超过一半的企业将扩大市场作为产业转移的主要动机，规模大的一些大中企业向中西部地区的扩张也具有明显的市场扩张战略目标。中国出口压力增大，加工贸易企业转型，许多原来的出口企业转而重视国内市场，而国内市场特别是中西部市场规模不断扩大，出口企业转为内需型企业，因此开始向中西部地区转移。

（2）生产要素因素。在产业转移过程中，不同生产要素发挥着不同的作用。生产要素禀赋差异导致区域产业结构差异，一起推动要素在区域间的流动组合以及区域经济交流，也表现为区际产业转移。生产要素包括自然资源、劳动力、资本和技术等。自然资源通常指矿产、能源、土地和气候等，其中矿产和能源具备流动性可以通过运输到异地实现利用，不一定非要发生产业转移才能解决，但是存在运输成本与转移成本的衡量问题。而土地和气候资源不具备流动性，就必须通过产业转移的方式来满足需求。因为不同的地区其土地丰裕程度和气候状况存在差异，而且可能差异巨大，产业发展时一般都利用了所在地的资源优势发展相关产业，形成独特优势。至于土地成本，改革初期东部发达省份土地丰裕，成本很低，经济发展水平提高后成本提高很快，但土地无法改变位置，所以土地紧缺必然导致产业转移。

劳动力也是重要的影响因素。首先改革后东部省份经济起飞的一个基础就是廉价的劳动力，大量流动人口涌入东部地区，低成本的劳动力源源不断地为劳动密集型产业提供竞争力。其次劳动力质量也是产业转移的一个重要因素，企业所需职工不仅要求数量也要求质量，其文化水平、知识结构、技能学习能力如果都低下，技术密集型高科技产业就难以承接，只有发展血汗工厂式的劳动密集型产业。与自然资源相比，劳动力要素是具有相当流动性的，其流动性比土地要素要强得多，受到各种动机特别是要素报酬动机会在不同区域间发生流动。在市场机制作用下，劳动力流向劳动要素报酬高的区域，在劳动报酬区域差异选择下东部地区整体人才素质不断提高，导致知识和技术产业不断增加，地区产业结构发生变化，迫使较低层次的劳动密集型产业发生转移。但由于受到劳动者教育成长等经历、留恋家乡的情结、流动的成本、政府政策等限制，区际劳动力要素的流动并非平滑空间的移动。如此，产业发展的劳动力需求不一定都能通过劳动力流动实现，产业转移到劳动力成本低的地区也是普遍现象，此时承接地劳动力成为影响产业转移的重要因素，包括劳动力的数量、质量、成本等。

在生产要素中，流动性最强的应该是资本要素，其流动在当今社会经济发展条件下限制很少。经济发展过程中区域差异的存在，表现为资本存量不等。资本丰裕区域自然更能吸引资本密集型产业，资本存量不足的区域难以发展资本密集型产业。而且由于资本在经济发展中可以发挥巨大作用，其影响力也非常大。如货币资本可以转换为土地、技术、劳动力、信息等其他生产要素，其灵活的形式对应着强流动性，而且追逐利润是天性，会向资本报酬率高的区域转移。承接地通过措施将资本报酬率提高到具备相对优势时就可以吸引资本的进入，国际资本和国内资本的进入其实就是产业转移的一种重要形式。关于技术要素，符合梯度转移的规律，往往从高梯度地区转移到低梯度地区，通常通过产业转移来实现（江世银，2010）。从产业承接地的角度分析，产业承接地有效承接产业转移需要具有一定的要素禀赋。区域生产要素禀赋丰裕程度决定生产要素价格和收益，资源要素丰裕地区承接产业转移后可以降低运输成本，劳动力要素丰裕地区可以吸引劳动密集型产业。劳动力成本、数量是承接产业转移的传统优势，目前随着高新技术产业的发展，劳动力质量在承接产业转移方面不断地发挥更大的影响作用。可见，生产要素成本是承接产业转移重要的影响因素，而且在不同产业转移类型中不同要素的重要程度和成本比重不同。自然资源开发型产业的转移关注承接地资源丰裕程度；劳动密集型产业的转移关注劳动力的状况；技术密集型产业的转移关注技术可获得性和技术人才供应情况（龚雪，2009）。

生产要素禀赋发生相对变化是国内区际产业转移的重要影响因素之一。生产要素禀赋发生变化主要通过两个方面影响区际产业转移：一个是生产要素禀赋存量的相对变化，另一个是生产要素禀赋价格的相对变化。从产业区际转移分析，东部的土地、劳动力价格逐渐上升，东部生产要素出现相对稀缺；相反，中西部要素密集程度相对提高，影响东部地区产业向中西部地区发生转移。经过改革开放三十多年的开发建设，东部地区方便利用的土地要素迅速减少，价格不断提高，使一些加工制造产业转向中西部地区发展。东部地区在经过长达三十多年的劳动力流入之后，农民工流入开始减少、劳动力成本开始上升，普遍出现的招工难、用工荒现象影响东部地区劳动密集型加工制造业转向中西部地区发展。东部一些发达地区资源环境约束不断加强，影响一些对资源、环境和能耗要求高的产业转向中西部地区发展（国家发展和改革委员会产业经济与技术经济研究所，2013）。

（3）基础设施和公共服务因素。承接产业转移的前提和基础条件是基础设施建设水平。承接地积极承接产业转移，通过市场化融资渠道不断提高本地区基础设施建设水平，可以显著影响承接产业转移水平。如果承接地承接了转移产业，而基础设施不够完善，产业的后续成长发展将会很困难。对欠发达地区其他条件相同的情况下，承接产业转移竞争中基础设施因素将具有决定性影响作用。特别是公路、铁路等交通运输设施、通信设施、供排水、废物处理、供电等生活设施以及信息基础设施、网络设施条件和网络应用设施的建设水平，对于企业转移后降低交易成本具有重要影响，直接决定其转移意愿，对吸引区外的投资也极为重要，甚至在很大程度上制约以资金投入形式进行的产业转移。公共服务因素与基础设施因素同时提出主要强调城市的软环境，建设诚信社会，宣传培养诚信和法制观念，以及政府工作效率，城市相应的医疗、教育、卫生、体育、社会保障、公共交通等公共服务水平都影响到产业转移企业的决策。

交通和通信条件影响区际产业转移中要素流动的畅通和运输成本的高低，从而影响产业转移。交通运输设施落后，要素、商品流动成本会加大，阻碍产业转移发生。反之，交通运输条件便利，通信设施发达，要素和商品流动容易，有利于承接产业转移企业入驻。如中部地区，国家安排投资建设公路和水路建设，公路通车里程增长迅速。京广高铁、郑西高铁建成通车，中部地区交通运输条件大为改观。而且根据铁路建设规划，中部地区将是中国未来铁路建设的重点，中部地区省份在中国各省中高铁营运里程名列前茅。中部地区交通物流条件不断改善，对承接东部地区产业转移具有显著正向影响。当然，相比东部地区，中部地区流通业发展和物流基础设施还有差距，导致中部地区物流成本较高，对承接产业转移形成负面影响。

（4）产业发展因素。从产业因素分析其对承接产业转移的影响，首先是承接城市本身的产业结构、产业金融支持力度等宏观层面的影响；其次是具体到转移产业进行分析，涉及承接城市该产业的发展基础、竞争程度、发展阶段以及发展水平，特别是该产业的配套能力。因为同时存在其他城市对转移产业的激烈竞争，所以转移产业会注重承接地相应产业的发展基础，很少会选择没有发展基础的承接地。仅仅将存在产业发展基础作为选择标准会有很多的承接城市选项，因此相应的产业配套能力也是转移企业极为重视的影响因素。所以从承接地视角来看，要承接相应的转移产业，其在该产业的发展规模和基础是关注的方面。同时，因为产业发展不可能独自存在，所以上述为转移产业提供需要的协作配套条件自然成为重要的影响因素。目前，最突出的表现为产业集聚状况，包括承接产业转移地产业集群发育情况，如完善程度、规模大小，特别是相关的产业支持条件和完善的配套设施情况。可以说影响国际和国内产业转移的因素非常多，但是当地企业的配套能力是产业转移考虑的一个重要因素。

产业集群理论指出，前后向关联效应的存在使具有垂直关系的部门之间在空间上相互依赖影响。垂直关联的产业，下游产业为上游产业产品提供市场，上下游之间形成紧密协作与配套关系，形成产业集群，获得劳动力共享、知识外溢和创新成本降低等马歇尔外部经济，企业节约成本并增强竞争力。从这个角度来看，产业转移承接地具备较完备的上下游产业配套或相关辅助产业，可以为转移企业节约大量交易成本，并大幅度提高承接区际产业转移的吸引力。这是承接地良好的配套环境吸引来了相关产业，如果能吸引到龙头企业，将会带动产业链上下游相关配套产业集群式转移到中西部地区。当然，东部地区承接产业转移后也形成了产业集群并存在外部性经济，这在客观上导致向中西部地区产业转移存在黏性，但随着东部地区要素价格上涨和国际市场萎缩，一些产业集群也开始出现向中西部地区转移的趋势。这时区际产业转移不会首先将龙头企业或整个产业链都进行转移，通常只转移部分边缘环节，等承接地产业配套环境完善后才会出现大规模转移。可见，中西部地区产业承接地产业配套环境建设将深深影响产业链转移。

（5）政府政策和制度因素。政府政策和制度因素对产业转移能够产生重要影响。政府政策和制度行为对产业转移的影响可以分为正向影响和负向影响。法律制度健全、产业政策优惠将对产业转移产生正向影响，低效的政府服务效率、不健全的公共基础设施将阻碍承接产业转移。优惠的政府政策有减免税收、减少进入障碍、提供优惠贷款等。在国家层面，出台有引导产业区际转移的政策，如国家发布的《国务院关于中西部地区承接产业转移的指导意见》（国发〔2010〕28号文），在指导中西部地区有序承接产业转移，完善合作机制，优化发展环境，规范发展秩序等方面起到了指导作用。自2010年以来，国家实施了一批国家级承接产业转移示范区，包括皖江城市带、广西桂东、重庆沿江、湖南湘南、湖北荆州和晋陕豫黄河金三角等。这些示范区探索科学的承接产业转移新模式，具有重要示范意义和指导作用。针对承接地区制定区域开发战略，国家层面先后提出了西部大开发战略、中部崛起和振兴东北老工业基地等区域开发战略，强大的政策推动和发展潜力对东部发达地区产业形成了强大的吸引力。在区域层面，中西部地区承接产业转移经历了从"自发"到"自觉"的发展过程。进入 21 世纪后，江西、湖南、河南等中部省份都不断出台承接产业转移的促进政策和扶持措施，而且形成了激烈竞争。实践中，中西部地区城市通过建立经济技术开发区和高新技术产业开发区，以优惠的税收政策和良好的配套设施承接了许多转移产业，促进了各个城市经济的快速发展。政府政策因素中最受关注的是产业政策，产业政策的实施会对企业的产业选择产生重大影响，引导企业进行产业转移。因为企业在制定重大经营管理决策时会考虑承接地的产业政策影响，权衡产业政策带来的利益。宏观上，国家产业发展和结构调整的政策也影响产业转移，如国家发展改革委出台的《产业结构调整指导目录（2011 年版）》，将许多产业划分为鼓励类、限制类和落后类，作为转方式调结构的指导。承接地引进产业必须根据国家政策进行选择，淘汰类产业就不能承接。此外，财政政策和货币政策也对产业转移形成影响，国家出台鼓励中部区域发展战略，在财政上会增加转移支付，如促进具有比较优势的农业发展、增加中部基础设施建设资金。还可以通过扶持企业转移资金加大承接产业转移的吸引力。货币政策方面，下调基准利率和贴息贷款，为中部地区承接的产业发展提供支撑力。可见，政府政策对承接产业转移的影响是一种宏观的调控，着眼全盘经济，对转移产业的干预、引导和指导有重要影响。

虽然中央和地方都出台了促进产业跨区域转移的政策和措施，但在制度层面仍然存在负向影响因素。如国家层面支持东部向中西部的产业转移，但东部地区省份的政策导致产业省内转移，而没有出现大规模的三大地带间的区际产业转移。当然，东部地区省内产业转移促进东部省份经济增长，省内经济差距缩小。而对于产业跨区域向中西部省份转移主观上并不积极、客观上有力措施并不丰富。东部地区转移到中西部地区的高新技术产业在产品检验、技术标准、原产地认证以及质量认证等环节的程序也不够简化；关于劳动力的养老金对接问题，中央有相关规定，但在地方政府层面不出台可操作细则还难以有效实施，导致中西部地区在东部省份务工人员返乡创业、就地就业还存在增加成本的阻碍；还有一些中西部地区出口退税程序过于繁杂、周期过长，间接占用企业的资金，让企业转移望而生畏，制约转移的产生，制约已转移企业的发展（国家发展和改革委员会产业经济与技术经济研究所，2013）。

（6）文化习俗因素。已有调查研究得出结论，承接地与转出地之间文化习俗相同程度也影响产业转移。针对我国承接产业转移影响因素的调查研究发现，东南亚国际资本和中国港澳企业家将产业转移到我国东部地区的福建省，许多企业家给出的原因是"支持家乡建设"，而中国台湾地区的企业家到福建投资设厂进行产业转移的重要原因是看中与福建"语言和文化背景相似"（魏后凯等，2001）。此外，广东珠江三角洲地区由于跟港澳台地区的文化习俗非常接近，导致改革开放初期，珠三角成为港澳台地区企业转移的首选地区，体现了承接产业转移的文化习俗影响力量。关于国内东部向中西部地区的区际产业转移的研究，国家发改委课题组对江西省南昌市、湖南省衡阳市进行的调查研究发现，一些东部发达省份的产业转移到了中部地区，沿海省份企业家提出这种转移主要是为了方便职工生活并且兼顾职工子女就学问题，所以出现了向职工家乡进行转移的趋势。

（7）开放和国际化程度因素。一个城市的对外开放和国际化程度，在很大程度上影响到其融入世界经济一体化的深度，特别是存在市场壁垒，企业可能选择产业转移的方式绕过市场壁垒进入市场，或者采用直接贸易的方式解决问题。如果又存在贸易上的摩擦，企业会选择直接投资的产业转移方式进入规避贸易壁垒。如上分析，开放程度和国际化程度能影响到企业进行产业转移时的决策。同时，承接地在接受产业转移的过程中，可以引进产业和人才，强化承接地和移出地之间的交流，也会在客观上促进承接地的开放程度。

4.2 实证研究

实证研究部分将承接产业转移分为承接国际产业转移和承接国内产业转移进行分析，为了叙述的简便，将承接国际产业转移的实证研究过程具体展示，对于承接国内产业转移的分析仅在最后报告研究的结果。

4.2.1 影响因素的量化分析和指标选取

根据对中部老工业城市的调研及文献分析，特别是基于对中部老工业基地在城市尺度上进行定量研究获取数据的考虑，本书选择中部老工业城市实际利用外商直接投资（FDI）和利用省外境内投资（INLANDK）分别作为衡量承接国际和国内产业转移的指标，在实证研究中作为被解释变量。

影响中部老工业城市承接产业转移的解释变量的确定。基于上述理论分析，并考虑影响因素的可量化以及数据的可获取情况，本书在搜集数据时对各个方面的影响因素选择具体指标时采取尽量多选指标的原则，包括选取可以相互替代的指标，虽然增加了搜集数据的难度和工作量，但是可以较好地保障搜集到的数据能够满足实证研究的需要。其影响因素分为以下七种：①市场规模因素，主要考虑市场规模及潜力变量，主要选择社会消费品零售总额、城镇居民人均收入指标，用 MARK1、MARK2 表示。②经济发展因素，主要选择各个城市的 GDP、人均 GDP 两个指标，分别用 ECONO1、ECONO2 表示。③基础设施和公共服务因素，主要考虑全社会固定资产投资额、邮政业务总量、医疗机构床位数、铁路营运里程、旅客周转量以及货物周转量等指标，根据数据可获取情况实证研究选择全社会固定资产投资额、邮政业务总量、医疗机构床位数三个指标，分别用 INFRU1、INFRU2、INFRU3 表示。④人力资本因素，主要考虑各个城市的城镇单位从业人数、就业人员中大专以上人员比例、科学研究和技术服务业从业人数或科技服务行业在岗职工年末人数占职工总数比例或科技活动人员人数或其中本科以上学历人数比例、普通高校学生人数或每万人中普通高校学生人数、在岗职工工资、城镇从业人员平均工资等指标，根据数据可获取情况最后确定为各个城市的城镇单位从业人数、普通高校学生人数、在岗职工工资三个指标，分别用 HUMAN1、HUMAN2、HUMAN3 表示。⑤开放程度因素，主要指国际化程度或外贸依存度，主要考虑外贸进出口总额指标表示国际化程度或外贸进出口总额占 GDP 比例表示外贸依存度，同时考虑到已经选取各个城市的 GDP 用来衡量经济发展情况，所以此处选择外贸进出口总额指标，用 INTER 表示。⑥资金配套能力因素，主要考虑各个城市的地区财政支出和城乡居民储蓄存款年底余额两个指标，分别用 FUND1、FUND2 表示。⑦产业配套能力因素，主要考虑各个城市规模以上工业增加值和第三产业产值两个指标，分别用 INDUS1、INDUS2 表示。如表 4 - 1 所示。

表 4 - 1　中部老工业城市承接产业转移的影响因素变量

因变量	自变量	自变量相应指标
中部老工业城市实际利用外资额 FDI	市场规模因素	社会消费品零售总额（MARK1）
		城镇居民人均收入（MARK2）
	经济发展因素	GDP（ECONO1）
		人均 GDP（ECONO2）
	基础设施和公共服务因素	全社会固定资产投资额（INFRU1）
		邮政业务总量（INFRU2）
		医疗机构床位数（INFRU3）
	人力资本因素	城镇单位从业人数（HUMAN1）
		普通高校学生人数（HUMAN2）
		在岗职工工资（HUMAN3）

因变量	自变量	自变量相应指标
中部老工业城市实际利用外资额 FDI	开放程度因素	外贸进出口总额（INTER）
	资金配套能力因素	地区财政支出（FUND1）
		城乡居民储蓄存款年底余额（FUND2）
	产业配套能力因素	规模以上工业增加值（INDUS1）
		第三产业产值（INDUS2）

此外，已有研究成果中涉及的政府政策因素、资源环境因素等，在实证研究设计初期也分别考虑了相应的量化指标，如政府政策因素考虑了常用的总税收和土地价格等指标，但在城市尺度上搜集数据时由于研究涉及的 34 个城市隶属 6 个中部省份，各种统计数据关注重点不同，没有获取完整的数据，导致这些因素最终没有进入实证研究，这也是未来需要解决的问题。另外，关于各地文化习俗因素方面，在已有研究成果中，主要进行的是定性分析，还没有将其纳入实证研究的量化指标，本研究关注城市尺度，相对省级尺度更小，对文化习俗差别进行量化的客观标准更难选择，特别是不能保证其科学性，所以实证研究中没有涉及文化习俗方面的因素。

4.2.2　数据来源及处理

4.2.2.1　数据来源

本部分内容实证分析中部老工业城市承接产业转移的影响因素，根据上述量化分析所选指标，实证研究的数据主要从历年各个省份的统计年鉴、历年各个省份的城市统计年鉴、历年《中国城市统计年鉴》、历年《中国区域经济统计年鉴》、历年各个城市的统计年鉴获得，此外还通过各个城市政府门户网站以及统计局网站公布的历年统计公报和统计资料进行数据补充。由于城市尺度上统计资料的限制，主要是中部各个老工业城市利用省外境内投资金额的统计数据各个省份公布情况不同，湖南省从 2006 年开始公布各个地级城市利用省外境内投资（INLANDK）数据，河南省从 2007 年开始公布各个地级城市利用省外境内投资（INLANDK）数据。因此，形成中部老工业城市承接国际产业转移的面板数据是中部 34 个老工业城市 11 个年份的数据，承接国内产业转移的面板数据是中部 14 个老工业城市 7 个年份的数据。首先介绍中部老工业城市承接国际产业转移的面板数据分析过程，然后给出中部老工业城市承接国内产业转移的面板数据分析结果。

4.2.2.2 数据处理

根据搜集到的面板数据，本书试图采用面板数据模型进行实证研究，研究运用 EView6.0 计量经济学软件处理数据。由于本章实证研究运用的面板数据呈现相对"宽而短"的特征，回归时基本可以忽略时间序列变量可能存在的不平稳性。

首先，认真检查搜集到的数据，比对年鉴中各个指标的解释含义，发现搜集的数据中由于邮政业务总量 INFRU2、城镇单位从业人数 HUMAN1、普通高校学生人数 HUMAN2 以及城乡居民储蓄存款年底余额 FUND2 四个解释变量来源于不同统计资料，其指标解释存在统计标准不同的情况，所以在实证研究中考虑将其去除，仅将 11 个具体指标用于实证研究，11 个具体指标依然能够代表之前搜集数据时的 7 个方面的影响因素。

在进行面板数据模型回归分析之前，考虑到搜集到的中部 34 个老工业城市 11 个解释变量之间可能存在多重共线性。如果存在多重共线性，会出现以下情况：一是利用 OLS 估计参数，虽可得到无偏估计量，但估计量的方差很大；二是估计的精度大大降低，导致不能正确判断解释变量对被解释变量的影响程度，甚至导致参数估计量的经济意义难以解释；三是估计结果可能非常敏感，样本容量的变化能带来系数估计值的大幅度变化；四是预测失去意义。因此，本书处理数据前首先进行多重共线性检验，并根据检验结果进行修正。多重共线性是指线性回归模型中的解释变量之间由于存在完全相关关系或高度相关关系，从而导致模型估计失真或难以进行准确估计。通常这是由于经济数据的限制使得模型设计不当，导致设计矩阵中解释变量间存在普遍的相关关系（刘家国等，2014）。

具体到多重共线性的检验，运用 EView6.0 计量经济学软件处理数据。首先采用简单相关系数矩阵方法，计算 11 个指标之间的相关系数矩阵，将相关系数在 0.9 以上的指标挑选出来，共涉及 MARK1、ECONO1、INDUS1、INDUS2、IN-FRU1 5 个指标。然后采用判定系数检验法，对于这 5 个解释变量，将其中一个解释变量对其他三个解释变量进行线性回归，然后根据判定系数的大小，具体判定多重共线性。由表 4-2 可知，判定系数最大的为 $R^2 = 0.975109$，且该判定系数接近于 1，据此可以判定 ECONO1 与其他解释变量中的一个或多个相关程度高，因此解释变量之间存在多重共线性。

验证解释变量之间存在多重共线性后，采用逐步回归修正多重共线性。首先建立 FDI 与上述 5 个解释变量中每一个变量的线性回归模型，并进行回归结果比较，发现对 FDI 影响最大的解释变量是 INFRU1，因此选择 FDI 与 INFRU1 的回归模型作为初始回归模型。将其他解释变量分别导入上述初始回归模型，比较引入新的解释变量后拟合优度的变化、t 检验情况以及 D. W. 检验值。发现引入解释变量 ECONO1、INDUS1 后，拟合优度仅有 0.0001 左右的微弱提升，但是 t 检验没有通过。通过上述逐步回归分析，回归结果表明 ECONO1、INDUS1 两个解释变量是多余的，为了不影响实证研究结果在构建实证研究模型时考虑将其去除。

表 4 - 2　五个解释变量的判定系数

解释变量	R^2
MARK1	0.915297
ECONO1	0.975109
INDUS1	0.902337
INDUS2	0.960121
INFRU1	0.902337

4.2.3　实证研究模型

本研究中我们搜集到的数据结构涉及三个维度，分别是不同城市、不同年份、不同变量的相应数据，这种具有三维（个体、时间、指标）信息的数据结构在计量经济学中称为面板数据，也有称为时间序列/截面数据、平行数据、混合数据、纵列数据等。面板数据是时间序列和横截面相结合的数据结构形式，整合了更多的信息，有着独特的优点。对面板数据进行处理的模型称为面板数据模型，是指利用混合数据分析变量之间相互关系并预测其变化趋势的计量经济模型。面板模型能够同时反映研究对象在时间和截面单元两个方向上的变化规模及不同时间、不同单元的特性。而且，面板数据模型综合利用样本信息，可以使研究更加深入，同时可以减少多重共线性带来的影响（易丹辉，2014）。

面板数据回归模型的一般形式如下：

$$y_{it} = \alpha_i + \beta_{1i}x_{1it} + \beta_{2i}x_{2it} + \cdots + \beta_{ki}x_{kit} + u_{it} \quad i = 1, 2, \cdots, N \quad t = 1, 2, \cdots, T$$

$$(4 - 1)$$

其中，y_{it} 是因变量，x_{1it}，$\cdots$，x_{kit} 是 k 个解释变量，N 是横截面个体成员的个数，T 表示每个截面成员的样本观测时点个数，参数 α_i 表示面板数据模型的截距项，β_{1i}，$\cdots$，β_{ki} 表示对应于 k 个解释变量的系数。通常假定随机误差项 u_{it} 之间相互独立，且满足均值为零、方差同为 σ_u^2 的假设。上述面板数据模型由于对截距项和解释变量系数有不同的限制，又可以分为混合回归模型、变截距模型和变系数模型三种不同类型。对于后两者根据个体影响的不同形式，又可以分为固定效应模型（Fixed Effect Model）和随机效应模型（Random Effect Model）。其中，混合回归模型可以写成以下形式：

$$y_{it} = \alpha + \beta_{1i}x_{1it} + \beta_{2i}x_{2it} + \cdots + \beta_{ki}x_{kit} + u_{it} \quad i = 1, 2, \cdots, N \quad t = 1, 2, \cdots, T$$

$$(4-2)$$

由式（4-2）可见，混合回归模型假设式（4-1）中截距项 α_i 和解释变量系数 β_{1i}，$\cdots$，β_{ki} 对于所有的截面个体成员都是相同的，即假设在个体成员上既无个体影响，也无结构变化。因此，对于混合回归模型可以将所有截面个体成员的时间序列数据混在一起作为样本数据，然后使用 OLS 对模型参数进行估计。

变截距模型可以写成如下回归形式：

$$y_{it} = \alpha_i + \beta_{1i}x_{1it} + \beta_{2i}x_{2it} + \cdots + \beta_{ki}x_{kit} + u_{it} \quad i = 1, 2, \cdots, N \quad t = 1, 2, \cdots, T$$

$$(4-3)$$

由式（4-3）可见，变截距模型假设式（4-1）中截距项 α_i 在截面个体成员上不同，解释变量系数 β_{1i}，$\cdots$，β_{ki} 对于所有的截面个体成员都是相同的，即假设在个体成员上存在个体影响而结构系数无变化。

变系数模型的回归形式即式（4-1），其假定在截面个体成员上截距项 α_i 和解释变量系数 β_{1i}，$\cdots$，β_{ki} 都不同，即假定个体成员上既存在个体影响又存在结构系数变化，故也称为无约束模型（高铁梅，2006；樊欢欢，2014）。

4.2.4 模型形式的设定检验

由上述可知面板数据模型包括三种基本形式，在对面板数据进行估计时由于数据包含截面、变量、时期三个维度上的信息，如果模型选择不合理，将导致估计结果与所要模拟的经济现实偏离甚远。因此，这涉及模型形式设定的检验，即检验面板数据究竟适合上述何种面板数据模型形式，从而避免模型设定产生偏差，改进参数估计的有效性。目前，研究中经常使用的检验是协方差分析检验，已有研究成果中主要有两种检验方法：一种是通过 F 统计量检验数据符合混合回归模型、变截距模型、变系数模型中的一种形式（高铁梅，2006）；另一种是通过 F 统计量检验数据符合混合回归模型、固定效应变截距模型中的一种形式。

本书采用第二种 F 统计量检验，原假设为：$\alpha_i = \alpha$，即模型中不同个体的截距相同，模型为混合回归模型。备选假设为：模型中不同个体的截距项 α_i 不同，模型为固定效应变截距模型。F 统计量定义为：

$$F = \frac{(S_1 - S_2)/[(NT - k - 1) - (NT - N - k)]}{S_2/(NT - N - k)} = \frac{(S_1 - S_2)/(N - 1)}{S_2/(NT - N - k)} \quad (4-4)$$

本部分研究的面板数据中 N = 34，T = 11，k = 9；S_1 表示混合回归模型的残差平方和，S_2 表示固定效应变截距模型的残差平方和，S_1 和 S_2 的取值如表 4 - 3 所示，计算式（4 - 4）得：F = 8.5717，$F_{0.05}$（33，331）= 1.4718。因为 F = 8.5717 > $F_{0.05}$（33，331）= 1.4718，推翻原假设，根据表 4 - 3 比较上述两种模型，应建立固定效应变截距模型（张晓峒，2007）。

表 4 - 3　面板数据设定形式检验结果

解释变量	混合回归模型	变截距模型		变系数模型	
		固定效应	随机效应	固定效应	随机效应
MARK1	− 29.71740	35.85622	19.43248	略	NA
MARK2	1.407440	1.527731	1.538581	略	NA
ECONO2	− 0.501817	− 0.547949	− 0.559089	略	NA
INFRU1	63.40864	76.56054	73.85033	略	NA
INFRU3	− 0.693074	− 1.260030	− 1.010454	略	NA
HUMAN3	− 0.048789	− 0.065648	− 0.064615	略	NA
INTER	0.111257	0.101812	0.105103	略	NA
FUND1	− 276.8428	− 292.4644	− 297.3558	略	NA
INDUS2	97.47941	6.441125	29.82323	略	NA
R^2	$R_1^2 = 0.711976$	$R_2^2 = 0.844334$	0.695981	—	—
LR	$LR_1 = -4145.370$	$LR_2 = -4030.303$	—	—	—
S	$S_1 = 9.31E + 10$	$S_2 = 5.02E + 10$	—	—	—
模型形式设定的 F 检验	F = 8.5717 > 临界值，建立固定效应变截距模型更合理				

注：表中解释变量对应的值为回归系数。鉴于固定效应变系数模型中 34 个截面单元的回归系数为向量形式，故表中没有显示，而随机效应由于截面个数不符合模型估计要求。F 检验的临界值选取在 5% 的显著性水平下相应的临界值。此外，所有模型回归方程中的常数项也在此省略。

由于面板数据模型的复杂性，单一模型形式检验不一定能得到合理结果，下面进行混合回归模型估计及模型比较，目的也是比较混合回归模型和固定效应变截距模型对数据的拟合情况。首先利用 EViews6.0 软件输出固定效应的冗余变量似然比检验结果（见表 4 - 4），以及混合回归模型的估计结果（略）。

表4-4 固定效应的冗余变量似然比检验结果

Effects Test	Statistic	df	Prob.
Cross – section F	8.528470	(33, 331)	0.0000
Cross – section Chi – square	230.134102	33	0.0000

与混合回归模型不同，固定效应变截距模型是一个无约束模型，可以进行受约束 F 检验，其 F 检验统计量如下：

$$F = \frac{(R_2^2 - R_1^2)/(N-1)}{(1 - R_2^2)/(NT - N - k)} \qquad (4-5)$$

$$LR = 2(LR_2 - LR_1) \qquad (4-6)$$

本部分研究的面板数据中 $N = 34$，$T = 11$，$k = 9$，R_1^2 表示混合回归模型的拟合优度，R_2^2 表示固定效应变截距模型的拟合优度，R_1^2 和 R_2^2 的取值如表4-3所示，计算式（4-5）得：$F = 8.528$；LR_1 表示混合回归模型估计结果的对数极大似然函数值，LR_2 表示固定效应变截距模型估计结果的对数极大似然函数值，LR_1 和 LR_2 的取值如表4-3所示，计算式（4-6）得：$LR = 230.134$。如果忽略四舍五入的误差，计算式（4-5）得到的 F 统计量和计算式（4-6）得到的 LR 统计量与表4-4中检验结果的数值是相等的。在 EViews 输出的检验结果中 F 检验统计量和 LR 检验统计量的概率值都非常小，表明与固定效应变截距模型相比，混合回归模型是无效的，即可以拒绝"34 个老工业城市的截距项是相同的"假设，故应建立固定效应变截距模型。

关于固定效应模型和随机效应模型的选择，当样本时期观测点 T 较大，而截面个数 N 较小时，两种模型估计结果的系数值之间可能不存在差别，这时依据计算的简便选择模型。而当截面个数 N 较大，样本时期观测点 T 较小时，两种模型估计结果会存在显著差异。此时，如果能够确信样本中的截面单元不是从一个较大的总体中随机抽取的，即如果样本对象就是总体，选择固定效应模型是合适的。结合本部分研究的数据是 34 个截面单元，11 年的观测时点，属于 N 较大而 T 较小，且 34 个老工业城市是研究的总体，因此选择固定效应模型是合适的（樊欢欢，2014）。基于如上检验结果和经验研判的综合分析，本书认为研究的面板数据建立固定效应变截距模型更为合理。

4.2.5 承接国际产业转移模型估计结果分析

运用计量经济学软件 EViews6.0 对搜集的面板数据进行变截距模型的固定效应分析，并将软件输出的结果整理成表4-5。

表 4-5　中部老工业城市承接国际产业转移的影响因素回归结果

变量	固定效应		
	系数	t 值	P 值
常数项 C	3547.968	0.719510	0.4723
社会消费品零售总额（MARK1）	35.85622	1.611044	0.1081
城镇居民人均收入（MARK2）	1.527731 ***	4.298907	0.0000
人均 GDP 水平（ECONO2）	-0.547949 ***	-3.760402	0.0002
全社会固定资产投资额（INFRU1）	76.56054 ***	9.807499	0.0000
医疗机构床位数（INFRU3）	-1.260030 ***	-3.047559	0.0025
在岗职工工资（HUMAN3）	-0.065648 ***	-2.921211	0.0037
外贸进出口总额（INTER）	0.101812 ***	5.688422	0.0000
地区财政支出（FUND1）	-292.4644 ***	-6.190554	0.0000
第三产业产值（INDUS2）	6.441125	0.271975	0.7858
模型估计参数	$R^2 = 0.85$ 调整后 $R^2 = 0.83$ F 统计值 = 42.74644		

注：*** 表示在 1% 的显著性水平下显著。

从固定效应变截距模型估计参数结果来看，R^2 较高，说明模型拟合程度整体较好，能够在很大程度上解释问题。根据模型回归分析的解释变量系数正负向关系进行分析，社会消费品零售总额（MARK1）、全社会固定资产投资额（INFRU1）、城镇居民人均收入（MARK2）、外贸进出口总额（INTER）、第三产业产值（INDUS2）分别代表中部 34 个老工业城市的市场因素、基础设施因素、人力资源因素、国际化程度或对外开放程度因素、产业配套能力因素，与中部老工业城市承接国际产业转移量呈现正方向关系，且全社会固定资产投资额（INFRU1）、城镇居民人均收入（MARK2）、外贸进出口总额（INTER）三个指标在 1% 的显著性水平下显著。而人均 GDP 水平（ECONO2）、医疗机构床位数（INFRU3）、在岗职工工资（HUMAN3）、地区财政支出（FUND1）分别代表中部 34 个老工业城市的经济发展水平因素、公共服务因素、人力资本成本因素、资金配套因素，与中部老工业城市承接国际产业转移量呈现反方向关系，且四个指标在 1% 的显著性水平下显著。接下来按照影响因素的正反向关系依次分析各影响因素的情况。

在与中部老工业城市承接国际产业转移呈现正方向关系的因素中，模型显示系数最大的是全社会固定资产投资额（INFRU1），反映老工业城市对基础设施投资的能力，在模型中代表老工业城市的基础设施因素，该因素系数达到 76.56，在 1% 的显著性水平上显著，说明中部老工业城市基础设施优势是其吸引国际产业转移的重要因素。中部老工业城市承接的转移产业需要迅速地与国外的企业进行便捷的人员和商品联系，这些企业要实现准时、快速交货和接货就需要发达便捷的交通设施和通信设施。因此，这些企业在中部选择承接地区时，一方面自然就会倾向于转向有完善基础设施，尤其是对外交通便捷的通达性优势的城市；另一方面良好的基础设施可以便利生产要素的运输，相应降低企业的交通运输成本，这样企业可以在与其他竞争对手的竞争中获得低成本的优势。其次是社会消费品零售总额（MARK1），反映老工业城市市场规模和潜力，在模型中代表老工业城市的市场因素，该因素系数达到 35.86，但 t 检验值较小，P 值没有达到在 10% 的显著性水平上显著。可见中部老工业城市承接的转移产业，受到中部老工业城市市场规模和潜力影响不够显著，许多企业可能是出于战略扩张目的和低成本生产力要素而进行产业转移的。模型显示系数排在第三位的是第三产业产值（INDUS2），反映老工业城市产业配套能力，该因素系数达到 6.44，但 t 检验值较小，P 值远没有达到在 10% 的显著性水平上显著。可见中部老工业城市承接的国际转移产业，并没有受到当地产业配套发展的影响，特别是城市化外部性经济的影响不显著。模型显示系数排在第四位的是城镇居民人均收入（MARK2），反映老工业城市市场潜力大小，在模型中代表老工业城市的市场因素，该因素系数为 1.53，在 1% 的显著性水平上显著，说明中部老工业城市的市场因素对承接国际产业转移产生一定的影响。模型显示系数最小的是外贸进出口总额（INTER），反映老工业城市国际化程度和对外开放程度，在模型中代表老工业城市的国际化因素，该因素系数为 0.10，在 1% 的显著性水平上显著。说明中部老工业城市的对外开放程度对承接国际产业转移产生一定的影响，国际化程度和对外开放程度越高，越容易吸引产业转移投资到中部老工业城市。

在与中部老工业城市承接国际产业转移呈现反方向关系的因素中，人均 GDP 水平（ECONO2）反映老工业城市经济发展水平，在模型中代表老工业城市的经济发展程度高低，该因素系数为 -0.55，在 1% 的显著性水平上显著。说明中部老工业城市人均 GDP 越低，越容易吸引到产业转移的投资。也就是说，对转移产业而言，其选择区位时会考虑各个老工业城市的经济发达程度，说明中部老工业城市经济不发达，和产业转出地区存在产业梯度差异，这符合解释产业转移的经典理论中的产业梯度推移理论、产业区域生命周期理论等描述的产业转移趋势和规律。医疗机构床位数（INFRU3）和地区财政支出（FUND1）代表的公共服务因素和资金配套因素的模型估计结果与理论预期不符，这可能和模型选取的变量和数据的代表性有关，也可能转移产业在选择区位时，对这两个具体指标考虑较少。在岗职工工资（HUMAN3），反映老工业城市劳动力成本因素，在模型中代表老工业城市的人力资本成本高低，该因素系数为 - 0.07，在 1% 的显著性水平上显著。代表劳动力成本的工资解释变量系数为负，说明劳动力成本越高，承接产业转移的量越小。但其系数仅为 - 0.07，说明国际转移产业在选择区位时会考虑劳动力成本，但起不到主要作用。这是由于向中部老工业城市转移的国际产业中存在技术和资本密集型产业，这些产业不但受到劳动力成本的影响也会受到劳动力质量的影响。这也与劳动力质量因素回归结果相互印证，说明转移到中部老工业城市的国际产业不仅是劳动密集型产业，定位于资源开采和市场战略扩张的资本和技术密集型企业同样应该占到一定比例。

4.2.6 承接国内产业转移模型估计结果分析

对中部 14 个老工业城市承接国内产业转移的面板数据进行分析，关于面板数据模型估计形式选择，如表 4 - 6 所示，对承接国内产业转移的面板数据检验后同样是建立固定效应变截距模型更为合理。

表 4 - 6   Hausman 检验结果

Hausman 检验	χ^2 统计量	χ^2 自由度	P 值
随机效应	35.3408	9	0.0001

将运用计量经济学软件 EViews6.0 对搜集的面板数据进行变截距模型固定效应分析的结果进行整理，如表 4 - 7 所示。

表 4 - 7   中部老工业城市承接国内产业转移的影响因素回归结果

变量	固定效应		
	系数	t 值	P 值
常数项 C	- 188.3659 ***	- 5.249304	0.0000
社会消费品零售总额（MARK1）	0.420008 ***	7.142532	0.0000
人均 GDP 水平（ECONO2）	- 0.007276 ***	- 6.227054	0.0000
全社会固定资产投资额（INFRU1）	- 0.010595	- 0.335397	0.7383
医疗机构床位数（INFRU3）	- 0.000691	- 0.224503	0.8230

续表

变量	固定效应		
	系数	t 值	P 值
城镇居民人均收入（MARK2）	0.019928 ***	5.591573	0.0000
在岗职工工资（HUMAN3）	0.006324 ***	3.621225	0.0005
外贸进出口总额（INTER）	−0.000219 **	−2.309594	0.0237
地区财政支出（FUND1）	−1.176050 ***	−5.350258	0.0000
第三产业产值（INDUS2）	0.291122 ***	2.860707	0.0055
模型估计参数	$R^2 = 0.97$ 调整后 $R^2 = 0.96$ F 统计值 = 99.50326		

注：** 、*** 分别表示在 5%、1% 的显著性水平下显著。

从固定效应变截距模型估计参数结果来看，R^2 较高，说明模型拟合程度整体较好，能够在很大程度上解释问题。根据模型回归分析的解释变量系数正负向关系进行分析，社会消费品零售总额（MARK1）、城镇居民人均收入（MARK2）、在岗职工工资（HUMAN3）、第三产业产值（INDUS2）分别代表中部 14 个老工业城市的市场因素、人力资源因素、人力资本成本因素，与中部老工业城市承接国内产业转移呈现正方向关系，且都在 1% 的显著性水平上显著。而其他的指标人均 GDP 水平（ECONO2）、全社会固定资产投资额（INFRU1）、医疗机构床位数（INFRU3）、外贸进出口总额（INTER）、地区财政支出（FUND1）分别代表中部 14 个老工业城市的经济发展水平因素、基础设施因素、公共服务因素、国际化程度或对外开放程度因素、资金配套因素，与中部老工业城市承接国内产业转移呈现负方向关系，仅有人均 GDP 水平（ECONO2）、地区财政支出（FUND1）两个指标在 1% 的显著性水平上显著，外贸进出口总额（INTER）在 5% 的显著性水平上显著。接下来，仍然按照影响因素的正反向关系依次分析各影响因素的情况。

在与中部老工业城市承接国内产业转移呈现正方向关系的因素中，模型显示系数最大的是社会消费品零售总额（MARK1），反映老工业城市市场规模和潜力，在模型中代表老工业城市的市场因素，该因素系数达到 0.42，在 1% 的显著性水平显著。可见中部老工业城市承接的国内转移产业，受到中部老工业城市市场规模和潜力影响显著。其次是第三产业产值（INDUS2）反映老工业城市产业配套能力，该因素系数达到 0.29，在 1% 的显著性水平上显著。可见中部老工业城市承接的国内转移产业，受到当地产业配套发展的影响，特别是城市化外部性经济的影响显著。模型显示系数排在第三位的是城镇居民人均收入（MARK2），反映老工业城市市场潜力大小，在模型中代表老工业城市的市场因素，该因素系数为 0.02，在 1% 的显著性水平上显著，说明中部老工业城市的市场因素对承接国内产业转移产生一定影响。模型显示系数排在第四位的是在岗职工工资（HUMAN3），反映老工业城市劳动力成本因素，在模型中代表老工业城市的人力资本成本高低，该因素系数仅为 0.006，在 1% 的显著性水平上显著。说明国内转移产业在选择区位时会考虑劳动力成本，但不起到主要作用。

在与中部老工业城市承接国内产业转移呈现反方向关系的因素中，统计显著的仅有三个指标，其中地区财政支出（FUND1）系数为 −1.18，在 1% 的显著性水平上显著，代表资金配套能力因素，可能是国内产业转移在选择区位时，对其考虑较少。人均 GDP 水平（ECONO2）和外贸进出口总额（INTER），反映老工业城市经济发展水平和对外开放程度，虽然是负向影响，但系数非常小，仅为 −0.007 和 −0.0002，起不到主要作用。

本章小结

本章主要分析中部老工业城市承接产业转移的影响因素。首先，从理论上对影响中部老工业城市承接产业转移的因素进行全面分析；其次，将影响因素量化为具体指标搜集数据进行面板数据模型的实证分析。通过理论论证和定量实证研究，对影响因素的重要性进行判别。综合分析论证结果，对中部老工业城市承接国际产业转移产生正方向影响的因素，分别是各个城市的基础设施因素、市场规模和潜力因素以及对外开放程度因素，上述影响因素的重要程度依次降低；对中部老工业城市承接国际产业转移产生反方向影响的因素，分别是各城市的经济发展水平和劳动力成本因素，上述影响因素的重要程度依次降低。对中部老工业城市承接国内产业转移产生正方向影响的因素，分别是各城市的市场规模因素、产业配套能力因素、市场潜力因素以及人力资本因素，上述影响因素的重要程度依次降低；对中部老工业城市承接国内产业转移产生反方向影响的因素，分别是各城市的资金配套能力因素、经济发展水平和对外开放程度因素，后两个影响因素由于估计系数很小，本书认为其不起主要作用。

5 中部老工业城市承接产业转移综合能力研究

发展经济学、区域经济学和产业经济学对开放条件下落后区域的经济发展进行了深入的研究，并形成了"雁行理论""梯度理论"等观点。这些研究的一个共识就是，落后区域在依靠内力难以突破发展瓶颈的情况下，通过承接产业转移、借助外力来走出困境是一条有效的发展途径（何龙斌，2010）。中西部落后地区是否能承接东部沿海和外国的产业转移，如何对产业转移进行选择和吸收，关键在于产业承接能力（杨凡，2010）。产业承接能力是产业转移的实施条件之一，没有良好的产业承接能力作为基础的产业转移是不可思议的。要提高产业转移的数量和质量，促进中西部欠发达地区经济发展，就必须对产业转移承接力进行深入和系统的研究（何龙斌，2010）。中部老工业城市作为中部欠发达地区的一种特殊类型，其通过承接产业转移实现调整改造振兴也是一条重要途径。这涉及老工业城市承接产业转移的综合能力，本章研究其承接产业转移综合能力并进行定量评价分析，对于承接产业转移研究有学术意义，对于老工业城市的振兴具有现实意义。

5.1 承接产业转移综合能力相关文献研究

5.1.1 承接产业转移综合能力内涵研究

改革开放以来，中国经济社会发展水平不断提高，吸引国外投资的总量不断增加、速度不断加快，招商引资成为各地城市政府关注的重点。大量引进外资在提高国内城市经济社会发展水平的同时，也因为盲目引资引发了一些资源环境等方面的问题。改革开放近30年后，国内东中西部经济发展水平呈现出梯度差异，开始出现东部发达地区的产业向中西部转移的现象。加上之前吸引外资的问题，中西部地区承接产业转移综合能力受到学界关注，国内对承接产业转移综合能力的系统性研究起步较晚，研究成果相对有限。特别是对于承接产业转移综合能力概念界定和对承接产业转移综合能力内涵的研究还处于探讨阶段。随着国家西部大开发战略和中部崛起战略的提出实施，承接产业转移研究逐渐成为学界研究热点。国内较早进行承接产业转移综合能力系统研究的学者展宝卫（2006）在《产业转移承接力建设概论》中提出的产业转移承接力概念影响很大，他认为产业承接能力是产业承接地集聚转移产业的吸引力、准确甄别转移产业的选择力、稳固接纳转移产业的支撑力和融合提升产业的发展力等作用力的综合系统。一些后续研究基于不同的视角界定承接产业转移能力内涵并构建相应的评价指标体系，从基本指标层看都符合展宝卫提出的从承接产业转移吸引力、选择力、支撑力和发展力四个方面进行定量研究承接产业转移能力的思路，因此这些研究可以看作在其界定的概念基础上进行实证分析和拓展研究（周江洪等，2009；杨凡等，2010；何龙斌，2010；苏华等，2011；郭耿，2013；孙世民等，2007；陶良虎，2010；江文红等，2008）。刘君（2008）指出，产业转移从承接地视角分析，主要涉及市场规模和市场增长潜力、基础设施建设水平、劳动成本和生产率、对外开放程度、政府相关政策、地理空间接近和文化、语言亲和性以及承接地的投资环境，包括软环境、硬环境、竞争环境。张冬梅（2008）指出，影响西部产业承接能力的主要因素有两个方面：一是西部地区产业承接的客观环境；二是西部地区承接产业的竞争力。Kirkegaard（2008）研究了产业转移中离岸外包对美国、欧盟 15 国和日本的服务业劳动力市场的影响程度，发现高技能的群体因为新的就业机会和工资水平上升受益显著，非技术或低技术群体的就业机会将会降低。Zhang 等（2010）分析了中国当前的形势和产业转移的具体原因，以及产业转移对供应链的影响，这些影响因素包括企业供应链的稳定性、运输成本、信息和人员调整等。冯海华等（2010）利用 Dixit – Stiglitz 模型得出结论：国际产业转移区位选择受成本、市场、集聚和制度因素影响，空间、资本存量、经济发展水平和工资水平等影响其转入地的选择。Hu 等（2010）基于因子分析法，选择 9 个城市作为目标城市，对软件和 IT 服务行业进行产业转移承接能力的实证研究，认为推动区域经济发展的主要是产业转出地区。左小德等（2011）以广东产业和人力资源双转移为背景，结合价值管理理论和牛顿万有引力理论建立了引力模型，并且运用聚类分析，发现产业与人力资源转移总是循着一定的路径规律，其中最重要的是比较优势、增长潜力。黄伟等（2008）从中国主要产业集聚区企业外迁现象出发，以浙江企业为例进行实证研究，得出区位优势、企业规模、边际成本对企业产业转移决策具有重要影响的结论。顾乃华等（2010）从新经济地理学视角切入，引入产业互动、服务业集聚等概念，利用空间计量方法和广东数据进行了实证检验。曾小彬等（2010）、马子红等（2010）、孙君等（2011）、张倩等（2011）就省域内部产业转移进行了实证研究。关于产业承接能力学术研究中还有其他相近的提法，如产业转移承接力、承接产业转移能力、承接产业转移潜力、承接产业转移竞争力、承接产业转移综合能力，本书将其视为内涵相同的概念。

5.1.2　承接产业转移综合能力研究方法

在承接产业转移综合能力评价研究方面，马涛等（2009）从分析度量地区产业分工差距出发，提出产业转移承接力建设的评价指标体系，具体分为成本因素、市场潜力因素、投资环境因素、产业配套能力、技术研发水平、经济效益因素六个方面，研究方法选择主成分分析法，对国内各省级区域工业承接产业转移的能力进行了综合评价和全面比较。何有世等（2009）以离岸软件外包中城市的承接能力为研究对象，从承接转移城市的产业竞争力、人力资源竞争力、基础环境竞争力三个方面选取定量和定性相结合的指标，构建离岸软件外包中城市承接能力的综合评价指标体系，借助基于加权主成分的 TOPSIS 价值函数模型对承接能力进行评价研究。孙君军（2009）提出中西部在承接东部产业转移中，区域物流能力评价指标体系涉及基础设施支撑能力、信息系统保障能力、经营管理运作能力、发展环境支持能力四个方面。惠调艳等（2010）研究了软件产业转移承接能力，把软件产业转移承接能力归结为产业竞争优势和投资环境因子、产业规模与增长因子、政府因子、效益因子和市场因子五方面的驱动力，并采用因子分析法进行数据分析，然后从招商引资、本地企业培育、软硬件环境完善三个方面提出承接产业转移、加快发展的对策建议。杨凡等（2010）从产业移出需要对承接地进行评价、产业承接方需要对可以承接的产业转移进行选择两个方面综合考虑，选取工业成本费用利润率、平均工资指数等 16 项指标，运用主成分分析方法对中西部地区的产业承接能力进行衡量和评价，从计算和评价结果分析中给出了相关政策建议。

5.1.3　承接产业转移综合能力研究尺度

在承接产业转移综合能力评价研究区域尺度选取方面，目前承接产业转移综合能力评价研究的对象主要涉及两种区域尺度，包括省级区域尺度和城市尺度。关于省级区域承接产业转移综合能力评价的研究，包括以下几种情况：一是以全国所有省级区域为研究对象。马涛等（2009）运用主成分分析的方法，以我国2000 年后 5 个连续年份各省级区域的工业相关数据为例，对全国各省级区域工业承接产业转移的能力进行综合评价和全面比较，并分析影响综合能力的因素，进而找出了各个省级区域在承接产业转移能力上的优劣势。二是以中部和/或西部省级区域为研究对象。陈斐等（2012）借鉴物理学中势差的概念与原理，用两区域产业转移模型，从经济势差、产业势差、成本势差、交易成本势差、技术势差五个方面对我国中西部欠发达省级区域承接产业转移的竞争力进行综合评价。基于产业转移的影响因素进行综合评价体系的构建，运用层次分析法确定各个指标的权重，采用历年年鉴的数据测算出各欠发达区域的承接产业转移竞争力的评分结果，并且运用主成分分析法进行了结果检验。罗哲等（2012）研究了西部各省级区域承接产业转移的能力和规模后，指出我国东部地区虽然存在产业转出的黏性，但基于与西部地区间形成的产业梯度势差，产业转移的"推力"和"拉力"并存。认为西部地区承接产业转移的规模呈现出总量持续增长，增速不断提高的特点，具有一定的空间分布、行业分布和产业演替规律。如果西部地区因地制宜地从战略高度长远谋划产业发展的全局，着力解决影响要素流入和产业移入的瓶颈性因素，有选择性地主动承接转移产业，就能加快产业升级步伐，提高产业竞争力。肖雁飞等（2014）借用 PREE 复合系统，从人口、资源、环境、经济四个方面构建了中部地区承接沿海产业转移能力的综合评价指标体系。基于主成分分析法，选用面板数据，对中部六省承接沿海产业转移综合能力进行测度，并划分中部地区发展动态类型，分析其变化特征。又根据分项因素得分情况分析各个省份的优劣势，结合经济分要素得分，提出沿海产业转移空间布局建议，并提出相应能力提升对策。三是以单个省级区域为研究对象。孙雅娜等（2007）依据邓宁的国际生产折衷理论，选取了 8 个指标评价了中国各地区承接国际产业转移的能力，以辽宁省承接产业转移的能力为研究重点进行省区间的对比分析。根据研究结果，提出了辽宁省承接产业转移能力提升的对策建议。关于城市尺度的研究，研究成果相对更少，涉及以下几种情况：一是以某个省内各个城市为研究对象。陈湘满等（2013）对湖南省 14 个市州承接产业转移综合能力进行评价研究，提出承接产业转移能力是很多因素综合作用的结果。根据湖南省的实际情况，构建了由 6 个一级指标、39 个二级指标组成的分析体系，采用因子分析法对湖南省 14 个市州承接产业转移能力的综合评价排序。结果显示，湖南承接产业转移能力差异明显，整体水平偏低。据此提出了提升湖南产业转移承接能力的对策建议。黄煦（2013）在总结前人研究的基础上，结合安徽的实际情况，构建了承接产业转移能力的评价体系。然后运用主成分分析法，对安徽各地市的产业转移承接力和产业转移承接力所包含的吸引力、鉴别力、支撑力、发展力 4 个一级指标进行了定量分析，得出产业转移承接力和 4 个一级指标在 2007～2011 年的动态变化图。在全面评价的基础上，结合安徽各地市的发展情况，提出了整体提升安徽产业转移承接力的政策建议。二是以省内某个经济区域包括的城市为研究对象。闫安等（2012）通过研究皖北地区及所属各个地市承接产业转移的能力，从产业转移承接地的视角，构建了皖北地区产业转移综合承接能力评价指标体系，运用变异系数法确立各指标权重，并运用灰色关联评价方法计算了皖北地区产业转移综合承接能力，然后从多个角度对结果进行了比较分析。最后，给出了改善和提升皖北地区产业转移综合承接能力的对策与建议。三是以单个城市为研究对象。郭耿（2013）以郴州市为研究对象，进行了广泛的社会调查，选择 17 项具体指标对郴州市等 5 个城市的产业转移承接力进行分析评价，并运用主成分分析法逐项分析郴州承接产业转移吸引力、鉴别力、支撑力和发展力的现状，并重点剖析了郴州市在产业转移承接力方面的不足和问题，并提出了提升郴州市产业转移承接力的发展思路和对策。

综上所述，目前学者从不同视角进行了关于产业转移承接能力理论的研究，但在地市尺度上，特别是对中西部落后地区某一类城市承接产业转移综合能力进行评价的文献很少，本书将从承接产业转移的视角出发，以中部 34 个老工业城市承接产业转移综合能力为研究对象，对承接产业转移综合能力进行综合评价研究，旨在为提高中部老工业城市承接产业转移能力、完善中部老工业城市承接产业转移过程、优化产业结构并提高中部老工业城市的经济竞争力提供有益参考。

5.2 评价指标体系和研究方法

5.2.1 构建评价指标体系

基于上述承接产业转移综合能力概念内涵和相关评价研究参考文献，同时考虑以下原则：一是结合老工业城市承接产业转移的实际，选择具有代表性的指标；二是注意指标的敏感性，尽量选择敏感性较大的指标作为评价指标；三是考虑指标的可比性，能够突出不同老工业城市的差别。具体选择可以量化的指标来分析中部老工业承接产业转移的综合能力，具体在市场吸引能力、基础承接条件、经济发展水平、产业结构与发展水平、对外开放程度、科技创新能力六个方面，选取了 38 个二级指标（见表 5 – 1）。

表 5 - 1　承接产业转移综合能力评价指标体系

一级指标	二级指标	单位
市场吸引能力 A	常住人口数（A_1）	万人
	人均社会消费品零售额（A_2）	元
	城镇居民人均消费性支出（A_3）	元
	城镇居民人均可支配收入（A_4）	元
	农村居民家庭人均纯收入（A_5）	元
基础承接条件 B	人均邮电业务量（B_1）	元
	信息化配套设施水平（B_2）	电话户数
	货物量周转量（B_3）	万吨
	邮政业务总量（B_4）	万元
	电信业务总量（B_5）	万元
	单位 GDP 能耗（B_6）	吨标准煤/万元
经济发展水平 C	GDP（C_1）	亿元
	公共财政收入（C_2）	万元
	固定资产投资（C_3）	亿元
	人均 GDP（C_4）	元
	人均固定资产投入（C_5）	万元
	GDP 增长率（C_6）	%
	人均财政收入（C_7）	元
	城镇化率（C_8）	%
	金融机构存款余额（C_9）	万元
	城乡居民人民币储蓄存款余额（C_{10}）	亿元
	第三产业产值占 GDP 比重（C_{11}）	%
	第三产业产值（C_{12}）	亿元
产业结构与发展水平 D	第二产业产值占 GDP 比重（D_1）	%
	第二产业产值（D_2）	亿元
	人均第三产业产值（D_3）	万元
	规模以上工业企业数量（D_4）	个
	规模以上工业企业利润总额（D_5）	万元
	工业总产值（D_6）	万元
对外开放程度 E	实际利用外资（E_1）	万美元
	进出口总额（E_2）	万美元

续表

一级指标	二级指标	单位
对外开放程度 E	进出口占 GDP 比重（E_3）	%
	旅游总收入占 GDP 比重（E_4）	%
科技创新能力 F	每万人专利申请数量（F_1）	个
	普通高校在校生人数（F_2）	人
	科技人员数（F_3）	人
	授权专利数量（F_4）	个
	每万人科学技术支出（F_5）	万元

（1）市场吸引能力。市场吸引能力是影响承接产业转移能力极为重要的因素，选择常住人口数、人均社会消费品零售额、城镇居民人均消费性支出、城镇居民人均可支配收入、农村居民家庭人均纯收入 5 个二级指标。

（2）基础承接条件。包括基础设施等，是承接产业转移的配套支撑系统，主要通过人均邮电业务量、信息化配套设施水平、货物量周转量、邮政业务总量、电信业务总量、单位 GDP 能耗 6 个二级指标反映。

（3）经济发展水平。作为综合性的指标，选择了较多的具体指标进行反映，包括 GDP、公共财政收入、固定资产投资、人均 GDP、人均固定资产投入、GDP 增长率、人均财政收入、城镇化率、金融机构存款余额、城乡居民人民币储蓄存款余额、第三产业产值占 GDP 比重、第三产业产值 12 个二级指标。

（4）产业结构与发展水平。体现承接产业转移能力，第二、第三产业的情况是较为重要的指标，故而在选择相关二级指标时，除了较直接的工业总产值外，还分别选择了第二、第三产业比重、水平、贡献度、结构比等指标。包括第二产业产值占 GDP 比重、第二产业产值、人均第三产业产值、规模以上工业企业数量、规模以上工业企业利润总额、工业总产值 6 个二级指标。

（5）对外开放程度。由于该指标的影响较为单一，主要体现在实际引进外资、实际引进内资和对外贸易总额上，为清晰地反映对外贸易程度，就要给出对外贸易占 GDP 比重这个重要的影响因素，包括实际利用外资、进出口总额、进出口占 GDP 比重、旅游总收入占 GDP 比重 4 个二级指标。

（6）科技创新能力。科技创新能力是一个综合性强又不容易测度的一级指标，基于城市尺度上数据的可获取性，选取每万人专利申请数量、普通高校在校生人数、科技人员数、授权专利数量、每万人科学技术支出 5 个二级指标。

5.2.2 研究方法

关于承接产业转移综合能力评价的已有研究成果中使用的评价方法还没有一致公认的成熟方法，本书认为在方法的选取上已有研究还处于探索阶段。已有的研究采用的研究方法包括层次分析法（何龙斌，2010；陈斐，2012）、主成分分析法（孙雅娜，2007；马涛，2009；杨凡，2010；罗哲，2012；郭耿，2013；肖雁飞，2014）、因子分析法（徐文勇，2012；陈湘满，2013）、熵值法（苏华，2011）、变异系数结合灰色关联评价法（闫安，2012）、TOPSIS 模型（李晖，2010）、空间面板计量模型（黄凌云等，2014）。本书构建的评价指标体系中分为 6 个一级指标 38 个二级指标，由于指标体系中二级指标数量较多，综合评价研究设计为两步进行：第一步对各个一级指标对应的二级指标进行主成分分析，确定二级指标的权重，然后计算各个评价单元一级指标得分；第二步对各个评价单元的一级指标得分运用熵值法计算综合评价得分，并进行排序分析。下面介绍主成分分析法和熵值法。

第一步，由于评价指标体系中二级指标较多，二级指标对应的一级指标的信息反映难免出现重复情况，需要剔除二级指标对一级指标影响的重复情况和二级指标间的相关性因素，而主成分分析可以消除指标之间的相关性，并同时可以根据主成分的贡献率来界定其在综合评价中影响的大小，有效减小主观随意性对评价结果的影响。因此，本书在分析二级指标对一级指标的影响时，选择运用主成分分析确定二级指标的权重，以达到上述目的。主成分分析法是 Hotelling 于1933 年提出的研究方法，它有两个主要用途：一个是降维，即将多个评价指标或变量转化为少数几个指标或变量；另一个是确定各个主成分的权重并以权重进行综合评分（王家庭，2010）。

运用主成分分析首先要检验其适用性，主要通过对因变量进行 KMO 统计量和巴特利特球形检验（Bartlett Test of Sphericity）。KMO 统计量取值在 0~1，当所有指标间的简单相关系数平方和远远大于偏相关系数平方和时，KMO 值接近1。KMO 值越接近 1，意味着变量间的相关性越强，原有变量越适合作因子分析；当所有变量间的简单相关系数平方和接近 0 时，KMO 值接近 0。KMO 值越接近0，意味着变量间的相关性越弱，原有变量越不适合作因子分析。Kaiser 给出的标准是 KMO 值小于 0.5 就不适合进行提取公共因子的分析。巴特利特球形检验的统计量是根据相关系数矩阵的行列式得到的，如果该值较大，且其对应的相伴概率值小于用户心中的显著性水平，那么应该拒绝零假设，认为相关系数矩阵不可能是单位阵，即原始变量之间存在相关性，适合于做主成分分析；相反，如果该统计量比较小，且其对应的相伴概率值大于显著性水平，则不能拒绝零假设，认为相关系数矩阵可能是单位阵，不宜于做因子分析。如果通过了 KMO 统计量和巴特利特球形检验，可以进行主成分分析确定权重。

由于检验和分析均借助统计分析软件 IBM SPSS Statistics19.0 进行，所以直接按照软件输出的结果进行介绍，简单地说，就是原始指标权重等于以主成分的方差贡献率为权重，对该指标在各主成分线性组合中的系数的加权平均的归一化。具体步骤需要两个方面的结果：一是原始指标在各主成分线性组合中的系数；二是主成分的方差贡献率。然后再进行指标权重的归一化，得出原始指标的权重。关于原始指标在各主成分线性组合中的系数，可以由软件输出的成分矩阵中原始指标在某个主成分上的载荷数除以该主成分特征根的开方得到，如此可以得到各个主成分对于原始指标的线性组合公式。主成分的方差贡献率由软件给出，可以看作各个主成分的权重。原始指标系数可以看成是以各个主成分方差贡献率为权重，对指标在各个主成分线性组合中的系数做加权平均。最后，为达到所有指标的权重之和为 1 的目标，可以将各个指标进行归一化，即将各个指标系数除以所有指标系数之和，得到各个原始指标的权重。

第二步，使用熵值法对各评价单元一级指标的得分进行计算。熵值评价法是一种比较客观（层次分析法比较主观）、全面（主成分分析法丢失部分信息）、无需先验结果（BP 神经网络模型需要先验结果进行训练才能得出指标的相应权重）的综合评价方法。熵值法的原理是，假设有 n 个评价单元，m 项具体评价指标，形成原始指标数据矩阵 $G = (g_{ij})_{n \times m}$，对于某项具体评价指标 g_j，评价单元的各个指标值 g_{ij} 的差异越显著，则该具体指标在综合评价中所起的作用越大；相反，如果差异越小，则该指标在综合评价中所起的作用越小；如果某项具体指标的得分值全部相等，则该指标将在综合评价中不发挥作用。在信息论中，信息熵 $G(g) = -\sum_{i=1}^{n} p(g_i) \ln p(g_i)$ 是系统无序程度的度量，信息是系统有序程度的度量，二者绝对值相等，符号相反。某项指标的指标值变异程度越大，信息熵越小，该指标提供的信息量越大，该指标的权重也越大；反之，某项指标的指标值变异程度越小，信息熵越大，该指标提供的信息量越小，该指标的权重也越小。所以，可以根据各项指标得分值的变异程度，利用信息熵这个工具，计算出各指标的权重，为多指标综合评价提供依据。下面介绍改进的熵值法（郭显光，1998），用改进的熵值法进行综合评价的步骤是：

（1）构建原始数据矩阵：n 个城市 m 个指标值构成原始矩阵 G。

$$G = \begin{bmatrix} g_{11} & g_{12} & \cdots & g_{1m} \\ g_{21} & g_{22} & \cdots & g_{2m} \\ \cdots & \cdots & \cdots & \cdots \\ g_{n1} & g_{n2} & \cdots & g_{nm} \end{bmatrix}$$

（2）用标准化法进行变换，$g'_{ij} = (g_{ij} - \bar{g}_j) / s_j$，$\bar{g}_j$ 为第 j 项指标平均值，s_j 为第 j 项指标标准差。一般，$g'_{ij} \in [-5, +5]$ 为消除负值，可平移坐标令 $z_{ij} = 5 + g'_{ij}$，用 z_{ij} 代替 g'_{ij} 得到矩阵 Z。

$$Z = \begin{bmatrix} z_{11} & z_{12} & \cdots & z_{1m} \\ z_{21} & z_{22} & \cdots & z_{2m} \\ \cdots & \cdots & \cdots & \cdots \\ z_{n1} & z_{n2} & \cdots & z_{nm} \end{bmatrix}$$

（3）将各指标同度量化，计算第 j 项指标下第 i 城市指标值的比重 p_{ij}。

$$p_{ij} = \frac{z_{ij}}{\sum\limits_{i=1}^{n} z_{ij}}$$

（4）计算第 j 项指标熵值 e_j。

$$e_j = -k \sum\limits_{i=1}^{n} p_{ij} \ln p_{ij}, \quad k = 1/\ln n$$

（5）计算第 j 项指标差异性系数 d_j。

$$d_j = 1 - e_j$$

（6）计算第 j 项指标权重 a_j。

$$a_j = \frac{d_j}{\sum\limits_{j=1}^{m} d_j}$$

（7）计算综合评价得分 v_i。

$$v_i = \sum\limits_{j=1}^{m} a_j p_{ij}$$

5.3　实证研究

5.3.1　研究区域概况

2013 年底，江西省、山西省、河南省、湖北省、湖南省、安徽省中部六省总面积为 102.8 万平方千米，其中国家公布的 34 个老工业城市总面积为 28 万平方千米，占比为 27.2%；中部六省总人口为 3.73 亿人口，其中 34 个老工业城市市域人口总和达到 1.44 亿，占总人口的 38.6%，34 个老工业城市市辖区人口总和达到 3438.9 万，占总人口的 9.2%。2013 年底，中部六省 GDP 为 127305.6 亿元，其中 34 个老工业城市 GDP 达到 50558.1 亿元，占比为 39.7%；中部六省实际利用外资金额为 446.6 亿美元，其中 34 个老工业城市实际利用外资金额达到 184.8 亿美元，占比为 41.4%。

5.3.2 数据来源和数据处理

本章实证研究数据主要来源于《中国城市统计年鉴》（2014）和 2014 年中部六省各省的统计年鉴，以上年鉴中未统计的数据通过搜集到的中部 34 个老工业城市 2014 年的国民经济和社会发展统计公报，以及中部 34 个老工业城市各个城市的人民政府网站和统计局网站进行数据补充。

由于按照上述建立的指标体系搜集到的各个指标之间的数据有不同的计量单位和数量级，从而各个指标不具备综合性，也就不能直接进行综合分析，因此为解决这种指标间的不可综合性状况，首先对各个指标数值进行无量纲化处理。无量纲化处理数据的方法很多，常用到的基本可以划分为四大类，分别称为极值化方法、标准化方法、均值化方法、标准差化方法（韩胜娟，2008）。多指标综合评价的相关研究指出进行综合评价的指标数值均为客观数据时，推荐对指标数值使用均值化方法进行无量纲化；而当综合评价的指标数值为主观数据时，推荐对指标数值使用标准化方法进行无量纲化（叶宗裕，2003）。无量纲化的已有研究指出在综合评价研究中，极值化方法不可取，而标准化方法以及标准差化方法又可能导致综合评价结果不准确，指出均值化方法是一种较好的方法（张卫华，2005）。因此，我们选择均值化方法对指标原始数据进行无量纲化处理。

所谓无量纲化的均值化方法，是将指标原始数值除以该指标的平均值。均值化处理后，各个指标的平均值都为 1，标准差是原始指标数据的变异系数。如式（5-1）所示：

$$x'_i = \frac{x_i}{\bar{x}} \tag{5-1}$$

其中，x'_i 表示无量纲化后的指标数值，x_i 表示指标原始数值，$\bar{x}$ 表示指标平均值。

均值化方法处理数据后，可以消除量纲和数量级的影响，同时保存各个指标取值差异程度方面的信息，而对综合评价分析指标差异程度越大其对评价结果影响越大。均值化方法在保留指标原始数据变异程度信息时，不仅取决于指标原始数据标准差，而是指标原始数据的变异系数，这样可以实现保留指标变异程度信息的同时解决数据的可比性问题。

5.3.3 综合评价

首先借助统计分析软件 IBM SPSS Statistics19.0 对 6 个一级指标对应的二级指标进行 KMO 和球形检验，检验结果整理如表 5－2 所示。为了叙述方便，下文中将 6 个一级指标，包括市场吸引能力、基础承接条件、经济发展水平、产业结构与发展水平、对外开放程度、科技创新能力分别用字母 A、B、C、D、E、F 指代。

表 5－2a　一级指标 A 所属 5 个二级指标的 KMO 和球形检验结果

KMO 统计量		0.606
Bartlett 球形检验	卡方检验值	31.237
	自由度（df）	10
	显著性（Sig.）	0.001

表 5－2b　一级指标 B 所属 6 个二级指标的 KMO 和球形检验结果

KMO 统计量		0.722
Bartlett 球形检验	卡方检验值	139.023
	自由度（df）	15
	显著性（Sig.）	0.000

表 5－2c　一级指标 C 所属 12 个二级指标的 KMO 和球形检验结果

KMO 统计量		0.562
Bartlett 球形检验	卡方检验值	494.305
	自由度（df）	66
	显著性（Sig.）	0.000

表 5－2d　一级指标 D 所属 6 个二级指标的 KMO 和球形检验结果

KMO 统计量		0.612
Bartlett 球形检验	卡方检验值	93.509
	自由度（df）	15
	显著性（Sig.）	0.000

表 5 – 2e　一级指标 E 所属 4 个二级指标的 KMO 和球形检验结果

KMO 统计量		0.548
Bartlett 球形检验	卡方检验值	62.992
	自由度（df）	6
	显著性（Sig.）	0.000

表 5 – 2f　一级指标 F 所属 5 个二级指标的 KMO 和球形检验结果

KMO 统计量		0.727
Bartlett 球形检验	卡方检验值	161.987
	自由度（df）	10
	显著性（Sig.）	0.000

　　如表 5 – 2 所示，6 个一级指标所属二级指标 KMO 统计量均不小于 0.5，而且 Bartlett 球形检验卡方检验值均较大，而且显著性检验有 5 个一级指标的结果为 0，一个为 0.001（P＜0.01），可见，6 个一级指标所属二级指标都适合进行主成分分析。

　　下面以一级指标 A 所属的 5 个二级指标为例进行确定权重的分析，并同时给出其他 5 个一级指标的输出结果。由于本章采用主成分分析的目的不是降维，而是确定各指标权重，所以在输出主成分时设定输出最多的主成分，一级指标 A 下属 5 个二级指标，设定输出 5 个主成分，根据输出结果选择累计方差贡献率为 100% 的所有主成分，不舍弃任何信息。相应地，6 个一级指标提出主成分后输出的解释的总方差整理如表 5 – 3 所示，成分矩阵整理如表 5 – 4 所示。

表 5 – 3a　一级指标 A 所属 5 个二级指标提取主成分后输出的解释的总方差

成分	初始特征值			提取平方和载入		
	合计	方差百分比（％）	累计方差百分比（％）	合计	方差百分比（％）	累计方差百分比（％）
1	2.109	42.19	42.19	2.109	42.19	42.19
2	1.195	23.892	66.081	1.195	23.892	66.081
3	0.848	16.956	83.037	0.848	16.956	83.037
4	0.532	10.65	93.687	0.532	10.65	93.687
5	0.316	6.313	100	0.316	6.313	100

表 5 - 3b 一级指标 B 所属 6 个二级指标提取主成分后输出的解释的总方差

成分	初始特征值			提取平方和载入		
	合计	方差百分比(%)	累计方差百分比(%)	合计	方差百分比(%)	累计方差百分比(%)
1	3.417	56.943	56.943	3.417	56.943	56.943
2	1.183	19.711	76.654	1.183	19.711	76.654
3	0.64	10.663	87.316	0.64	10.663	87.316
4	0.554	9.241	96.558	0.554	9.241	96.558
5	3.417	56.943	56.943	3.417	56.943	56.943
6	0.042	0.706	100	0.042	0.706	100

表 5 - 3c 一级指标 C 所属 12 个二级指标提取主成分后输出的解释的总方差

成分	初始特征值			提取平方和载入		
	合计	方差百分比(%)	累计方差百分比(%)	合计	方差百分比(%)	累计方差百分比(%)
1	4.994	41.615	41.615	4.994	41.615	41.615
2	2.225	18.540	60.156	2.225	18.540	60.156
3	1.892	15.768	75.924	1.892	15.768	75.924
4	1.313	10.941	86.865	1.313	10.941	86.865
5	0.818	6.813	93.678	0.818	6.813	93.678
6	0.314	2.618	96.296	0.314	2.618	96.296
7	0.221	1.839	98.134	0.221	1.839	98.134
8	0.113	0.944	99.079	0.113	0.944	99.079
9	0.063	0.523	99.602	0.063	0.523	99.602
10	0.025	0.206	99.808	0.025	0.206	99.808
11	0.018	0.153	99.960	0.018	0.153	99.960
12	0.005	0.040	100.000	0.005	0.040	100.000

表 5 - 3d 一级指标 D 所属 6 个二级指标提取主成分后输出的解释的总方差

成分	初始特征值			提取平方和载入		
	合计	方差百分比(%)	累计方差百分比(%)	合计	方差百分比(%)	累计方差百分比(%)
1	2.659	44.316	44.316	2.659	44.316	44.316
2	1.809	30.143	74.459	1.809	30.143	74.459
3	0.759	12.643	87.102	0.759	12.643	87.102
4	0.372	6.207	93.309	0.372	6.207	93.309

续表

成分	初始特征值			提取平方和载入		
	合计	方差百分比（%）	累计方差百分比（%）	合计	方差百分比（%）	累计方差百分比（%）
5	0.285	4.753	98.061	0.285	4.753	98.061
6	0.116	1.939	100.000	0.116	1.939	100.000

表 5 – 3e 一级指标 E 所属 4 个二级指标提取主成分后输出的解释的总方差

成分	初始特征值			提取平方和载入		
	合计	方差百分比（%）	累计方差百分比（%）	合计	方差百分比（%）	累计方差百分比（%）
1	2.348	58.704	58.704	2.348	58.704	58.704
2	1.012	25.310	84.014	1.012	25.310	84.014
3	0.538	13.453	97.466	0.538	13.453	97.466
4	0.101	2.534	100.000	0.101	2.534	100.000

表 5 – 3f 一级指标 F 所属 5 个二级指标提取主成分后输出的解释的总方差

成分	初始特征值			提取平方和载入		
	合计	方差百分比（%）	累计方差百分比（%）	合计	方差百分比（%）	累计方差百分比（%）
1	3.635	72.695	72.695	3.635	72.695	72.695
2	0.844	16.890	89.585	0.844	16.890	89.585
3	0.328	6.552	96.137	0.328	6.552	96.137
4	0.163	3.261	99.398	0.163	3.261	99.398
5	0.030	0.602	100.000	0.030	0.602	100.000

表 5 – 4a 一级指标 A 所属 5 个二级指标提取主成分的成分矩阵

二级指标	成分				
	1	2	3	4	5
常住人口数 （A_1）	0.13	0.729	0.664	– 0.072	0.073
人均社会消费品零售额 （A_2）	0.243	– 0.764	0.557	0.153	0.152
城镇居民人均消费性支出 （A_3）	0.868	– 0.133	0.114	– 0.234	– 0.401
城镇居民人均可支配收入 （A_4）	0.843	0.024	– 0.245	– 0.319	0.355
农村居民家庭人均纯收入 （A_5）	0.754	0.247	– 0.151	0.589	0.003

表 5 - 4b　一级指标 B 所属 6 个二级指标提取主成分的成分矩阵

二级指标	成分					
	1	2	3	4	5	6
人均邮电业务量（B_1）	0.528	0.622	- 0.255	- 0.518	0.024	- 0.011
信息化配套设施水平（B_2）	0.944	0.045	- 0.1	0.248	- 0.111	- 0.151
货物量周转量（B_3）	0.673	- 0.155	0.676	- 0.253	0.037	- 0.018
邮政业务总量（B_4）	0.906	- 0.136	- 0.16	0.181	0.316	0.039
电信业务总量（B_5）	0.956	0.066	- 0.013	0.131	- 0.215	0.133
单位 GDP 能耗（B_6）	- 0.239	0.864	0.286	0.333	0.061	0.008

表 5 - 4c　一级指标 C 所属 12 个二级指标提取主成分的成分矩阵

二级指标	成分					
	1	2	3	4	5	6
GDP（C_1）	0.902	0.179	- 0.298	- 0.147	0.006	0.061
公共财政收入（C_2）	0.884	- 0.071	0.202	0.087	0.312	- 0.201
固定资产投资（C_3）	0.915	0.133	- 0.292	- 0.124	- 0.008	- 0.017
人均 GDP（C_4）	0.555	0.195	0.661	- 0.088	- 0.375	0.205
人均固定资产投入（C_5）	0.236	0.644	- 0.336	0.464	- 0.384	0.086
GDP 增长率（C_6）	0.070	0.688	0.227	- 0.050	0.618	0.274
人均财政收入（C_7）	0.262	0.489	0.332	0.705	0.071	- 0.250
城镇化率（C_8）	0.077	- 0.275	0.926	0.072	- 0.103	0.060
金融机构存款余额（C_9）	0.844	- 0.456	0.039	0.080	0.018	0.001
城乡居民人民币储蓄存款余额（C_{10}）	0.744	- 0.608	- 0.020	0.095	0.096	0.031
第三产业产值占 GDP 比重（C_{11}）	- 0.026	- 0.557	- 0.295	0.692	0.099	0.278
第三产业产值（C_{12}）	0.922	0.202	- 0.142	- 0.216	- 0.122	0.032

二级指标	成分					
	7	8	9	10	11	12
GDP（C_1）	0.167	- 0.059	0.080	0.020	0.000	- 0.047
公共财政收入（C_2）	0.082	0.091	- 0.052	- 0.079	- 0.054	- 0.004
固定资产投资（C_3）	0.036	0.170	- 0.076	0.028	0.081	0.010
人均 GDP（C_4）	0.035	- 0.105	- 0.111	- 0.041	0.013	- 0.003

二级指标	成分					
	7	8	9	10	11	12
人均固定资产投入（C_5）	−0.176	0.111	0.043	−0.034	−0.028	−0.005
GDP 增长率（C_6）	−0.100	0.002	0.008	0.007	0.001	0.004
人均财政收入（C_7）	0.042	−0.111	0.009	0.036	0.034	0.004
城镇化率（C_8）	0.050	0.163	0.108	0.035	0.000	−0.003
金融机构存款余额（C_9）	−0.240	−0.026	−0.071	0.084	−0.044	−0.009
城乡居民人民币储蓄存款余额（C_{10}）	−0.184	−0.078	0.101	−0.065	0.053	0.006
第三产业产值占 GDP 比重（C_{11}）	0.187	0.011	−0.035	0.004	−0.007	0.007
第三产业产值（C_{12}）	0.11	−0.058	0.074	0.025	−0.042	0.046

表 5 - 4d   一级指标 D 所属 6 个二级指标提取主成分的成分矩阵

二级指标	成分					
	1	2	3	4	5	6
第二产业产值占 GDP 比重（D_1）	0.222	−0.840	0.354	−0.079	0.336	0.040
第二产业产值（D_2）	0.453	0.752	−0.293	−0.087	0.368	−0.013
人均第三产业产值（D_3）	−0.021	0.709	0.688	0.137	0.011	0.075
规模以上工业企业数量（D_4）	0.905	−0.145	−0.193	0.263	−0.063	0.224
规模以上工业企业利润总额（D_5）	0.850	0.084	0.150	−0.465	−0.177	0.023
工业总产值（D_6）	0.929	−0.087	0.124	0.234	−0.036	−0.241

表 5 - 4e   一级指标 E 所属 4 个二级指标提取主成分的成分矩阵

二级指标	成分			
	1	2	3	4
实际利用外资（E_1）	0.774	0.230	−0.584	0.076
进出口总额（E_2）	0.963	−0.027	0.118	−0.242
进出口占 GDP 比重（E_3）	0.896	−0.018	0.401	0.191
旅游总收入占 GDP 比重（E_4）	−0.139	0.979	0.148	−0.021

表 5 - 4f　一级指标 F 所属 5 个二级指标提取主成分的成分矩阵

二级指标	成分				
	1	2	3	4	5
每万人专利申请数量（F_1）	0.886	-0.331	0.268	-0.158	0.092
普通高校在校生人数（F_2）	0.583	0.772	0.247	0.046	0.001
科技人员数（F_3）	0.856	0.246	-0.435	-0.126	0.040
授权专利数量（F_4）	0.969	-0.176	0.045	-0.089	-0.140
每万人科学技术支出（F_5）	0.915	-0.216	-0.059	0.335	0.021

确定一级指标 A 所属 5 个二级指标的权重，首先要确定 5 个二级指标在 5 个主成分线性组合中的系数，这个系数可以用表 5 - 4a 中 5 个二级指标在 5 个主成分中的载荷数除以表 5 - 3a 中第 1 列对应的特征根的开方。将 6 个一级指标计算结果整理如表 5 - 5 所示。

表 5 - 5a　一级指标 A 所属 5 个二级指标在主成分线性组合中的系数

二级指标	成分				
	1	2	3	4	5
常住人口数（A_1）	0.090	0.667	0.721	-0.099	0.130
人均社会消费品零售额（A_2）	0.167	-0.699	0.605	0.210	0.270
城镇居民人均消费性支出（A_3）	0.598	-0.122	0.124	-0.321	-0.713
城镇居民人均可支配收入（A_4）	0.580	0.022	-0.266	-0.437	0.632
农村居民家庭人均纯收入（A_5）	0.519	0.226	-0.164	0.808	0.005

由此得到如下 5 个主成分的线性组合：

$Y_1 = 0.090A_1 + 0.167A_2 + 0.598A_3 + 0.580A_4 + 0.519A_5$

$Y_2 = 0.667A_1 - 0.699A_2 - 0.122A_3 + 0.022A_4 + 0.226A_5$

$Y_3 = 0.721A_1 + 0.605A_2 + 0.124A_3 - 0.266A_4 - 0.164A_5$

$Y_4 = -0.099A_1 + 0.210A_2 - 0.321A_3 - 0.437A_4 + 0.808A_5$

$Y_5 = 0.130A_1 + 0.270A_2 - 0.713A_3 + 0.632A_4 + 0.005A_5$

表5－5b　一级指标 B 所属6个二级指标在主成分线性组合中的系数

二级指标	成分					
	1	2	3	4	5	6
人均邮电业务量（B_1）	0.286	0.572	－0.319	－0.696	0.013	－0.054
信息化配套设施水平（B_2）	0.511	0.041	－0.125	0.333	－0.060	－0.737
货物量周转量（B_3）	0.364	－0.143	0.845	－0.340	0.020	－0.088
邮政业务总量（B_4）	0.490	－0.125	－0.200	0.243	0.171	0.190
电信业务总量（B_5）	0.517	0.061	－0.016	0.176	－0.116	0.649
单位 GDP 能耗（B_6）	－0.129	0.794	0.358	0.447	0.033	0.039

由此得到如下6个主成分的线性组合：

$$Y_1 = 0.286B_1 + 0.511B_2 + 0.364B_3 + 0.490B_4 + 0.517B_5 - 0.129B_6$$
$$Y_2 = 0.572B_1 + 0.041B_2 - 0.143B_3 - 0.125B_4 + 0.061B_5 + 0.794B_6$$
$$Y_3 = -0.319B_1 - 0.125B_2 + 0.845B_3 - 0.200B_4 - 0.016B_5 + 0.358B_6$$
$$Y_4 = -0.696B_1 + 0.333B_2 - 0.340B_3 + 0.243B_4 + 0.176B_5 + 0.447B_6$$
$$Y_5 = 0.013B_1 - 0.060B_2 + 0.020B_3 + 0.171B_4 - 0.116B_5 + 0.033B_6$$
$$Y_6 = -0.054B_1 - 0.737B_2 - 0.088B_3 + 0.190B_4 + 0.649B_5 + 0.039B_6$$

表5－5c　一级指标 C 所属12个二级指标在主成分线性组合中的系数

二级指标	成分					
	1	2	3	4	5	6
GDP（C_1）	0.404	0.120	－0.217	－0.128	0.007	0.109
公共财政收入（C_2）	0.396	－0.048	0.147	0.076	0.345	－0.359
固定资产投资（C_3）	0.409	0.089	－0.212	－0.108	－0.009	－0.030
人均 GDP（C_4）	0.248	0.131	0.481	－0.077	－0.415	0.366
人均固定资产投入（C_5）	0.106	0.432	－0.244	0.405	－0.425	0.153
GDP 增长率（C_6）	0.031	0.461	0.165	－0.044	0.683	0.489
人均财政收入（C_7）	0.117	0.328	0.241	0.615	0.079	－0.446
城镇化率（C_8）	0.034	－0.184	0.673	0.063	－0.114	0.107
金融机构存款余额（C_9）	0.378	－0.306	0.028	0.070	0.020	0.002
城乡居民人民币储蓄存款余额（C_{10}）	0.333	－0.408	－0.015	0.083	0.106	0.055
第三产业产值占 GDP 比重（C_{11}）	－0.012	－0.373	－0.214	0.604	0.109	0.496
第三产业产值（C_{12}）	0.413	0.135	－0.103	－0.189	－0.135	0.057

续表

二级指标	成分					
	7	8	9	10	11	12
GDP（C_1）	0.355	−0.176	0.319	0.126	0.000	−0.665
公共财政收入（C_2）	0.174	0.271	−0.207	−0.500	−0.402	−0.057
固定资产投资（C_3）	0.077	0.506	−0.303	0.177	0.604	0.141
人均 GDP（C_4）	0.074	−0.312	−0.442	−0.259	0.097	−0.042
人均固定资产投入（C_5）	−0.374	0.330	0.171	−0.215	−0.209	−0.071
GDP 增长率（C_6）	−0.213	0.006	0.032	0.044	0.007	0.057
人均财政收入（C_7）	0.089	−0.330	0.036	0.228	0.253	0.057
城镇化率（C_8）	0.106	0.485	0.430	0.221	0.000	−0.042
金融机构存款余额（C_9）	−0.511	−0.077	−0.283	0.531	−0.328	−0.127
城乡居民人民币储蓄存款余额（C_{10}）	−0.391	−0.232	0.402	−0.411	0.395	0.085
第三产业产值占 GDP 比重（C_{11}）	0.398	0.033	−0.139	0.025	−0.052	0.099
第三产业产值（C_{12}）	0.234	−0.173	0.295	0.158	−0.313	0.651

由此得到如下 12 个主成分的线性组合：

$$Y_1 = 0.404C_1 + 0.396C_2 + 0.409C_3 + 0.248C_4 + 0.106C_5 + 0.031C_6 + 0.117C_7 + 0.034C_8 + 0.378C_9 + 0.333C_{10} - 0.012C_{11} + 0.413C_{12}$$

$$Y_2 = 0.120C_1 - 0.048C_2 + 0.089C_3 + 0.131C_4 + 0.432C_5 + 0.461C_6 + 0.328C_7 - 0.184C_8 - 0.306C_9 - 0.408C_{10} - 0.373C_{11} + 0.135C_{12}$$

$$Y_3 = -0.217C_1 + 0.147C_2 - 0.212C_3 + 0.481C_4 - 0.244C_5 + 0.165C_6 + 0.241C_7 + 0.673C_8 + 0.028C_9 - 0.015C_{10} - 0.214C_{11} - 0.103C_{12}$$

$$Y_4 = -0.128C_1 + 0.076C_2 - 0.108C_3 - 0.077C_4 + 0.405C_5 - 0.044C_6 + 0.615C_7 + 0.063C_8 + 0.070C_9 + 0.083C_{10} + 0.604C_{11} - 0.189C_{12}$$

$$Y_5 = 0.007C_1 + 0.345C_2 - 0.009C_3 - 0.415C_4 - 0.425C_5 + 0.683C_6 + 0.079C_7 - 0.114C_8 + 0.020C_9 + 0.106C_{10} + 0.109C_{11} - 0.135C_{12}$$

$$Y_6 = 0.109C_1 - 0.359C_2 - 0.030C_3 + 0.366C_4 + 0.153C_5 + 0.489C_6 - 0.446C_7 + 0.107C_8 + 0.002C_9 + 0.055C_{10} + 0.496C_{11} + 0.057C_{12}$$

$$Y_7 = 0.355C_1 + 0.174C_2 + 0.077C_3 + 0.074C_4 - 0.374C_5 - 0.213C_6 + 0.089C_7 + 0.106C_8 - 0.511C_9 - 0.391C_{10} + 0.398C_{11} + 0.234C_{12}$$

$$Y_8 = -0.176C_1 + 0.271C_2 + 0.506C_3 - 0.312C_4 + 0.330C_5 + 0.006C_6 - 0.330C_7 + 0.485C_8 - 0.077C_9 - 0.232C_{10} + 0.033C_{11} - 0.173C_{12}$$

$$Y_9 = 0.319C_1 - 0.207C_2 - 0.303C_3 - 0.442C_4 + 0.171C_5 + 0.032C_6 +$$
$$0.036C_7 + 0.430C_8 - 0.283C_9 + 0.402C_{10} - 0.139C_{11} + 0.295C_{12}$$

$$Y_{10} = 0.126C_1 - 0.500C_2 + 0.177C_3 - 0.259C_4 - 0.215C_5 + 0.044C_6 +$$
$$0.228C_7 + 0.221C_8 + 0.531C_9 - 0.411C_{10} + 0.025C_{11} + 0.158C_{12}$$

$$Y_{11} = 0.000C_1 - 0.402C_2 + 0.604C_3 + 0.097C_4 - 0.209C_5 + 0.007C_6 +$$
$$0.253C_7 + 0.000C_8 - 0.328C_9 + 0.395C_{10} - 0.052C_{11} - 0.313C_{12}$$

$$Y_{12} = -0.665C_1 - 0.057C_2 + 0.141C_3 - 0.042C_4 - 0.071C_5 + 0.057C_6 +$$
$$0.057C_7 - 0.042C_8 - 0.127C_9 + 0.085C_{10} + 0.099C_{11} + 0.651C_{12}$$

表 5 – 5d　一级指标 D 所属 6 个二级指标在主成分线性组合中的系数

二级指标	成分					
	1	2	3	4	5	6
第二产业产值占 GDP 比重（D_1）	0.136	− 0.625	0.406	− 0.130	0.629	0.117
第二产业产值（D_2）	0.278	0.559	− 0.336	− 0.143	0.689	− 0.038
人均第三产业产值（D_3）	− 0.013	0.527	0.790	0.225	0.021	0.220
规模以上工业企业数量（D_4）	0.555	− 0.108	− 0.222	0.431	− 0.118	0.658
规模以上工业企业利润总额（D_5）	0.521	0.062	0.172	− 0.762	− 0.332	0.068
工业总产值（D_6）	0.570	− 0.065	0.142	0.384	− 0.067	− 0.708

由此得到如下 6 个主成分的线性组合：

$$Y_1 = 0.136D_1 + 0.278D_2 - 0.013D_3 + 0.555D_4 + 0.521D_5 + 0.570D_6$$
$$Y_2 = -0.625D_1 + 0.559D_2 + 0.527D_3 - 0.108D_4 + 0.062D_5 - 0.065D_6$$
$$Y_3 = 0.406D_1 - 0.336D_2 + 0.790D_3 - 0.222D_4 + 0.172D_5 + 0.142D_6$$
$$Y_4 = -0.130D_1 - 0.143D_2 + 0.225D_3 + 0.431D_4 - 0.762D_5 + 0.384D_6$$
$$Y_5 = 0.629D_1 + 0.689D_2 + 0.021D_3 - 0.118D_4 - 0.332D_5 - 0.067D_6$$
$$Y_6 = 0.117D_1 - 0.038D_2 + 0.220D_3 + 0.658D_4 + 0.068D_5 - 0.708D_6$$

表 5 – 5e　一级指标 E 所属 4 个二级指标在主成分线性组合中的系数

二级指标	成分			
	1	2	3	4
实际利用外资（E_1）	0.505	0.229	− 0.796	0.239
进出口总额（E_2）	0.628	− 0.027	0.161	− 0.761
进出口占 GDP 比重（E_3）	0.585	− 0.018	0.547	0.601
旅游总收入占 GDP 比重（E_4）	− 0.091	0.973	0.202	− 0.066

由此得到如下 4 个主成分的线性组合：

$$Y_1 = 0.505E_1 + 0.628E_2 + 0.585E_3 - 0.091E_4$$

$$Y_2 = 0.229E_1 - 0.027E_2 - 0.018E_3 + 0.973E_4$$

$$Y_3 = -0.796E_1 + 0.161E_2 + 0.547E_3 + 0.202E_4$$

$$Y_4 = 0.239E_1 - 0.761E_2 + 0.601E_3 - 0.066E_4$$

表 5 - 5f　一级指标 F 所属 5 个二级指标在主成分线性组合中的系数

二级指标	成分				
	1	2	3	4	5
每万人专利申请数量（F_1）	0.465	- 0.360	0.468	- 0.391	0.531
普通高校在校生人数（F_2）	0.306	0.840	0.431	0.114	0.006
科技人员数（F_3）	0.449	0.268	- 0.760	- 0.312	0.231
授权专利数量（F_4）	0.508	- 0.192	0.079	- 0.220	- 0.808
每万人科学技术支出（F_5）	0.480	- 0.235	- 0.103	0.830	0.121

$$Y_1 = 0.465F_1 + 0.306F_2 + 0.449F_3 + 0.508F_4 + 0.480F_5$$

$$Y_2 = -0.360F_1 + 0.840F_2 + 0.268F_3 - 0.192F_4 - 0.235F_5$$

$$Y_3 = 0.468F_1 + 0.431F_2 - 0.760F_3 + 0.079F_4 - 0.103F_5$$

$$Y_4 = -0.391F_1 + 0.114F_2 - 0.312F_3 - 0.220F_4 + 0.830F_5$$

$$Y_5 = 0.531F_1 + 0.006F_2 + 0.231F_3 - 0.808F_4 + 0.121F_5$$

表 5 - 3 中"初始特征值"的"方差百分比"表示各主成分方差贡献率，方差贡献率越大则该主成分的重要性越强。因此，可以将方差贡献率看成是不同主成分的权重。原始指标可以用主成分代替，因此，指标权重可以看成是以主成分方差贡献率为权重，对指标在主成分线性组合中的系数做加权平均。以表 5 - 3a 中二级指标常住人口数（A_1）为例进行计算，计算方法如下：

$$A_1 = (0.090 \times 42.19 + 0.677 \times 23.89 + 0.721 \times 16.96 - 0.099 \times 10.65 +$$
$$0.130 \times 6.31) \div (42.19 + 23.89 + 16.96 + 10.65 + 6.31)$$
$$= 0.317$$

如此，可以计算出 6 个一级指标所属二级指标的权重，并进行归一化处理，使各个一级指标所属二级指标的权重之和为 1。将计算的权重结果整理如表 5 - 6 所示。

表 5 – 6a　一级指标 A 所属 5 个二级指标的权重

二级指标	权重
常住人口数（A_1）	0.300
人均社会消费品零售额（A_2）	0.043
城镇居民人均消费性支出（A_3）	0.156
城镇居民人均可支配收入（A_4）	0.188
农村居民家庭人均纯收入（A_5）	0.314

表 5 – 6b　一级指标 B 所属 6 个二级指标的权重

二级指标	权重
人均邮电业务量（B_1）	0.122
信息化配套设施水平（B_2）	0.184
货物量周转量（B_3）	0.165
邮政业务总量（B_4）	0.235
电信业务总量（B_5）	0.172
单位 GDP 能耗（B_6）	0.121

表 5 – 6c　一级指标 C 所属 12 个二级指标的权重

二级指标	权重
GDP（C_1）	0.097
公共财政收入（C_2）	0.130
固定资产投资（C_3）	0.093
人均 GDP（C_4）	0.109
人均固定资产投入（C_5）	0.064
GDP 增长率（C_6）	0.112
人均财政收入（C_7）	0.132
城镇化率（C_8）	0.062
金融机构存款余额（C_9）	0.065
城乡居民人民币储蓄存款余额（C_{10}）	0.045
第三产业产值占 GDP 比重（C_{11}）	− 0.009
第三产业产值（C_{12}）	0.100

表 5-6d　一级指标 D 所属 6 个二级指标的权重

二级指标	权重
第二产业产值占 GDP 比重（D_1）	-0.044
第二产业产值（D_2）	0.231
人均第三产业产值（D_3）	0.231
规模以上工业企业数量（D_4）	0.186
规模以上工业企业利润总额（D_5）	0.178
工业总产值（D_6）	0.219

表 5-6e　一级指标 E 所属 4 个二级指标的权重

二级指标	权重
实际利用外资（E_1）	0.200
进出口总额（E_2）	0.288
进出口占 GDP 比重（E_3）	0.338
旅游总收入占 GDP 比重（E_4）	0.173

表 5-6f　一级指标 F 所属 5 个二级指标的权重

二级指标	权重
每万人专利申请数量（F_1）	0.179
普通高校在校生人数（F_2）	0.238
科技人员数（F_3）	0.188
授权专利数量（F_4）	0.198
每万人科学技术支出（F_5）	0.198

根据表 5-6 中各二级指标权重，利用中部 34 个老工业城市均值化法无量纲处理后的数据计算各个城市的一级指标得分值，整理如表 5-7 所示。

表 5-7　中部 34 个老工业城市承接产业转移一级指标得分值

省份	城市	市场吸引能力 A	基础承接条件 B	经济发展水平 C	产业结构与发展水平 D	对外开放程度 E	科技创新能力 F
山西	大同	1.071	1.008	0.955	0.446	0.579	0.364
山西	阳泉	0.916	0.619	0.650	0.281	0.516	0.506

省份	城市	市场吸引能力 A	基础承接条件 B	经济发展水平 C	产业结构与发展水平 D	对外开放程度 E	科技创新能力 F
山西	长治	0.926	0.935	0.850	0.506	0.777	0.471
山西	晋中	0.847	1.051	0.623	0.511	0.682	0.484
山西	临汾	0.846	1.290	0.625	0.390	0.586	0.578
河南	开封	0.919	0.886	0.868	0.837	0.651	0.715
河南	洛阳	1.301	1.505	1.566	1.565	1.639	1.664
河南	平顶山	0.984	1.183	0.924	0.838	0.472	0.767
河南	安阳	1.041	1.372	0.929	0.749	0.998	0.747
河南	鹤壁	0.889	0.463	0.721	0.503	0.488	0.223
河南	新乡	1.031	1.459	1.028	1.005	0.799	1.324
河南	焦作	1.046	0.994	1.055	0.737	1.270	1.081
河南	南阳	1.238	1.638	1.105	1.274	0.833	0.820
湖北	黄石	0.875	0.823	0.944	0.884	1.579	0.813
湖北	十堰	0.736	0.777	0.947	1.445	0.541	0.993
湖北	宜昌	1.077	1.074	1.566	2.150	0.924	1.426
湖北	襄阳	1.356	1.102	1.439	2.410	0.768	1.067
湖北	荆门	0.918	0.757	0.876	0.967	0.549	0.528
湖北	荆州	1.019	1.125	0.883	1.082	0.733	0.917
湖南	株洲	1.234	1.185	1.324	1.181	1.268	1.582
湖南	湘潭	1.150	0.809	1.113	1.120	1.479	1.353
湖南	衡阳	1.108	1.386	1.267	1.423	1.001	1.001
湖南	邵阳	0.736	1.278	0.779	0.863	0.427	0.472
湖南	岳阳	1.104	1.165	1.170	1.383	0.435	0.745
湖南	娄底	0.704	1.051	0.834	0.861	0.899	0.535
安徽	淮北	0.974	0.559	0.780	0.784	0.562	0.776
安徽	蚌埠	0.989	0.877	0.934	0.892	1.367	1.847
安徽	淮南	1.219	0.609	0.834	0.638	0.488	0.958
安徽	马鞍山	1.222	0.847	1.128	1.084	2.236	2.058
安徽	芜湖	1.207	1.030	1.528	1.809	2.592	4.885
安徽	安庆	0.916	1.304	0.847	0.891	1.191	0.918
江西	景德镇	0.751	0.382	0.858	0.501	1.100	0.432
江西	萍乡	0.873	0.480	0.846	0.956	1.072	0.281
江西	九江	0.776	0.976	1.203	1.035	2.499	0.671

根据研究方法中介绍的熵值法计算表5-7所示中部34个老工业城市6个一级指标权重，其中市场吸引能力 A 权重为 0.1752、基础承接条件 B 权重为 0.1788、经济发展水平 C 权重为 0.1685、产业结构与发展水平 D 权重为 0.1661、对外开放程度 E 权重为 0.1625、科技创新能力 F 权重为 0.1489。根据6个一级指标权重和34个老工业城市一级指标得分值，可以求得各个城市承接产业转移综合能力的综合评价得分。因熵值法求得的综合能力得分主要作用是在各个城市之间进行比较，所以将综合得分值扩大100倍并保留4位小数，以便进行比较分析，计算结果如表5-8所示。

表5-8　中部34个老工业城市承接产业转移综合能力评价得分及排名

省份	城市	综合能力评价	排名
山西	大同	2.7171	20
	阳泉	2.3477	33
	长治	2.6232	26
	晋中	2.5145	31
	临汾	2.5643	28
河南	开封	2.6818	23
	洛阳	3.8011	2
	平顶山	2.8174	19
	安阳	2.9851	15
	鹤壁	2.3172	34
	新乡	3.1273	10
	焦作	2.9877	14
	南阳	3.3466	7
湖北	黄石	2.8396	18
	十堰	2.7019	22
	宜昌	3.4968	4
	襄阳	3.6117	3
	荆门	2.6304	24
	荆州	2.9126	17
湖南	株洲	3.4106	5
	湘潭	3.1515	9
	衡阳	3.3246	8

省份	城市	综合能力评价	排名
湖南	邵阳	2.6128	27
	岳阳	3.0802	12
	娄底	2.6239	25
安徽	淮北	2.5506	30
	蚌埠	2.9978	13
	淮南	2.7113	21
	马鞍山	3.4082	6
	芜湖	4.1243	1
	安庆	2.9362	16
江西	景德镇	2.3849	32
	萍乡	2.5578	29
	九江	3.1010	11

5.4 结果分析

5.4.1 综合得分分析

由表5-8可知，安徽芜湖、河南洛阳、湖北襄阳、湖北宜昌、湖南株洲、安徽马鞍山、河南南阳、湖南衡阳、湖南湘潭、河南新乡、江西九江、湖南岳阳、安徽蚌埠、河南焦作、河南安阳15个城市承接产业转移综合能力得分高于34个城市的平均值，其中安徽芜湖、河南洛阳、湖北襄阳、湖北宜昌、湖南株洲、安徽马鞍山6个城市承接产业转移综合能力得分高于平均值加上1个标准差，且安徽芜湖、河南洛阳2个城市承接产业转移综合能力得分高于平均值加上2个标准差。安徽安庆、湖北荆州、湖北黄石、河南平顶山、山西大同、安徽淮南、湖北十堰、河南开封、湖北荆门、湖南娄底、山西长治、湖南邵阳、山西临汾、江西萍乡、安徽淮北、山西晋中、江西景德镇、山西阳泉、河南鹤壁19个城市承接产业转移综合能力得分低于平均值，其中江西景德镇、山西阳泉、河南鹤壁3个城市承接产业转移综合能力得分低于平均值减去1个标准差。其中，高于平均值的15个城市中有河南省5个城市、安徽省3个城市、湖北省2个城市、湖南省4个城市、江西省1个城市，涉及中部6个省份中的5个省份，而山西省的5个城市承接产业转移综合能力得分都没有高于平均值。得分高于平均值加上1个标准差的6个城市中有安徽省2个城市、河南省1个城市、湖北省2个城市、湖南省1个城市，山西省和江西省的8个城市得分没有高于平均值加上1个标准差。

根据中部34个老工业城市承接产业转移综合能力评价得分与其在数值区间内的分布和集中水平，用自然间断点（Jenks）划分法将34个老工业城市划分为5个等级。"自然间断点"类别基于数据中固有的自然分组，将对分类间隔加以识别，可对相似值进行最恰当的分组，并可使各个类之间的差异最大化。要素将被划分为多个类，对于这些类，会在数据值的差异相对较大的位置处设置其边界。本章通过Mapinfo7.0软件实现34个老工业城市承接产业转移综合能力评价得分值的自然间断点划分，综合评价得分在3.8011~4.1243，属于承接产业转移综合能力强的等级，仅有2个城市，分别为安徽芜湖、河南洛阳；有6个城市综合评价得分在3.3246~3.8011，属于承接产业转移综合能力较强的等级，分别为湖北襄阳、湖北宜昌、湖南株洲、安徽马鞍山、河南南阳、湖南衡阳；有11个城市综合评价得分在2.8174~3.3246，属于承接产业转移综合能力中等的等级，分别为湖南湘潭、河南新乡、江西九江、湖南岳阳、安徽蚌埠、河南焦作、河南安阳、安徽安庆、湖北荆州、湖北黄石、河南平顶山；有8个城市综合评价得分在2.6128~2.8174，属于承接产业转移综合能力弱的等级，分别为山西大同、安徽淮南、湖北十堰、河南开封、湖北荆门、湖南娄底、山西长治、湖南邵阳；有7个城市综合评价得分在2.3172~2.6128，属于承接产业转移综合能力较弱的等级，分别为山西临汾、江西萍乡、安徽淮北、山西晋中、江西景德镇、山西阳泉、河南鹤壁。结果如表5-9所示。

表5-9　承接产业转移综合能力类型划分

得分区间	等级	城市及所属省份	城市数量（个）
3.8011~4.1243	综合能力强	安徽芜湖、河南洛阳	2
3.3246~3.8011	综合能力较强	湖北襄阳、湖北宜昌、湖南株洲、安徽马鞍山、河南南阳、湖南衡阳	6
2.8174~3.3246	综合能力中等	湖南湘潭、河南新乡、江西九江、湖南岳阳、安徽蚌埠、河南焦作、河南安阳、安徽安庆、湖北荆州、湖北黄石、河南平顶山	11

得分区间	等级	城市及所属省份	城市数量（个）
2.6128~2.8174	综合能力较弱	山西大同、安徽淮南、湖北十堰、河南开封、湖北荆门、湖南娄底、山西长治、湖南邵阳	8
2.3172~2.6128	综合能力弱	山西临汾、江西萍乡、安徽淮北、山西晋中、江西景德镇、山西阳泉、河南鹤壁	7

由表5-9可知，用自然间断点（Jenks）划分法将34个老工业城市划分的5个等级中，综合能力强的城市涉及安徽和河南2个省份，综合能力较强的城市涉及湖北、湖南、安徽、河南4个省份，综合能力中等的城市涉及湖南、河南、江西、安徽、湖北5个省份，综合能力较弱的城市涉及山西、安徽、湖北、河南、湖南5个省份，综合能力弱的城市涉及山西、江西、安徽、河南4个省份。表5-9中没有出现1个等级中只涉及1个省份的情况，也没有出现1个等级中某个省份的城市占绝大多数的情况，每个等级中都涉及多个省份。由表5-8a可知每个省份都存在承接产业转移综合能力由高到低的城市，由此可以验证本书提出的以城市为尺度进行承接产业转移综合能力评价具有的研究意义，因为以省级区域为单元进行的承接产业转移综合能力评价掩盖了其内部差异，而且以城市为尺度的研究可以在城市层面上为承接产业转移政策制定提供更为具体的决策参考。

将34个老工业城市的各分项评价得分和综合能力评价得分进行排名后整理如表5-10所示。

表5-10　承接产业转移各分项评价得分和综合能力评价得分排名

省份	城市	市场吸引能力A排名	基础承接条件B排名	经济发展水平C排名	产业结构与发展水平D排名	对外开放程度E排名	科技创新能力F排名	综合能力评价排名
安徽	芜湖	7	17	3	3	1	1	1
河南	洛阳	2	2	1	4	4	4	2
湖北	襄阳	1	13	5	1	20	10	3
湖北	宜昌	11	14	2	2	15	6	4
湖南	株洲	4	9	5	9	9	5	5
安徽	马鞍山	5	24	9	11	3	2	6
河南	南阳	3	1	11	8	17	16	7

省份	城市	市场吸引能力 A 排名	基础承接条件 B 排名	经济发展水平 C 排名	产业结构与发展水平 D 排名	对外开放程度 E 排名	科技创新能力 F 排名	综合能力评价排名
湖南	衡阳	9	4	6	6	13	11	8
湖南	湘潭	8	26	10	10	6	7	9
河南	新乡	15	3	13	14	18	8	10
江西	九江	30	20	7	13	2	23	11
湖南	岳阳	10	11	8	7	33	21	12
安徽	蚌埠	17	23	17	17	7	3	13
河南	焦作	13	19	12	26	8	9	14
河南	安阳	14	5	18	25	14	20	15
安徽	安庆	24	6	25	18	10	14	16
湖北	荆州	16	12	20	12	21	15	17
湖北	黄石	26	25	16	19	5	17	18
河南	平顶山	18	10	19	22	32	19	19
山西	大同	12	18	14	32	25	32	20
安徽	淮南	6	30	28	27	30	13	21
湖北	十堰	32	27	15	5	28	12	22
河南	开封	21	22	22	23	23	22	23
湖北	荆门	22	28	21	15	27	26	24
湖南	娄底	34	16	27	21	16	25	25
山西	长治	20	21	24	29	19	30	26
湖南	邵阳	33	8	30	20	34	29	27
山西	临汾	29	7	33	33	24	24	28
江西	萍乡	27	32	26	16	12	33	29
安徽	淮北	19	31	29	24	26	18	30
山西	晋中	28	15	34	28	22	28	31
江西	景德镇	31	34	23	31	11	31	32
山西	阳泉	23	29	32	34	29	27	33
河南	鹤壁	25	33	31	30	31	34	34

结合表 5-9 和表 5-10 进行分析, 承接产业转移综合能力强的安徽芜湖、河南洛阳 2 个城市, 安徽芜湖综合能力得分排名第一, 分项得分中经济发展水平、产业结构与发展水平、对外开放程度、科技创新能力四项排名靠前, 但是市场吸引能力、基础承接条件两项得分排名靠后, 特别是基础承接条件需要加大建设力度。河南洛阳综合能力得分排名第二, 分项得分中市场吸引能力、基础承接条件、经济发展水平、产业结构与发展水平、对外开放程度、科技创新能力六项得分排名均靠前, 属于综合实力和分项实力都较强的城市, 应该巩固现有成果, 并寻找分项突破口, 实现不断提升整体承接产业转移实力的目标。

承接产业转移综合能力较强的湖北襄阳、湖北宜昌、湖南株洲、安徽马鞍山、河南南阳、湖南衡阳 6 个城市, 综合能力得分排名属于中上等级。湖北襄阳的分项得分中, 市场吸引能力、经济发展水平、产业结构与发展水平三项得分排名均靠前, 基础承接条件、对外开放程度、科技创新能力三项得分排名靠后, 需要着力提升。湖北宜昌的分项得分中, 经济发展水平、产业结构与发展水平、科技创新能力三项得分排名均靠前, 市场吸引能力、基础承接条件、对外开放程度三项得分排名靠后, 需要着力提升。安徽马鞍山、河南南阳、湖南衡阳 3 个城市分项得分情况相同, 也是有三项排名靠前, 三项排名靠后, 排名靠后的分项应该成为建设发展的主要方面。湖南株洲的情况是六项分项得分排名均较靠前, 属于分项实力都较强的城市。

承接产业转移综合能力中等的湖南湘潭、河南新乡、江西九江、湖南岳阳、安徽蚌埠、河南焦作、河南安阳、安徽安庆、湖北荆州、湖北黄石、河南平顶山 11 个城市, 综合能力得分排名属于中等级别。其中湖南湘潭分项得分排名超过综合能力得分排名的有市场吸引能力、对外开放程度、科技创新能力 3 项; 河南新乡分项得分排名超过综合能力得分排名的有基础承接条件、科技创新能力 2 项; 江西九江分项得分排名超过综合能力得分排名的有经济发展水平、对外开放程度 2 项; 湖南岳阳分项得分排名超过综合能力得分排名的有市场吸引能力、基础承接条件、经济发展水平、产业结构与发展水平 4 项; 安徽蚌埠分项得分超过综合能力得分排名的有对外开放程度、科技创新能力 2 项; 河南焦作分项得分排名超过综合能力得分排名的有市场吸引能力、经济发展水平、对外开放程度、科技创新能力 4 项; 河南安阳分项得分排名超过综合能力得分排名的有市场吸引能力、基础承接条件、对外开放程度 3 项; 安徽安庆分项得分排名超过综合能力得分排名的有基础承接条件、对外开放程度、科技创新能力 3 项; 湖北荆州分项得分排名超过综合能力得分排名的有市场吸引能力、基础承接条件、产业结构与发展水平、科技创新能力 4 项; 湖北黄石分项得分排名超过综合能力得分排名的有经济发展水平、对外开放程度、科技创新能力 3 项；河南平顶山分项得分排名超过综合能力得分排名的有市场吸引能力、基础承接条件 2 项。这一等级中分项排名超过综合能力得分排名的以 2 项和 3 项居多，有 3 个城市达到了 4 项。

承接产业转移综合能力较弱的山西大同、安徽淮南、湖北十堰、河南开封、湖北荆门、湖南娄底、山西长治、湖南邵阳 8 个城市，综合能力得分排名属于中等偏下级别。其中山西大同分项得分排名低于综合能力得分排名的有产业结构与发展水平、对外开放程度、科技创新能力 3 项；安徽淮南分项得分排名低于综合能力得分排名的有基础承接条件、经济发展水平、产业结构与发展水平、对外开放程度 4 项；湖北十堰分项得分排名低于综合能力得分排名的有市场吸引能力、基础承接条件、对外开放程度 3 项；河南开封 6 个分项得分排名与综合能力得分排名几乎全部相近，可见，开封是各项分项情况相近的城市，没有明显的短板和特色。湖北荆门分项得分排名低于综合能力得分排名的有基础承接条件、对外开放程度、科技创新能力 3 项；湖南娄底分项得分排名低于综合能力得分排名的有市场吸引能力、经济发展水平 2 项；山西长治分项得分排名低于综合能力得分排名的有产业结构与发展水平、科技创新能力 2 项；湖南邵阳分项得分排名低于综合能力得分排名的有市场吸引能力、经济发展水平、对外开放程度、科技创新能力 4 项。

承接产业转移综合能力弱的山西临汾、江西萍乡、安徽淮北、山西晋中、江西景德镇、山西阳泉、河南鹤壁 7 个城市，综合能力得分排名属于相对最差级别。其中山西临汾分项得分排名低于综合能力得分排名的有市场吸引能力、经济发展水平、产业结构与发展水平 3 项；江西萍乡分项得分排名低于综合能力得分排名的有基础承接条件、科技创新能力 2 项；安徽淮北分项得分排名低于综合能力得分排名的有基础承接条件 1 项；山西晋中分项得分排名低于综合能力得分排名的有经济发展水平 1 项；江西景德镇分项得分排名低于综合能力得分排名的有基础承接条件 1 项；山西阳泉分项得分排名低于综合能力得分排名的有产业结构与发展水平 1 项；河南鹤壁综合能力得分排名最后，分项得分排名也都比较靠后。

5.4.2 分项评价结果分析

（1）市场吸引能力。市场吸引能力反映城市市场潜力和规模，对注重开拓市场的企业和战略性占领市场的企业具有较大的吸引力。市场吸引能力得分排在前 10 位的老工业城市包括湖北襄阳、河南洛阳、河南南阳、湖南株洲、安徽马鞍山、安徽淮南、安徽芜湖、湖南湘潭、湖南衡阳、湖南岳阳。市场吸引能力得分排在后 10 位的老工业城市包括河南鹤壁、湖北黄石、江西萍乡、山西晋中、山西临汾、江西九江、江西景德镇、湖南邵阳、湖北十堰、湖南娄底。按照自然间断点（Jenks）划分法将 34 个老工业城市的市场吸引能力得分划分为 5 个等级，得分在 1.207~1.356 市场吸引能力强的城市包括湖北襄阳、河南洛阳、河南南阳、湖南株洲、安徽马鞍山、安徽淮南、安徽芜湖 7 个；得分在 1.071~1.207 市场吸引能力较强的城市包括湖南湘潭、湖南衡阳、湖南岳阳、湖北宜昌、山西大同 5 个；得分在 0.974~1.071 市场吸引能力中等的城市包括河南焦作、河南安阳、河南新乡、湖北荆州、安徽蚌埠、河南平顶山、安徽淮北 7 个；得分在 0.846~0.974 市场吸引能力较弱的城市包括山西长治、河南开封、湖北荆门、山西阳泉、安徽安庆、河南鹤壁、湖北黄石、江西萍乡、山西晋中、山西临汾 10 个；得分在 0.704~0.846 市场吸引能力弱的城市包括江西九江、江西景德镇、湖北十堰、湖南邵阳、湖南娄底 5 个。

（2）基础承接条件。基础承接条件反映老工业城市承接产业转移的基础支撑环境，多数转移产业都注重基础支撑条件的充足与否。基础承接条件得分排在前 10 位的老工业城市包括河南南阳、河南洛阳、河南新乡、湖南衡阳、河南安阳、安徽安庆、山西临汾、湖南邵阳、湖南株洲、河南平顶山。基础承接条件得分排在后 10 位的老工业城市包括湖北黄石、湖南湘潭、湖北十堰、湖北荆门、山西阳泉、安徽淮南、安徽淮北、江西萍乡、河南鹤壁、江西景德镇。按照自然间断点（Jenks）划分法将 34 个老工业城市的基础承接条件得分划分为 5 个等级，得分在 1.372~1.638 基础承接条件强的城市包括河南南阳、河南洛阳、河南新乡、湖南衡阳、河南安阳 5 个；得分在 1.165~1.372 基础承接条件较强的城市包括安徽安庆、山西临汾、湖南邵阳、湖南株洲、河南平顶山、湖南岳阳 6 个；得分在 0.976~1.165 基础承接条件中等的城市包括湖北荆州、湖北襄阳、湖北宜昌、山西晋中、湖南娄底、安徽芜湖、山西大同、河南焦作、江西九江 9 个；得分在 0.757~0.976 基础承接条件较弱的城市包括山西长治、河南开封、安徽蚌埠、安徽马鞍山、湖北黄石、湖南湘潭、湖北十堰、湖北荆门 8 个；得分在 0.382~0.757 基础承接条件弱的城市包括山西阳泉、安徽淮南、安徽淮北、江西萍乡、河南鹤壁、江西景德镇 6 个。

（3）经济发展水平。经济发展水平反映老工业城市经济发展状况，转移产业受到承接地经济发展水平影响。经济发展水平得分排在前 10 位的老工业城市包括河南洛阳、湖北宜昌、安徽芜湖、湖北襄阳、湖南株洲、湖南衡阳、江西九江、湖南岳阳、安徽马鞍山、湖南湘潭。经济发展水平得分排在后 10 位的老工业城市包括安徽安庆、江西萍乡、湖南娄底、安徽淮南、安徽淮北、湖南邵阳、河南鹤壁、山西阳泉、山西临汾、山西晋中。按照自然间断点（Jenks）划分法将34个老工业城市的经济发展水平得分划分为5个等级，得分在1.439～1.566经济发展水平强的城市包括河南洛阳、湖北宜昌、安徽芜湖、湖北襄阳4个；得分在1.028～1.439经济发展水平较强的城市包括湖南株洲、湖南衡阳、江西九江、湖南岳阳、安徽马鞍山、湖南湘潭、河南南阳、河南焦作、河南新乡9个；得分在0.924～1.028经济发展水平中等的城市包括山西大同、湖北十堰、湖北黄石、安徽蚌埠、河南安阳、河南平顶山6个；得分在0.834～0.924经济发展水平较弱的城市包括湖北荆州、湖北荆门、河南开封、江西景德镇、山西长治、安徽安庆、江西萍乡、湖南娄底、安徽淮南9个；得分在0.623～0.834经济发展水平弱的城市包括安徽淮北、湖南邵阳、河南鹤壁、山西阳泉、山西临汾、山西晋中6个。

（4）产业结构与发展水平。产业结构与发展水平得分排在前10位的老工业城市包括湖北襄阳、湖北宜昌、安徽芜湖、河南洛阳、湖北十堰、湖南衡阳、湖南岳阳、河南南阳、湖南株洲、湖南湘潭。产业结构与发展水平得分排在后10位的老工业城市包括河南安阳、河南焦作、安徽淮南、山西晋中、山西长治、河南鹤壁、江西景德镇、山西大同、山西临汾、山西阳泉。按照自然间断点（Jenks）划分法将34个老工业城市的产业结构与发展水平得分划分为5个等级，得分在1.809～2.41产业结构与发展水平高的城市包括湖北襄阳、湖北宜昌、安徽芜湖3个；得分在1.274～1.809产业结构与发展水平较高的城市包括河南洛阳、湖北十堰、湖南衡阳、湖南岳阳、河南南阳5个；得分在0.956～1.274产业结构与发展水平中等的城市包括湖南株洲、湖南湘潭、安徽马鞍山、湖北荆州、江西九江、河南新乡、湖北荆门、江西萍乡8个；得分在0.737～0.956产业结构与发展水平较低的城市包括安徽蚌埠、安徽安庆、湖北黄石、湖南邵阳、湖南娄底、河南平顶山、河南开封、安徽淮北、河南安阳、河南焦作10个；得分在0.281～0.737产业结构与发展水平低的城市包括安徽淮南、山西晋中、山西长治、河南鹤壁、江西景德镇、山西大同、山西临汾、山西阳泉8个。

（5）对外开放程度。对外开放程度得分排在前10位的老工业城市包括安徽芜湖、江西九江、安徽马鞍山、河南洛阳、湖北黄石、湖南湘潭、安徽蚌埠、河南焦作、湖南株洲、安徽安庆。对外开放程度得分排在后10位的老工业城市包括山西大同、安徽淮北、湖北荆门、湖北十堰、山西阳泉、安徽淮南、河南鹤壁、河南平顶山、湖南岳阳、湖南邵阳。按照自然间断点（Jenks）划分法将34个老工业城市的对外开放程度得分划分为5个等级，得分在2.236～2.592对外开放程度高的城市包括安徽芜湖、江西九江、安徽马鞍山3个；得分在1.191～

2.236 对外开放程度较高的城市包括河南洛阳、湖北黄石、湖南湘潭、安徽蚌埠、河南焦作、湖南株洲、安徽安庆 7 个；得分在 0.768 ~ 1.191 对外开放程度中等的城市包括江西景德镇、江西萍乡、湖南衡阳、河南安阳、湖北宜昌、湖南娄底、河南南阳、河南新乡、山西长治、湖北襄阳 10 个；得分在 0.541 ~ 0.768 对外开放程度较低的城市包括湖北荆州、山西晋中、河南开封、山西临汾、山西大同、安徽淮北、湖北荆门、湖北十堰 8 个；得分在 0.427 ~ 0.541 对外开放程度低的城市包括山西阳泉、安徽淮南、河南鹤壁、河南平顶山、湖南岳阳、湖南邵阳 6 个。

（6）科技创新能力。科技创新能力得分排在前 10 位的老工业城市包括安徽芜湖、安徽马鞍山、安徽蚌埠、河南洛阳、湖南株洲、湖北宜昌、湖南湘潭、河南新乡、河南焦作、湖北襄阳。科技创新能力得分排在后 10 位的老工业城市包括湖南娄底、湖北荆门、山西阳泉、山西晋中、湖南邵阳、山西长治、江西景德镇、山西大同、江西萍乡、河南鹤壁。按照自然间断点（Jenks）划分法将 34 个老工业城市的科技创新能力得分划分为 5 个等级，得分在 4.885 ~ 4.885 科技创新能力强的城市包括安徽芜湖；得分在 1.324 ~ 4.885 科技创新能力较强的城市包括安徽马鞍山、安徽蚌埠、河南洛阳、湖南株洲、湖北宜昌、湖南湘潭、河南新乡 7 个；得分在 0.671 ~ 1.324 科技创新能力中等的城市包括河南焦作、湖北襄阳、湖南衡阳、湖北十堰、安徽淮南、安徽安庆、湖北荆州、河南南阳、湖北黄石、安徽淮北、河南平顶山、河南安阳、湖南岳阳、河南开封、江西九江 15 个；得分在 0.432 ~ 0.671 科技创新能力较弱的城市包括山西临汾、湖南娄底、湖北荆门、山西阳泉、山西晋中、湖南邵阳、山西长治、江西景德镇 8 个；得分在 0.223 ~ 0.432 科技创新能力弱的城市包括山西大同、江西萍乡、河南鹤壁 3 个。

5.5 结论及建议

5.5.1 中部老工业城市承接产业转移综合能力的特征分析

根据以上统计分析过程，本书认为中部老工业城市承接产业转移综合能力存在以下几个值得注意的特征。

（1）中部老工业城市承接产业转移综合能力由市场吸引能力、基础承接条件、经济发展水平、产业结构与发展水平、对外开放程度、科技创新能力 6 个方面组成，每个方面对一个老工业城市承接产业转移的贡献程度并不相同。根据用熵值法计算得出的6个一级指标权重可知，市场吸引能力、基础承接条件对老工业城市承接产业转移综合能力的贡献度较大，经济发展水平、产业结构与发展水平、对外开放程度对老工业城市承接产业转移综合能力的贡献度次之，科技创新能力对老工业城市承接产业转移综合能力的贡献度最小。根据熵值法原理，表明中部34个老工业城市的市场吸引能力、基础承接条件差异较大，而经济发展水平、产业结构与发展水平、对外开放程度差异次之，科技创新能力差异最小。这可以作为通过承接产业转移振兴中部老工业城市政策制定的参考，如科技创新能力差异最小，说明中部所有老工业城市都需要在提高科技创新能力方面加强建设，而对于差异较大的市场吸引能力、基础承接条件可以根据其得分值，在排名靠后的城市加强建设。

（2）承接产业转移综合能力排名靠前的中部老工业城市均为某一级指标得分很高或各项一级指标得分相当并较高。也就是说，承接产业转移综合能力强的老工业城市分为两种情况：一种情况是6个一级指标中某一方面得分较高，另一种情况是6个一级指标代表的所有方面均衡发展。第一种类型的典型老工业城市是安徽芜湖，第二种类型的典型老工业城市是河南洛阳。

5.5.2 提升中部老工业城市承接产业转移综合能力的对策建议

承接产业转移应该分阶段、分批次、分层级进行，相应地，承接产业转移综合能力的提升和建设也是一个长期动态发展的过程。承接产业转移调整改造中部老工业城市应该充分分析各个城市情况，既不应该随意上项目拉投资盲目地承接产业转移，也不应该仅考虑短期利益而损害产业的持续发展能力。

（1）在国家层面上，持续积极推动"中部崛起"战略、全面贯彻落实《全国老工业基地调整改造规划（2013－2022年）》。中部老工业城市整体上科技创新能力不足，在承接产业转移融入全球价值链体系和国内价值链体系过程中，必然增加融入难度，即使进入全球价值链体系和国内价值链体系也无法摆脱处于价值链低端的处境。因此，培养提高中部老工业城市科技创新能力是提升其承接产业转移综合能力的重要一环。通过承接产业转移调整改造中部老工业城市，支持中部崛起，必须积极出台老工业城市科技人才培养、吸引政策，集聚科技人才，不断加大科技投入，促进科技成果转化，进而提升老工业城市科技创新能力。通过老工业城市科技创新能力提高，增强其承接高新技术产业的吸引力，实现其在价值链上的攀升。

（2）在省级层面上，省政府要提升老工业城市承接产业转移综合能力必须抓住国外和国内沿海产业转移机遇，探索承接产业转移的有效机制，发挥老工业城市竞争优势，提升承接产业转移层次。编制老工业城市承接产业转移规划，落实《全国老工业基地调整改造规划（2013－2022年）》。立足老工业城市产业基础、区位特征、资源禀赋、市场结构、优势产业发展水平、环境资源保护等实情，合理编制老工业城市承接产业转移发展规划和实施措施、建立承接产业转移协调组织机构。中部各省的老工业城市在承接产业转移综合能力上没有出现按照省份不同呈现等级差异的现象，即每个省份在承接产业转移综合能力得分上都存在不同等级的老工业城市。因此，中部各省政府除出台制定促进本省老工业城市调整改造的相应政策外，还应根据本省老工业城市承接产业转移综合能力的不同情况，制定相应对策措施。

（3）在城市层面上，根据承接产业转移各个一级指标得分情况，选择综合能力组成的短板进行提升。根据各个老工业城市承接产业转移综合能力等级划分情况以及各个一级指标得分情况，选择老工业城市一级指标得分排名靠后的方面加强建设。同时，老工业城市政府要积极制定承接产业转移的产业结构政策、产业组织政策、产业技术政策以及产业布局政策，着力培育老工业城市的主导产业和特色产业，增强产业实力和发展基础。扶植和保护老工业城市具有战略意义的产业，增加研发投入，其至必要时进行产业技术研发和推广，促进高新技术发展，加强产业科技队伍培养，增强老工业城市承接产业转移的层次。

总体来讲，应该紧紧抓住现阶段国内外产业格局深刻调整的重大机遇，分析论证中部老工业城市具备的产业基础、配套能力、市场潜力等有利条件，制定有效政策措施积极承接国内外产业转移。对承接产业的选择应该坚持高起点、高标准，优先承接有利于延伸产业链、提高技术水平和资源综合利用水平、充分吸纳就业的产业，对于产业准入应严格要求，特别是涉及污染产业和落后生产能力要严禁承接。本着因地制宜发挥比较优势的原则，承接产业转移可以发展优势特色产业，对于电力资源丰裕、矿产资源丰富的老工业城市，可适度承接发展技术先进的冶炼加工等产业。积极鼓励行业龙头企业向中部老工业城市转移生产能力，引领配套协作企业同步转移，发挥集群式转移的优势，带动老工业城市复兴。承接产业转移的空间区位选择方面，应该促进承接产业的集聚式发展，具体可以通过规划中部老工业城市各级各类开发园区，以及不断提高公共服务设施建设和运行水平来实现。此外，还可以通过在发展滞缓或主导产业衰退比较明显的老工业城市设立承接产业转移示范区，加速产业转移，促进老工业城市复兴。

本章小结

（1）中部老工业城市承接产业转移的综合能力评价研究，以城市为研究尺度，构建承接产业转移综合能力评价指标体系，包括 6 个大类 38 个具体指标。本章以 2013 年末 34 个老工业城市的数据为基础，以 6 个一级指标 38 个具体指标构建的承接产业转移综合能力评分指标为对象，采用主成分分析方法确定 6 个一级指标所属二级指标的权重，进而计算出 6 个一级指标得分。然后采用熵值法计算 6 个一级指标权重，进而计算 34 个老工业城市的承接产业转移综合能力得分值总排名。可直观地反映出中部老工业城市承接产业转移综合能力的状况，有助于企业进行迁移时作为一个参考基准。

（2）根据对中部 34 个老工业城市承接产业转移的综合能力进行定量评价的得分值，按照平均值加标准差的方法和自然间断点的方法进行不同类型划分，对于承接产业转移综合能力强的城市划分结果相近。自然间断点的方法将 34 个老工业城市划分为综合能力强、综合能力较强、综合能力中等、综合能力较弱、综合能力弱共 5 个等级，分别包括 2 个、6 个、11 个、8 个、7 个城市。将综合能力强、综合能力较强、综合能力中等 3 个等级中分项得分排名超过综合能力得分排名的分项列出，可以为转移产业选择承接地提供决策参考。将综合能力较弱、综合能力弱 2 个等级中分项得分排名低于综合能力得分排名的分项列出，可以为不同城市政府提升其承接产业转移的综合能力提供着力方向。将各分项得分排名前后 10 位的城市列出，可以为老工业城市通过提升其分项水平培养综合能力提供参考。

（3）根据统计分析过程，分析了中部老工业城市承接产业转移综合能力的特征，本书认为中部老工业城市承接产业转移综合能力中科技创新能力的贡献度最小。承接产业转移综合能力排名靠前的中部老工业城市均为某一项一级指标得分很高或各项一级指标得分相近且数值都比较高。第一种类型的典型老工业城市是安徽芜湖，第二种类型的典型老工业城市是河南洛阳。根据实证研究结果，从国家、省级、城市等不同区域尺度上提出了提升中部老工业城市承接产业转移综合能力的对策建议。

本章基于城市尺度上承接产业转移范式，结合目前老工业城市承接国内外产业转移现状，构建了一套可行、可比的承接产业转移综合能力评价指标体系，从市场吸引能力、基础承接条件、经济发展水平、产业结构与发展水平、对外开放程度、科技创新能力六个方面评价中部 34 个老工业城市承接产业转移综合能力。需要说明的是，本书是依赖大量数据的实证性研究，数据资料的可获取性和可靠性，数据处理方法和工具的先进性、有效性都直接决定本章研究的质量。虽然在数据的收集过程中，笔者已经最大限度地多方求证，在数据处理过程中，也选用了多种方法对结果进行相互验证，但是，错漏仍不可避免，但这些瑕疵不会导致整体判断上的大的谬误。

6 中部老工业城市承接产业
转移效应研究

产业转移效应就是产业转移对国家或地区发展的影响。细分的话，产业转移的效应既包括对产业承接地区的效应，也包括对产业转出地区的效应；产业转移既有正面效应，也有负面效应。从目前研究文献来看，主要集中于分析产业转移对承接地区的正面效应，研究的内容涉及产业转移对承接地区的就业情况、产业关联、技术溢出、产业结构优化升级、区域经济增长差异以及环境污染等方面产生的效应。本章研究对象为中部老工业城市承接产业转移效应，而中部老工业城市承接产业转移的目标是促进其经济振兴发展，但是承接产业转移会产生上述多种效应，因此本书关注中部老工业城市承接产业转移的经济效应、社会效应、环境效应以及能源效应。关注承接产业转移的经济效应，经济效应包括经济增长、产业结构优化升级等方面的效应，是为了分析中部老工业城市承接产业转移对促进经济发展的影响具体如何；有没有有效促进经济增长和发展，思考如何加大经济正向效应。关注承接产业转移的社会效应，此处主要是分析产生的收入效应和就业效应，是为了分析探讨中部老工业城市承接产业转移对区域社会发展影响如何、思考如何加大社会发展正向效应。关注承接产业转移的环境效应，此处主要是分析产生的环境污染效应，是为了分析探讨中部老工业城市承接产业转移对环境影响如何、有没有加重环境污染。关注承接产业转移的能源效应，此处主要分析承接产业转移能源消耗效应，是为了分析探讨中部老工业城市承接产业转移对其可持续发展影响如何。除特别说明外，本章所使用的数据均来自中部六省各个年度的统计年鉴，包括《河南统计年鉴》《安徽统计年鉴》《山西统计年鉴》《湖南统计年鉴》《湖北统计年鉴》《江西统计年鉴》《中国城市统计年鉴》和《中国区域经济统计年鉴》。由于中部地区各个省份统计年鉴数据统计指标不一致，部分数据根据相关地级城市统计局网站公布的数据获得，包括地级城市的统计年鉴和年度社会经济发展统计公报。由于城市尺度上统计资料的限制，主要是代表中部各个老工业城市承接国内区际产业转移的指标利用省外境内投资金额的统计数据各个省份公布情况不同。湖南省从 2006 年开始公布各个地级城市利用省外境内投资数据，河南省从 2007 年开始公布各个地级城市利用省外境内投资数据，因此，本章实证部分选择两个时间段来研究承接产业转移的效应，分别是中部 34 个老工业城市 2003～2013 年承接产业转移的情况和中部 14 个老工业城市 2007～2013 年承接产业转移的情况。

6.1 承接产业转移经济效应研究

6.1.1 承接产业转移经济效应理论分析

产业转移对承接地的影响是多方面的，承接地经济发展主要由生产要素投入量和生产要素使用效率大小决定。承接产业转移对中部老工业城市的生产要素投入以及生产要素使用效率的提升都产生影响。具体来讲，承接产业转移可以通过增加劳动力要素投入、促进技术进步、优化产业结构以及提高开放程度等途径来促进经济发展。这里对承接产业转移经济效应的分析主要涉及经济增长效应和产业结构效应。

6.1.1.1 经济增长效应分析

经济增长主要指经济总量规模增大，生产的商品以及提供的服务总量持续扩大。经济总量主要使用国内生产总值、国民生产总值、国民收入等指标来衡量，这些指标能够反映经济实力的总体变化，同时是实现经济发展的基础。经济增长是一个多因素作用的过程，全球经济一体化背景下，任何一个区域经济增长往往关联到其他区域的情况，产业转移作为一种区域之间关联的重要表现形式，在区域经济增长中的作用日益显现。

产业转移可以增强承接地区整体经济实力。产业转移承接地区通常属于资源要素、劳动力要素丰富的落后地区，通过承接产业转移可以充分发挥其比较优势，提高相应的产业规模与产出能力，并通过产业的关联带动效应，带动区域一系列产业的发展变化，实现区域经济增长效应（王楠，2014）。

内生经济增长理论指出经济增长是经济系统内生因素发挥作用的过程，认为推动经济增长的决定性因素是内生的技术进步。内生经济增长理论提出经济增长的原动力包括：一是人力资本的累积。卢卡斯指出人力资本的平均水平提高，则最终产品生产过程中单个人的效率就提高。二是投资的规模经济。罗默的新增长理论强调生产的规模收益递增对经济增长的影响，但规模经济存在于企业的外部。三是公共产品。公共产品的特征是可以提高一些要素的生产率，而且可以被多人同时使用。承接的转移产业通常比承接地产业的技术更为先进，会导致技术外溢效应产生，承接的转移产业以投资形式出现可以增加承接地的资本要素投入，提高承接地的就业，最终提高承接地的经济增长率。

在微观层面上承接产业转移的载体是企业，转出地企业在进行对外投资或转移生产环节时，通常选择跟承接地企业进行合资或合作，这些合资或合作企业就是承接产业转移研究中承接地在微观层面需要研究的对象。产业转移给承接地企业的显性影响是直接带来资本、技术等要素的注入，学界称为直接效应或注入效应。实现的路径通常包括资本要素的注入和技术要素的注入。从承接地企业来考察，企业通过注入资本要素增加实力，企业相应的生产、研发、市场等经营活动也能够更为顺利开展；企业通过注入技术要素更新升级企业技术，提升产品生产、研发能力以及自主创新能力。上述两方面都将增强企业在市场上的竞争力，提升企业的盈利能力。企业盈利能力提高，可以说是促进其他承接产业转移效应发生的基础。

综上，在宏观层面和微观层面都可以得出，承接产业转移对承接地经济增长产生效应，促使经济增长以高速度、高质量向前发展。

6.1.1.2 产业结构效应分析

关于承接产业转移的产业结构效应，产业转移导致大量生产要素注入，结果能否带来承接地产业结构升级优化，学界认识并不一致。有学者的观点是产业转移带来承接地产业结构优化升级，有些学者指出产业转移导致承接地陷入产业级差陷阱。前者称为承接产业转移的产业结构正效应，即认为产业转移对承接地产业结构升级具有正向积极效应。后者称为承接产业转移的产业结构负效应，即认为承接产业转移导致承接地出现产业级差、产业陷阱与产业空心化。

海伦·麦凯恩等肯定了承接产业转移的产业结构正向效应，卢根鑫和陈刚等通过理论和实证研究指出，产业转移可能产生产业结构成长和产业结构优化效应。新古典经济学理论指出经济增长需要技术投入和资本投入。落后地区承接产业转移实现科技和资金注入，资金注入可以加快升级承接地基础设施，加快工业化和城市化进程。通过承接产业转移过程中的资本注入、技术进步和资源配置优化三种路径可以实现承接地产业结构升级。关于资本注入带动产业结构升级，一是承接高科技、无污染企业，提高承接地整体产业素质。这些企业带动本地企业升级进而扩大资产存量，逐步实现从合作到并购，从投资到品牌输出。使承接产业转移从简单的资本注入到资金、技术、管理经验以及营销手段的扩散传播，承接地企业通过消化吸收转型创新提高产业整体素质。二是承接产业转移带动相关产业形成和发展，比如实现承接地生产的企业通过在承接地进行中间产品采购，而且对零部件、原材料等质量要求都高，迫使承接地相关企业改进和提升产品质量以满足其要求。关于技术进步带动产业结构升级。承接地通过产业转移可以带动企业进行技术革新，承接产业拥有先进管理经验、技术和工艺也较为先进，企业转移到承接地后承接地企业通过学习先进技术，进而消化吸收创新，带动承接地产业素质提升。关于资源配置优化带动产业结构升级。承接产业转移可以带来技术和资金的注入，同时导致承接地资源大规模集中为优化资源配置提供条件。承接产业转移可以迫使承接地企业为提升竞争力，更为有效地利用资源。同时承接产业转移带来的激烈竞争，迫使企业优化管理和增加技术研发投入，提升资源优化配置效率。

承接产业转移也可能产生负效应，在产业转移过程中，产业转出地多属于发达国家或地区，其在转出产业时会选择将高附加值产品或生产环节留在原地，转出到发展中国家或地区的往往是低附加值的产品或生产环节，如此将在产业转出地和承接地之间形成十分明显的产业级差，这可能直接影响到承接地主导产业体系的发展。关于产业空心化问题，承接的转移产业很可能出现与承接地产业的经济联系程度不强，甚至由于追逐承接地政策优惠出现"飞地""经济孤岛"现象，同时，这些承接的转移产业流动性又极强，随时可以在非常低成本的情况下转移到其他地区，这就大大增加了承接地出现产业空心化的概率。总之，承接产业转移存在正负向效应，特别是产业空心化、产业级差现象，但是承接产业转移的产业结构优化升级效应已经在大多数学者间形成共识。

6.1.2 承接产业转移经济效应实证分析

6.1.2.1 经济增长效应分析

假定各个老工业城市经济增长具有柯布—道格拉斯生产函数的特性，老工业城市经济总产出用国内生产总值来衡量，城市经济投入包括资本投入、劳动力投入等。邱晓华等（2006）研究指出，资本投入增加是中国经济增长最主要的源泉。老工业城市的资本投入可以分为国内投资和国外投资，国内投资分为减去利用外资的全社会固定资产投资和利用省外境内的投资，国外投资主要是外商直接投资。国外投资这里关注承接国际产业转移的资本投入，用各年度各城市实际利用外商和港澳台商直接投资金额表示。其中，外商直接投资作为重要指标可以体现各个老工业城市的经济开放性，而且还能带动国外先进技术、管理和营销经验的转移进而推动当地经济增长和技术进步，所以将其作为老工业城市承接国际产业转移产生经济增长效应的重要解释变量。国内投资中利用省外境内的投资可以代表承接国内区域间产业转移的承接量。劳动力投入这里采用各个老工业城市城镇单位从业人数衡量。结合前文的理论分析，国内投资、外商投资和劳动力增长对经济增长有着正向效应，如此可以期望各种投入对经济增长的弹性估计系数值为正。当然，还有其他变量能影响经济增长，如技术进步等，但鉴于研究重点以及研究方法限制，本节采用上述解释变量对经济增长效应进行研究和分析。

如上分析，中部老工业城市承接国内外产业转移过程中，吸收的直接投资金额作为资本投入，必然对老工业城市经济增长产生一定影响。本节搜集中部老工业城市连续年份的经济总产出和经济投入的相关数据，形成面板数据，运用面板数据模型进行回归，分析老工业城市承接产业转移的经济增长效应。这里选取各个老工业城市的 GDP 作为被解释变量，反映各个老工业城市的经济增长状况。解释变量中，资本投入选取减去利用外资的全社会固定资产投资金额（K）、实际利用外商直接投资金额（FDI）、利用省外境内的投资金额（INLANDK），劳动投入选取城镇单位从业人数（LABOR）。

由于城市尺度上统计资料的限制，主要是中部各个老工业城市利用省外境内投资金额的统计数据各个省份公布情况不同，湖南省从 2006 年开始公布各个地级城市利用省外境内投资（INLANDK）数据，河南省从 2007 年开始公布各个地级城市利用省外境内投资（INLANDK）数据，因此，本书选择两个时间段来分析承接产业转移的经济增长效应。首先，搜集中部 34 个老工业城市 2003～2013 年经济总产出 GDP 和经济投入的 K、FDI、LABOR 等相关数据，截面为 34 个，时间为 11 年，形成面板数据，运用面板数据模型进行回归，分析老工业城市承接国际产业转移的经济增长效应。其次，搜集中部 14 个老工业城市 2007～2013 年经济总产出 GDP 和经济投入的 K、FDI、INLANDK、LABOR 等相关数据，截面为 14 个，时间为 7 年，形成面板数据，运用面板数据模型进行回归，分析老工业城市承接国际和国内产业转移的经济增长效应。

下面介绍对搜集到的数据进行的处理，对于各个老工业城市的 GDP（单位为亿元），运用 GDP 平减指数计算可比价格的 GDP。GDP 平减指数采用中部六省各省统计年鉴公布的不变价格指数计算各年份的不变价格 GDP，然后结合现价 GDP 计算各省份不同年度的以 2003 年为基期的 GDP 平减指数。对于中部各个老工业城市按照所属省份和年度的 GDP 平减指数计算可比价格的 GDP。对于各城市的资本投入 K（减去利用外资的全社会固定资产投资金额）和 INLANDK（利用省外境内的投资金额），单位均为亿元，同样采用上述 GDP 平减指数计算可比价格的投入额。对于资本投入 FDI（实际利用外商直接投资金额），首先采用各年度人民币对美元年平均汇价折算为人民币（单位为亿元），然后采用上述 GDP 平减指数计算可比价格的实际利用外商直接投资金额。对于劳动投入选取城镇单位从业人数（LABOR），单位为万人。

首先对中部 34 个老工业城市 2003～2013 年经济总产出 GDP 和经济投入的 K、FDI、LABOR 等相关数据形成的面板数据，运用面板数据模型进行回归，分析老工业城市承接国际产业转移的经济增长效应。具体运用面板数据模型进行回归分析时，对模型取对数形式进行分析，这种处理方法一方面可以降低异方差，另一方面可以直接获得解释变量对被解释变量的估计弹性。面板数据模型主要分为三种类型：混合回归模型、变截距模型以及变系数模型。本节的研究关注中部老工业城市承接产业转移在整体上的经济效应，所以不适合变系数模型分析。这里用 F 检验对混合回归模型的假设进行检验，即检验假设截距和斜率在不同的横截面样本点和时间上都相同。检验假设的 F 统计量为 15.2710，F 临界值（5% 显著性）为 1.2813，F 统计量不小于 5% 检验水平下 F 分布临界值，拒绝原假设。综上分析，对本节中部 34 个老工业城市构成的样本数据拟合变截距模型是比较合适的。变截距模型估计方法可分为固定效应（fixed effect）和随机效应（random effect），本书采用 Hausman 检验结果进行判断。运用计量经济分析软件 EViews6.0 进行 Hausman 检验，检验结果见表 6－1。由表可知，Hausman 检验统计量的值是 27.3561，相对应的概率是 0.0000，说明检验结果拒绝随机效应模型假设，应该建立个体固定效应模型。

表 6－1　Hausman 检验结果

Hausman 检验	χ^2 统计量	χ^2 自由度	P 值
随机效应	27.3561	3	0.0000

根据上述分析，确定使用固定效应变截距模型对中部 34 个老工业城市 11 年面板数据进行分析，采用计量经济分析软件 EViews6.0。由于本节面板数据横截面个数大于时序个数，回归时权数（Weights）选择按截面加权（Cross－section Weights）的方式，允许不同的截面存在异方差现象。估计方法采用面板校正标准误（Panel Corrected Standard Errors，PCSE）方法，该方法对于样本容量不够大时可以提高回归精度，作为面板数据模型估计方法的一个创新可以有效地处理复杂的面板误差结构，如同步相关、异方差、序列相关等情况。分析结果如表 6－2 所示。

由表 6－2 分析结果可知，模型的 R^2 在 0.94 以上，F 值在 0.000 的水平上具有显著性，表明固定效应变截距模型具有十分显著的统计意义，基本可以解释 GDP 变化的 94% 以上。解释变量在 1% 的显著性水平下显著，弹性估计系数符号

表 6 - 2   承接国外产业转移经济增长效应的面板数据模型估计结果

变量	估计值	t 值	P 值
常数项	3.961683	40.35458***	0.0000
FDI	0.155496	12.30802***	0.0000
LABOR	0.132444	4.991160***	0.0000
K	0.266240	22.48908***	0.0000
R^2	0.942785		
DW 值	1.534813		
F - statistic	154.2530		
Prob（F - statistic）	0.000000		
截面数	34		
样本总数	374		

注：*、**、***分别表示在10%、5%、1%的显著性水平下显著。

也与理论预期一致，从拟合度值和 DW 值来看，该模型具有较强的解释能力。模型估计结果中，减去利用外资的全社会固定资产投资金额（K）、实际利用外商直接投资金额（FDI）、城镇单位从业人数（LABOR）三个解释变量均在1%的显著性水平下显著，表明除承接国际产业转移的外商直接投资资金外，中部老工业城市的全社会固定资产投资、劳动力投入都对城市经济增长起到正向影响。其中，进行 T 检验的结果表明，解释变量 FDI 在1%的显著性水平上具有显著性，可以认为解释变量 FDI 作为承接国际产业转移的指标对 GDP 增长具有十分显著的正向效应。从弹性估计系数来看，承接国际产业转移的外商直接投资每增加一个单位，代表城市经济增长的 GDP 相应增加0.155个单位。从各个解释变量的弹性估计系数分析，对老工业城市 GDP 增长影响最大的是全社会固定资产投资，其次是代表承接国际产业转移的外商直接投资金额，劳动力投入量的影响最小，这应该与中部老工业城市劳动力充足相关。

接下来我们对中部14个老工业城市2007~2013年经济总产出 GDP 和经济投入的 K、FDI、INLANDK、LABOR 等相关数据形成的面板数据，运用面板数据模型进行回归，分析老工业城市承接国际和国内产业转移的经济增长效应。由于城市层面上各省公布的利用省外境内资金的数据年份短，而且城市数目偏少，导致面板数据样本量偏少，可能影响分析结果，这里只是进行趋势性探讨。根据解释变量的情况，有代表承接国际产业转移的指标 FDI，也有代表承接国内区际产业转移的指标 INLANDK，这里分为两种情况进行数据分析。第一种情况是将承接国内和国外产业转移对老工业城市经济增长的影响分别进行分析，解释变量为 4 个，分别为 K、FDI、INLANDK、LABOR，被解释变量为 1 个，即 GDP。第二种情况是不区分承接国际产业转移和国内区际产业转移，分析承接国内和国外产业转移总量对中部老工业城市经济增长的效应，解释变量为 3 个，将 FDI 和 IN-LANDK 的数据相加表示承接产业转移量 ZK。对于上面两种情况的数据，在具体运用面板数据模型进行回归分析时，均对模型取对数形式进行分析。首先分析第一种情况的面板数据，由于解释变量增加以及样本数量偏少，这里将固定效应和随机效应估计的结果都进行报告。具体分析运用计量经济分析软件 EViews6.0，由于面板数据横截面个数大于时序个数，回归时权数（Weights）选择按截面加权（Cross – section Weights）的方式，允许不同的截面存在异方差现象。由于面板数据样本容量偏小，估计方法仍然采用可以有效处理复杂的面板误差结构的面板校正标准误（Panel Corrected Standard Errors，PCSE）方法，以提高回归精度。具体分析结果如表 6 – 3 所示。

表 6 – 3　承接国外和国内产业转移经济增长效应的面板数据模型估计结果

变量	固定效应			随机效应		
	估计值	t 值	P 值	估计值	t 值	P 值
常数项	3. 688454	6. 03 ***	0. 0000	2. 702139	5. 19 ***	0. 0000
FDI	0. 224873	2. 74 ***	0. 0076	0. 213702	3. 30 ***	0. 0014
INLANDK	0. 117167	1. 21	0. 2315	0. 190174	2. 22 **	0. 0290
K	0. 185059	2. 17 **	0. 0330	0. 232545	2. 94 ***	0. 0041
LABOR	0. 176923	1. 76 *	0. 0818	0. 267124	3. 26 ***	0. 0015
R^2	0. 725078			0. 500296		
DW 值	1. 411577			1. 239694		
F – statistic	12. 41126			23. 27757		
Prob（F – statistic）	0. 000000			0. 000000		
截面数	14			14		
样本总数	98			98		

注：* 、** 、*** 分别表示在 10% 、5% 、1% 的显著性水平下显著。

从表 6 – 3 所示的固定效应和随机效应模型估计结果分析，两种估计方法在多个解释变量上都显示相近的结论，但在承接国内产业转移变量上估计结果差别较大。固定效应模型 R^2 值达到 0. 725078，F 值在 0. 000 的水平上具有显著性，表明固定效应模型具有一定的统计意义，可以解释 GDP 变化的 72% 以上。解释变量都达到在 10% 的显著性水平下显著，弹性估计系数符号也与理论预期一致，从拟合度值和 DW 值看该模型具有一定的解释能力。模型估计结果中，解释变量实际利用外商直接投资金额（FDI）在 1% 的显著性水平下显著，表明承接国际产业转移对老工业城市经济增长起到十分显著的正向影响。解释变量减去利用外资的全社会固定资产投资金额（K）在 5% 的显著性水平下显著，对老工业城市经济增长起到显著的正向影响。解释变量城镇单位从业人数（LABOR）在 10% 的显著性水平下显著，对老工业城市经济增长起到的正向影响较为显著。解释变量利用省外境内资金（INLANDK）在 10% 的显著性水平下也不显著，说明承接国内产业转移对老工业城市经济增长的影响缺乏显著性。从在 10% 的显著性水平下显著的 3 个解释变量的弹性估计系数分析，对老工业城市 GDP 增长影响最大的是代表承接国际产业转移的外商直接投资，其次是全社会固定资产投资，然后是劳动力投入量。

随机效应模型 R^2 值仅为 0.500296，F 值在 0.000 的水平上具有显著性，表明固定效应模型具有一定的统计意义，可以解释 GDP 变化的 50% 以上。解释变量都能达到在 5% 的显著性水平下显著，弹性估计系数符号也与理论预期一致，但从拟合度值和 DW 值看该模型的解释能力不强。模型估计结果中，解释变量实际利用外商直接投资金额（FDI）在 1% 的显著性水平下显著，表明承接国际产业转移对老工业城市经济增长起到十分显著的正向影响。解释变量减去利用外资的全社会固定资产投资（K）和城镇单位从业人数（LABOR）都在 1% 的显著性水平下显著，对老工业城市经济增长起到十分显著的正向影响。解释变量利用省外境内资金（IN-LANDK）在 5% 的显著性水平下显著，说明承接国内产业转移对老工业城市经济增长有显著的正向影响。从在 5% 的显著性水平下显著的 4 个解释变量的弹性估计系数分析，对老工业城市 GDP 增长影响重要性依次为劳动力投入量、全社会固定资产投资量、外商直接投资量、利用省外境内资金量。

运用计量经济分析软件 EViews6.0 进行 Hausman 检验，检验结果见表 6-4。由表可知，Hausman 检验统计量的值是 11.1391，相对应的概率是 0.0250，说明检验结果在 5% 的显著性水平上拒绝随机效应模型假设，即随机效应模型估计的结果一致性表现较差，固定效应模型要更好一些。

表 6-4　Hausman 检验结果

Hausman 检验	χ^2 统计量	χ^2 自由度	P 值
随机效应	11.1391	4	0.0250

对于老工业城市承接国际产业转移的经济增长效应，在固定效应模型中在 1% 的显著性水平上具有显著性。从固定效应模型估计结果看弹性估计系数，承接国际产业转移的外商直接投资每增加 1 个单位，代表老工业城市经济增长的 GDP 相应增加 0.224 个单位，比表 6 - 2 的估计结果还要高一些。因此，可以认为承接国际产业转移对老工业城市经济增长具有十分显著的正向效应。对于老工业城市承接国内产业转移的经济增长效应，在固定效应模型估计结果中缺乏显著影响。因此，可以认为承接国内产业转移对老工业城市经济增长缺乏显著的正向效应。综合分析，可以认为承接国际产业转移对老工业城市经济增长具有十分显著的正向效应，而承接国内产业转移对老工业城市经济增长缺乏显著的正向效应。

现在分析第二种情况的面板数据，这里承接产业转移量将承接国内外产业转移量加总仅用 ZK 一个指标表示，这里同样将固定效应和随机效应估计的结果都进行报告。同时运用计量经济分析软件 EViews6.0 进行 Hausman 检验，检验结果如表 6 - 5 所示。由表 6 - 5 可知，Hausman 检验统计量的值是 10.4243，相对应的概率是 0.0153，说明检验结果在 5% 的显著性水平上拒绝随机效应模型假设，即随机效应模型估计的结果一致性表现较差，固定效应模型估计结果要更好一些。具体运用计量经济分析软件 EViews6.0 分析面板数据时，由于面板数据横截面个数大于时序个数，回归时权数（Weights）选择按截面加权（Cross - section Weights）的方式，允许不同的截面存在异方差现象。由于面板数据样本容量偏小，估计方法仍然采用可以有效处理复杂的面板误差结构的面板校正标准误（Panel Corrected Standard Errors，PCSE）方法，以提高回归精度。具体分析结果如表 6 - 6 所示。由于 Hausman 检验支持固定效应模型的估计结果，下面主要对固定效应模型估计结果进行分析。

表 6 - 5　Hausman 检验结果

Hausman 检验	χ^2 统计量	χ^2 自由度	P 值
随机效应	10.4243	3	0.0153

从表 6 - 6 所示的固定效应和随机效应模型估计结果分析，两种估计方法中固定效应模型拟合程度更高，随机效应模型在解释变量上都能达到在 1% 的显著性水平下显著，但模型解释能力不强。固定效应模型 R^2 值达到 0.707418，F 值在 0.000 的水平上具有显著性，表明固定效应模型具有一定的统计意义，可以解释 GDP 变化的 70% 以上。解释变量都达到在 10% 的显著性水平下显著，弹性估

表6-6 承接产业转移总量的经济增长效应面板数据模型估计结果

变量	固定效应			随机效应		
	估计值	t 值	P 值	估计值	t 值	P 值
常数项	3.978121	7.12***	0.0000	2.227362	4.06***	0.0001
ZK	0.185115	2.02**	0.0471	0.398948	3.45***	0.0009
K	0.198645	2.84***	0.0057	0.256727	3.07***	0.0028
LABOR	0.137672	1.97*	0.0524	0.222841	2.64***	0.0097
R^2	0.707418			0.461376		
DW 值	1.273109			1.176225		
F - statistic	12.24036			26.83958		
Prob（F - statistic）	0.000000			0.000000		
截面数	14			14		
样本总数	98			98		

注：*、**、*** 分别表示在10%、5%、1%的显著性水平下显著。

计系数符号也与理论预期一致，从拟合度值和DW值看该模型具有一定的解释能力。模型估计结果中，解释变量承接产业转移的直接投资量（ZK）在5%的显著性水平下显著，表明承接产业转移对老工业城市经济增长起到较显著的正向影响。解释变量减去利用外资的全社会固定资产投资金额（K）在1%的显著性水平下显著，对老工业城市经济增长起到十分显著的正向影响。解释变量城镇单位从业人数（LABOR）在10%的显著性水平下显著，对老工业城市经济增长起到的正向影响较为显著。从在10%的显著性水平下显著的3个解释变量的弹性估计系数分析，对老工业城市GDP增长影响最大的是全社会固定资产投资、代表承接产业转移的直接投资量和劳动力投入量。

对于老工业城市承接产业转移总量的经济增长效应，在固定效应模型中达到在5%的显著性水平上具有显著性。从固定效应模型估计结果看弹性估计系数，承接产业转移总量的直接投资每增加1个单位，代表老工业城市经济增长的GDP相应增加0.185个单位。因此，可以认为承接产业转移总量对老工业城市经济增长具有显著的正向效应。

综合上述2003～2013年34个中部老工业城市面板数据分析结果和2007～2013年14个老工业城市面板数据分析结果，本书认为老工业城市承接产业转移总量对经济增长具有显著的正向效应，将承接产业转移分为承接国际产业转移和国内产业转移，分析结果表明承接国际产业转移对老工业城市经济增长具有显著的正向效应，而承接国内产业转移对老工业城市经济增长缺乏显著的正向效应。

根据弹性估计系数结果分析，承接产业转移总量每增加 1 个单位，代表老工业城市经济增长的 GDP 相应增加 0.185 个单位；承接国际产业转移量每增加 1 个单位，代表城市经济增长的 GDP 相应增加 0.155 个单位。

6.1.2.2 产业结构效应分析

承接产业转移的产业结构效应，主要指承接产业转移对产业结构优化升级产生的影响。产业结构的优化升级主要表现为产业结构的合理化和产业结构的高度化。其中，产业结构的升级或称为高度化，主要指产业结构比例随着经济发展而按照经典产业结构理论出现的变化，如第一产业产值比例下降，第二产业产值比例上升，第三产业产值比例因第二产业产值比例上升略有下降而后又回升等。产业结构的优化或者称为合理化，主要指产业结构比例的变化之外的产业结构提升，此时产业结构比例没有发生大的变化，但在产业的产值中高附加值化、高技术化等企业产值比重增加。已有实证研究中，承接产业转移的产业结构效应分析主要选择人均 GDP 和第三产业产值占 GDP 比例作为被解释变量，分别代表产业结构效应中的产业结构合理化效应和产业结构高级化效应（陈飞，2013；李芸，2013；刘永举，2014）。由配第—克拉克定律以及库兹涅茨的现代经济增长理论等经典的产业结构理论可知，与有规律性的国民经济发展密切相关的产业结构变动也具有阶段性，通常劳动力会依次在第一、第二、第三产业间转移。第一产业的劳动力比重和产值比重均会不断下降；第二产业的劳动力比重不变或略有上升，而产值比重大体上升；第三产业的劳动力比重基本都上升，而产值比重不一定与劳动力比重同样上升。中部老工业城市承接产业转移必然对其产业结构产生影响，但是根据中部老工业城市产业结构现状分析，多数处于工业化初期和中期阶段，相应的产业结构演变处于第二产业产值比重上升的阶段，而随着第二产业比重上升，第三产业比重是处于不变和下降的趋势的。承接的转移产业也主要是以制造业为主的第二产业，因此，承接产业转移应该对中部老工业城市的第二产业产值比例产生正向影响。此时以第三产业比重作为产业结构高级化指标进行分析，可能出现弹性系数为负值或接近于 0 的结果。故而依据前人已有的研究成果和上述分析，本节采用第二产业产值占 GDP 比重和人均 GDP 作为被解释变量表示产业结构效应中的产业结构高级化效应和产业结构合理化效应。

产业结构优化升级受到要素投入的影响，是一个复杂的过程，首要因素是资金投入的影响。本节将中部老工业城市产业结构优化升级的要素投入定义为资本投入、劳动力投入以及制度变迁等方面。具体的资本投入包括外商直接投资（FDI）、利用省外境内资金（INLANDK），分别代表承接国际产业转移的投资、承接国内区际产业转移的投资。劳动力投入采用城镇单位从业人数（LABOR），制度变迁采用城市进出口总额占 GDP 比例指标（INSTIT）进行衡量。由于代表老工业城市承接国内区际产业转移的利用省外境内投资指标数据的限制，本节研究仍然分为 2003～2013 年 34 个老工业城市的面板数据和 2007～2013 年 14 个老工业城市的面板数据进行分析。其中，2003～2013 年 34 个老工业城市的面板数据中，被解释变量产业结构优化升级采用指标为人均 GDP（PERGDP）和第二产业产值占 GDP 比重（STRUCT2），解释变量资本投入、劳动力投入和制度变迁采用指标为外商直接投资（FDI）、城镇单位从业人数（LABOR）、城市进出口总额占 GDP 比例，主要分析承接国际产业转移对中部老工业城市的产业结构优化升级效应。2007～2013 年 14 个老工业城市的面板数据中，被解释变量产业结构优化升级采用指标为人均 GDP（PERGDP）和第二产业产值占 GDP 比重（STRUCT2），解释变量资本投入、劳动力投入和制度变迁分别采用指标为外商直接投资（FDI）、利用省外境内资金（INLANDK）、城镇单位从业人数（LABOR）、城市进出口总额占 GDP 比例（INSTIT），分析承接国际和国内产业转移对中部老工业城市的产业结构优化升级效应。下面报告运用计量经济学分析软件 EViews6.0 进行面板数据模型分析的结果，并对结果进行分析。

首先分析 2003～2013 年 34 个老工业城市的面板数据，分别报告最优模型估计结果。以代表产业结构合理化的指标人均 GDP 为被解释变量的固定效应模型估计结果如表 6-7 所示。

表 6-7　承接国际产业转移的产业结构合理化效应面板数据模型估计结果

变量	以人均 GDP 为被解释变量的固定效应估计结果		
	估计值	t 值	P 值
常数项	8.433759	54.59180***	0.0000
FDI	0.404293	21.43177***	0.0000S
LABOR	0.179104	5.105261***	0.0000
INSTIT	0.018835	0.379078	0.7049
R²	0.787854		
DW 值	1.028166		
F - statistic	34.76472		
Prob（F - statistic）	0.000000		
截面数	34		
样本总数	374		

注：*、**、***分别表示在 10%、5%、1% 的显著性水平下显著。

由表 6 - 7 估计结果可知，模型的 R^2 在 0.78 以上，F 值在 0.000 的水平上具有显著性，弹性估计系数符号也与理论预期一致，从拟合度值和 DW 值看模型具有一定的解释能力。模型估计结果中，实际利用外商直接投资金额（FDI）、城镇单位从业人数（LABOR）2 个解释变量在 1% 的显著性水平下显著，表明承接国际产业转移、劳动力投入对老工业城市产业结构优化起到正向影响。从各个解释变量的弹性估计系数分析，对老工业城市产业结构优化影响最大的是承接国际产业转移，其次是劳动力投入，制度变迁对老工业城市产业结构优化缺乏显著影响。如上分析，可以认为承接国际产业转移对老工业城市产业结构合理化具有十分显著的正向效应。

以代表产业结构高级化的指标第二产业产值占 GDP 比重（STRUCT2）为被解释变量的固定效应模型估计结果如表 6 - 8 所示。

表 6 - 8　承接国际产业转移的产业结构高级化效应面板数据模型估计结果

变量	以第二产业产值占 GDP 比重为被解释变量的固定效应估计结果		
	估计值	t 值	P 值
常数项	40.21047	28.67684***	0.0000
FDI	1.222387	8.373806***	0.0000
LABOR	2.292529	6.565361***	0.0000
INSTIT	1.780366	4.935981***	0.0000
R^2	0.892921		
DW 值	0.852525		
F - statistic	78.06137		
Prob（F - statistic）	0.000000		
截面数	34		
样本总数	374		

注：*、**、***分别表示在 10%、5%、1% 的显著性水平下显著。

由表 6 - 8 估计结果可知，模型的 R^2 在 0.89 以上，F 值在 0.000 的水平上具有显著性，弹性估计系数符号也与理论预期一致，从拟合度值和 DW 值看模型具有较强的解释能力。模型估计结果中，实际利用外商直接投资金额（FDI）、城镇单位从业人数（LABOR）、制度变迁（INSTIT）3 个解释变量在 1% 的显著性水平下显著，表明承接国际产业转移、劳动力投入、制度变迁对老工业城市产业结构高级化起到十分显著的正向影响。从各个解释变量的弹性估计系数分析，对老工业城市产业结构高级化影响最大的是劳动力投入，其次是制度变迁，然后是承接国际产业转移。如上分析，可以认为承接国际产业转移对老工业城市产业结构高级化具有显著的正向效应。结合表6－7和表6－8的结果分析，可以认为承接国际产业转移对老工业城市产业结构优化升级具有显著的正向效应。

其次分析2007～2013年14个老工业城市的面板数据，依然根据将承接国际产业转移和承接国内区际产业转移的数据分开和合并而分为两种情况进行分析，分别报告最优模型估计结果。第一种情况将承接国际产业转移和承接国内区际产业转移的数据分开处理，指标分别为外商直接投资（FDI）、利用省外境内资金（INLANDK）。第二种情况将承接国际产业转移和承接国内区际产业转移的数据加总处理，称为承接产业转移总量（ZK）。

第一种情况，2007～2013年14个老工业城市的面板数据，样本总量98个，相比以上分析样本量减少，时间跨度缩短，解释变量分为国外产业转移和国内产业转移又增加了数目，为了避免模型回归的失真，尽量减少解释变量数目，考虑删去制度变迁因素。运用计量经济分析软件EViews6.0，分析2007～2013年14个老工业城市的面板数据，被解释变量产业结构优化升级采用指标为人均GDP（PERGDP）和第二产业产值占GDP比重（STRUCT2），解释变量资本投入、劳动力投入和制度变迁分别采用指标为外商直接投资（FDI）、利用省外境内资金（INLANDK）、城镇单位从业人数（LABOR），分别报告最优模型估计结果。以代表产业结构合理化的指标人均GDP为被解释变量的固定效应模型估计结果如表6－9所示。

表6－9　承接国际和国内产业转移的产业结构合理化效应面板数据模型估计结果

变量	以人均GDP为被解释变量的固定效应估计结果		
	估计值	t值	P值
常数项	7.980330	27.46316***	0.0000
FDI	0.257694	7.899620***	0.0000
INLANDK	0.169590	3.901116***	0.0002
LABOR	0.160009	2.639766***	0.0099
R^2	0.876501		
DW值	1.144642		
F－statistic	35.92982		
Prob（F－statistic）	0.000000		

续表

变量	以人均 GDP 为被解释变量的固定效应估计结果		
	估计值	t 值	P 值
截面数	14		
样本总数	98		

注：＊、＊＊、＊＊＊分别表示在 10%、5%、1% 的显著性水平下显著。

由表 6 - 9 估计结果可知，模型的 R^2 在 0.87 以上，F 值在 0.000 的水平上具有显著性，弹性估计系数符号也与理论预期一致，从拟合度值和 DW 值看模型具有较强的解释能力。模型估计结果中，实际利用外商直接投资金额（FDI）、利用省外境内资金（INLANDK）、城镇单位从业人数（LABOR）3 个解释变量在 1% 的显著性水平下显著，表明承接国际产业转移、承接国内产业转移、劳动力投入对老工业城市产业结构合理化均起到十分显著的正向影响。从各个解释变量的弹性估计系数分析，对老工业城市产业结构合理化影响最大的是承接国际产业转移，其次是承接国内产业转移，然后是劳动力投入。如上分析，可以认为承接国际和国内产业转移对老工业城市产业结构合理化均具有显著的正向效应。

以代表产业结构高级化的指标第二产业产值占 GDP 比重（STRUCT2）为被解释变量的固定效应模型估计结果如表 6 - 10 所示。

表 6 - 10　承接国际和国内产业转移的产业结构高级化效应面板数据模型估计结果

变量	以第二产业产值占 GDP 比重为被解释变量的固定效应估计结果		
	估计值	t 值	P 值
常数项	46.43025	14.82884＊＊＊	0.0000
FDI	0.675135	1.941302＊	0.0557
INLANDK	0.126099	0.280712	0.7796
LABOR	1.556869	2.735828＊＊＊	0.0076
R^2	0.961016		
DW 值	0.949567		
F - statistic	124.7970		
Prob（F - statistic）	0.000000		
截面数	14		
样本总数	98		

注：＊、＊＊、＊＊＊分别表示在 10%、5%、1% 的显著性水平下显著。

由表6-10估计结果可知，模型的 R^2 在0.96以上，F值在0.000的水平上具有显著性，弹性估计系数符号也与理论预期一致，从拟合度值和DW值看模型具有较强的解释能力。模型估计结果中，实际利用外商直接投资金额（FDI）仅在10%的显著性水平下显著，表明承接国际产业转移对老工业城市产业结构高级化起到正向影响，并不显著；利用省外境内资金（INLANDK）P值显示影响不显著，表明承接国内产业转移对老工业城市产业结构高级化缺乏显著影响；城镇单位从业人数（LABOR）在1%的显著性水平下显著，表明劳动力投入对老工业城市产业结构高级化起到十分显著的正向影响。如上分析，可以认为承接国际产业转移对老工业城市产业结构高级化具有一定的正向效应，而承接国内产业转移对老工业城市产业结构高级化缺乏显著的正向效应。结合表6-9和表6-10的结果分析，可以认为承接国际产业转移对老工业城市产业结构合理化具有显著的正向效应，对老工业城市产业结构高级化具有一定的正向效应；承接国内产业转移对老工业城市产业结构合理化具有显著正向效应，而对老工业城市产业结构高级化缺乏显著的正向效应。

结合表6-7至表6-10进行综合分析，可以认为承接国际产业转移对老工业城市产业结构合理化和高级化均具有显著的正向效应；承接国内产业转移对老工业城市产业结构合理化具有显著正向效应，而对老工业城市产业结构高级化缺乏显著的正向效应。

第二种情况，分析2007~2013年14个老工业城市的面板数据，被解释变量产业结构优化升级采用指标为人均GDP（PERGDP）和第二产业产值占GDP比重（STRUCT2），解释变量资本投入、劳动力投入和制度变迁分别采用指标为承接产业转移总量（ZK）、城镇单位从业人数（LABOR）、城市进出口总额占GDP比例（INSTIT）。以代表产业结构合理化的指标人均GDP为被解释变量的固定效应模型估计结果如表6-11所示。

表6-11　承接产业转移总量的产业结构合理化效应面板数据模型估计结果

变量	以人均GDP为被解释变量的固定效应估计结果		
	估计值	t值	P值
常数项	6.994869	20.86904 ***	0.0000
ZK	0.584493	12.48986 ***	0.0000
LABOR	0.114785	2.093211 **	0.0395
INSTIT	0.146357	2.405304 **	0.0184
R^2	0.913281		

变量	以人均 GDP 为被解释变量的固定效应估计结果		
	估计值	t 值	P 值
DW 值	1.392109		
F – statistic	53.31597		
Prob（F – statistic）	0.000000		
截面数	14		
样本总数	98		

注：*、**、***分别表示在 10%、5%、1% 的显著性水平下显著。

由表 6 – 11 估计结果可知，模型的 R^2 在 0.91 以上，F 值在 0.000 的水平上具有显著性，弹性估计系数符号也与理论预期一致，从拟合度值和 DW 值看模型具有较强的解释能力。模型估计结果中，承接产业转移总量（ZK）在 1% 的显著性水平下显著，表明承接产业转移总量对老工业城市产业结构合理化起到十分显著的正向影响。城镇单位从业人数（LABOR）、城市进出口总额占 GDP 比例（INSTIT）2 个解释变量在 5% 的显著性水平下显著，表明劳动力投入、制度变迁对老工业城市产业结构合理化均起到较为显著的正向影响。从各个解释变量的弹性估计系数分析，对老工业城市产业结构合理化影响最大的是承接产业转移总量，其次是制度变迁，然后是劳动力投入。如上分析，可以认为承接产业转移总量对老工业城市产业结构合理化具有显著的正向效应。

以代表产业结构高级化的指标第二产业产值占 GDP 比重（STRUCT2）为被解释变量的固定效应模型估计结果如表 6 – 12 所示。

由表 6 – 12 估计结果可知，模型的 R^2 在 0.95 以上，F 值在 0.000 的水平上具有显著性，弹性估计系数符号也与理论预期一致，从拟合度值和 DW 值看模型具有较强的解释能力。模型估计结果中，承接产业转移总量（ZK）在 1% 的显著性水平下显著，表明承接产业转移总量对老工业城市产业结构高级化起到十分显著的正向影响；城镇单位从业人数（LABOR）在 5% 的显著性水平下显著，表明劳动力投入对老工业城市产业结构高级化均起到较为显著的正向影响；城市进出口总额占 GDP 比例（INSTIT）P 值显示影响不显著，表明制度变迁对老工业城市产业结构高级化缺乏显著影响。如上分析，可以认为承接产业转移总量对老工业城市产业结构高级化具有显著的正向效应。结合表 6 – 11 和表 6 – 12 的结果分析，可以认为承接产业转移总量对老工业城市产业结构合理化和高级化均具有显著的正向效应。

表6-12 承接产业转移总量的产业结构高级化效应面板数据模型估计结果

变量	以第二产业产值占 GDP 比重为被解释变量的固定效应估计结果		
	估计值	t 值	P 值
常数项	38. 26494	8. 754558 ***	0. 0000
ZK	2. 095267	3. 903947 ***	0. 0002
LABOR	1. 601514	2. 631705 **	0. 0102
INSTIT	0. 022078	0. 025217	0. 9799
R^2	0. 955640		
DW 值	1. 098265		
F - statistic	109. 0596		
Prob（F - statistic）	0. 000000		
截面数	14		
样本总数	98		

注：*、**、***分别表示在10%、5%、1%的显著性水平下显著。

综合上述 2003～2013 年 34 个中部老工业城市面板数据分析结果和 2007～2013 年 14 个老工业城市面板数据分析结果，本书认为承接产业转移总量对老工业城市产业结构合理化和高级化均具有显著的正向效应；将承接产业转移分为承接国际产业转移和承接国内产业转移，其中承接国际产业转移对老工业城市产业结构合理化和高级化均具有显著的正向效应；承接国内产业转移对老工业城市产业结构合理化具有显著正向效应，而对老工业城市产业结构高级化缺乏显著的正向效应。

6.2 承接产业转移社会效应研究

承接产业转移对承接地具有经济效应，如上述分析能够为承接地带来经济增长和产业结构优化升级效应，同时也能够为承接地带来社会福利效应，会对承接地的收入和就业产生影响。本节将对承接产业转移的社会效应进行分析，分别探讨承接产业转移的社会就业效应和社会收入效应。

6.2.1 承接产业转移社会效应理论分析

6.2.1.1 社会就业效应分析

承接产业转移不仅对承接地经济产生影响，也会对经济之外的社会领域产生影响。近年来，中部地区在中部崛起发展战略的推动下，依托国家的优惠政策、本地的资源能源优势、优越的区位条件以及廉价丰富的生产要素，承接国内外大量的转移产业，推动本身经济快速发展的同时，也影响居民收入和社会就业。承接产业转移对社会领域产生的影响，最先也是最明显的是就业影响。承接产业转移将对中部老工业城市经济增长产生正向效应，经济的繁荣带来就业机会的增加，城镇就业水平上升。而且中部老工业城市承接的转移产业中有相当比例的加工业、制造业等劳动密集型产业，这对就业机会的增加贡献很大。其次，改革开放以后，中部地区农业不断发展，解放了大量农业劳动力，存在剩余农村劳动力的隐性失业，这些劳动力除去到东南沿海打工外，还有一部分出于种种原因不能离开农村地区。这些劳动力可以通过承接的转移产业在非农业产业中实现就业，而且外出打工的当地农民也可能由于本地就业机会增加而实现就地就业，同样增加本地就业效应。

一般情况下，承接地通过转移的产业增加了劳动力就业的数量，同时移入企业通过培训还可以提高承接地劳动力整体素质，即就业效应可以分为就业数量效应和就业质量效应。此外，承接产业转移通过吸引农业劳动力进入非农业领域就业，从而影响承接地就业结构发生变化。具体分析，承接产业转移可以有效地促进承接地就业数量增加，繁荣承接地经济进而带动就业机会增加。承接产业转移的就业效应还可以通过就业关联实现，就是通过促进相关产业的扩张从而带动就业的增加。如承接的转移产业给承接地带来新的资本辐射和需求拉动，推动产业扩张和升级形成更高层次的就业需求；承接的转移产业也可以推动承接地市场深化和需求提升，导致经济增长方式转型和资源配置效率提高，进而带动就业量增加。承接产业转移除去对承接地就业数量产生影响外，还将对承接地就业质量产生影响。承接地转移的企业可以通过技能、职业培训等方式改善提升承接地的就业质量。因为转入企业通常具有更高的生产水平和管理水平，客观上能促进承接地的人力资源开发。此外，转入企业通常具有高于承接地的环境保护和劳动保护标准，这有助于承接地工作条件提高和工作环境改善。如此通过示范效应带动和迫使当地企业提高竞争力，不仅实现当地企业技术水平提升，也实现就业者劳动素质提高。

当然，中部老工业城市承接产业转移也不全是增加就业效应，其可以通过产业结构变动、产业集聚现象等对劳动力就业产生复杂的影响。首先，大量制造业转移到中部老工业城市，工业就业机会增加，可能会减少其他比如服务业的就业，因为劳动力可能出现定向化趋势，一种类型产业吸纳劳动力多，其他产业难以获得更多劳动力。其次，转移到中部老工业城市的产业可能提供了更多就业机会，但是承接地的劳动力资源状况能不能满足这些就业机会的要求也会影响就业效应的发挥。如承接的制造业需要大量技术性工人和相当规模的高技术人才，而中部老工业城市的劳动力在技术、教育、年龄等方面可能都不能满足，会出现结构性失业，而不是就业的增加和扩大。这就是所谓的就业挤出效应。在微观的企业层面上，承接产业转移后，移入承接地的大量企业与承接地原来的企业争夺市场和资源，市场竞争加剧，通常导致承接地效率低下的企业在竞争中失败甚至倒闭，出现就业挤出效应。一个显著的现象是跨国公司的直接投资增加就业的同时，也对承接地企业造成市场挤出效应，不少国内企业在跨国公司竞争下破产倒闭，导致工人失业。此外，转入的企业对雇员的要求较高，即使熟练工种也必须经过培训才能上岗满足就业要求，破产倒闭企业的失业工人由于年龄偏大或技术落后等不能实现再就业。

6.2.1.2 社会收入效应分析

承接产业转移可以带来经济增长效应，经济的繁荣必然带动社会就业变化以及就业者工资水平变化，进而影响居民家庭收入水平发生变化。这是承接产业转移带来的社会收入效应。中部老工业城市由于城市建设时间长，具备一定的工业基础，国内外产业转移又以第二产业转移为主，在承接国外产业转移和国内区际产业转移过程中具有一定优势，同时由于老工业城市多存在衰退工业和部分隐性失业的特点，也急需在承接产业转移过程中增加社会福利效应。

承接产业转移可以促进中部老工业城市产业工人提高收入水平。中部老工业城市承接国内外转移产业，从最初技术含量低的简单和初级产业到之后承接产业转移具备一定基础后，承接相对高级的转移产业，并且承接转移产业的规模和数量也不断增加。此时，相对高级的产业具备较高的附加值，更大的市场范围，且承接转移产业的总量不断增长，产业利润空间也在增加，产业工人将在利润提高的情况下提高收入水平。

中部老工业城市承接转移产业后会提升平均工资率进而提高收入水平。分析承接产业转移过程，承接地劳动力供应最初是相对充裕的，随着承接转移产业出现并增加，劳动力供给充裕的情况开始变化，更多的劳动力充分就业，劳动力供给出现紧张，导致劳动力成本逐渐提高。相应地，从产业工人收入角度分析，其收入增加，按照城市经济基础理论以及规模经济法则的城市化经济原理，城市其他行业的工资率或者收入也会出现增加，如此整个城市社会收入都将出现增长。

6.2.2 承接产业转移社会效应实证分析

6.2.2.1 就业效应分析

分析承接产业转移对承接地就业产生的影响，包括就业数量影响和就业质量影响，承接产业转移这里分为承接国外产业转移和承接国内产业转移。这里承接产业转移对就业的影响主要是资本投入的影响，还应该包括全社会固定资产投入的影响。承接地就业情况还受到总产出的影响，产出水平跟就业水平存在相关关系，产出可以反映劳动力的需求。根据上述分析并参考已有研究成果，被解释变量选择代表就业数量效应的就业人数和代表就业质量效应的城镇在岗职工工资，解释变量选择承接国外产业转移、承接国内产业转移、城市本身资本投入、总产出水平。

具体指标的选取，代表就业数量效应的被解释变量选择各个老工业城市城镇单位从业人数（LABOR），单位为万人；代表就业质量效应的被解释变量选择城镇在岗职工工资（WAGE），单位为元/（年·人）；解释变量承接国外产业转移选择各个老工业城市的 FDI 流量，先把各城市每年的 FDI 流量根据当年美元兑人民币的汇率折算为人民币，然后再根据价格指数进行调整，单位为亿元；承接国内产业转移选择各个老工业城市每年实际利用的省外资金，用 GDP 平减指数调整，单位为亿元；城市本身资本投入选择各个老工业城市全社会固定资产投资流量分别除去其利用的外商直接投资部分，单位为亿元，并调整为可比价格；总产出水平选择各个老工业城市的 GDP，单位为亿元。

由于代表老工业城市承接国内区际产业转移的利用省外境内投资指标数据的限制，本节研究仍然分为 2003~2013 年 34 个老工业城市的面板数据和 2007~2013 年 14 个老工业城市的面板数据进行分析。其中，2003~2013 年 34 个老工业城市的面板数据中，代表就业数量效应的被解释变量选择各个老工业城市城镇单位从业人数（LABOR）；代表就业质量效应的被解释变量选择城镇在岗职工工资（WAGE）；解释变量资本投入、产出水平采用指标为外商直接投资（FDI）、减去利用外资的全社会固定资产投资金额（K）、各城市总产出水平（GDP），主要分析承接国际产业转移对中部老工业城市的就业效应。2007~2013 年 14 个老工业城市的面板数据中，代表就业数量效应的被解释变量选择各个老工业城市城镇单位从业人数（LABOR）；代表就业质量效应的被解释变量选择城镇在岗职工工资（WAGE）；解释变量资本投入、产出水平采用指标为外商直接投资（FDI）、利用省外境内资金（INLANDK）、减去利用外资的全社会固定资产投资金额（K）、各城市总产出水平（GDP），分析承接国际和国内产业转移对中部老工业城市产生的就业效应。分析 2007~2013 年 14 个老工业城市的面板数据时，依然根据将承接国际产业转移和承接国内区际产业转移的数据分开和合并而分为两种情况进行分析。下面报告运用计量经济学分析软件 EViews6.0 进行面板数据模型分析的结果，分别报告最优模型估计结果。

首先分析 2003 ~ 2013 年 34 个老工业城市的面板数据, 以代表就业数量效应的指标城镇单位从业人数 (LABOR) 为被解释变量的固定效应模型估计结果如表 6 - 13 所示。

表 6 - 13   承接国际产业转移的就业数量效应面板数据模型估计结果

变量	以城镇单位从业人数为被解释变量的固定效应估计结果		
	估计值	t 值	P 值
常数项	3. 316493	29. 76976 ***	0. 0000
FDI	- 0. 019421	- 2. 282691 **	0. 0231
K	0. 046290	3. 701756 ***	0. 0003
GDP	0. 040210	2. 100373 **	0. 0364
R^2	0. 813283		
DW 值	1. 305029		
F – statistic	40. 77406		
Prob (F – statistic)	0. 000000		
截面数	34		
样本总数	374		

注: *、**、***分别表示在 10%、5%、1% 的显著性水平下显著。

由表 6 - 13 估计结果可知, 模型的 R^2 在 0. 81 以上, F 值在 0. 000 的水平上具有显著性, 从拟合度值和 DW 值看模型具有较强的解释能力。模型估计结果中, 实际利用外商直接投资 (FDI) 在 5% 的显著性水平下显著, 且弹性估计系数为负值, 但弹性估计系数值仅达到 - 0. 019421, 表明承接国际产业转移对老工业城市就业数量起到一定的负向影响, 承接国际产业转移对老工业城市就业数量产生的促进效应和挤出效应相比较是挤出效应更显著。此外, 减去利用外资的全社会固定资产投资 (K)、城市 GDP 分别在 1% 和 5% 的显著性水平下显著, 表明老工业城市本身资本投入和总产出对其就业数量效应起到显著的正向效应。从各个解释变量的弹性估计系数分析, 对老工业城市就业数量影响最大的是其自身资本投入, 其次是总产出水平, 然后是承接国际产业转移。如上分析, 可以认为承接国际产业转移对老工业城市就业数量具有一定的负向效应。

以代表就业质量效应的指标城镇在岗职工工资 (WAGE) 为被解释变量的固定效应模型估计结果如表 6 - 14 所示。

表 6-14　承接国际产业转移的就业质量效应面板数据模型估计结果

变量	以城镇在岗职工工资为被解释变量的固定效应估计结果		
	估计值	t 值	P 值
常数项	6.659671	26.85737 ***	0.0000
FDI	0.122491	4.495794 ***	0.0000
K	0.338190	10.87464 ***	0.0000
GDP	0.190925	3.761768 ***	0.0002
R^2	0.679281		
DW 值	1.657943		
F - statistic	19.82676		
Prob（F - statistic）	0.000000		
截面数	34		
样本总数	374		

注：*、**、***分别表示在 10%、5%、1% 的显著性水平下显著。

由表 6-14 估计结果可知，模型的 R^2 在 0.67 以上，F 值在 0.000 的水平上具有显著性，从拟合度值和 DW 值看模型具有一定的解释能力。模型估计结果中，实际利用外商直接投资（FDI）、减去利用外资的全社会固定资产投资（K）、城市 GDP 在 1% 的显著性水平下显著，表明承接国际产业转移、老工业城市自身资本投入、总产出水平对老工业城市就业质量起到十分显著的正向影响。从各个解释变量的弹性估计系数分析，对老工业城市就业质量影响最大的是其自身资本投入，其次是总产出水平，然后是承接国际产业转移。如上分析，可以认为承接国际产业转移对老工业城市就业质量具有显著的正向效应。结合表 6-13 和表 6-14 的结果分析，可以认为承接国际产业转移对老工业城市就业数量具有一定的负向效应，而对老工业城市就业质量具有显著的正向效应。

其次分析 2007~2013 年 14 个老工业城市的面板数据，依然根据将承接国内外产业转移的数据分开和合并而分为两种情况进行分析，分别报告最优模型估计结果。第一种情况将承接国际产业转移和承接国内区际产业转移的数据分开处理，指标分别为外商直接投资（FDI）、利用省外境内资金（INLANDK）。第二种情况将承接国际产业转移和承接国内区际产业转移的数据加总处理，称为承接产业转移总量（ZK）。

第一种情况，2007~2013 年 14 个老工业城市的面板数据，样本总量 98 个，相比以上分析样本量减少，时间跨度缩短，解释变量分为国外产业转移和国内产业转移又增加了数目，为了避免模型回归的失真，尽量减少解释变量数目，考虑删去老工业城市自身资本投入变量。运用计量经济分析软件 EViews6.0 分析 2007～2013 年 14 个老工业城市的面板数据，代表就业数量效应的被解释变量选择各个老工业城市城镇单位从业人数（LABOR）；代表就业质量效应的被解释变量选择城镇在岗职工工资（WAGE）；解释变量资本投入、产出水平采用指标为外商直接投资（FDI）、利用省外境内资金（INLANDK）、各城市总产出水平（GDP），分析承接国际和国内产业转移对中部老工业城市产生的就业效应，分别报告最优模型估计结果。以代表就业数量效应的指标城镇单位从业人数（LABOR）为被解释变量的固定效应模型估计结果如表 6-15 所示。

表 6-15　承接国际和国内产业转移的就业数量效应面板数据模型估计结果

变量	以城镇单位从业人数为被解释变量的固定效应估计结果		
	估计值	t 值	P 值
常数项	4.080947	407.5862 ***	0.0000
FDI	-0.003467	-1.674904 *	0.0978
INLANDK	0.001626	1.242756	0.2175
GDP	0.003270	1.969546 *	0.0523
R^2	0.992657		
DW 值	1.544156		
F - statistic	684.3516		
Prob（F - statistic）	0.000000		
截面数	14		
样本总数	98		

注：*、**、*** 分别表示在 10%、5%、1% 的显著性水平下显著。

由表 6-15 估计结果可知，模型的 R^2 在 0.99 以上，F 值在 0.000 的水平上具有显著性，从拟合度值和 DW 值看模型具有较强的解释能力。模型估计结果中，实际利用外商直接投资（FDI）在 10% 的显著性水平下显著，且弹性估计系数为负值，但弹性估计系数值仅达到 -0.003，表明承接国际产业转移对老工业城市就业数量起到一定的负向影响，承接国际产业转移对老工业城市就业数量产生的促进效应和挤出效应相比较是挤出效应更显著，这与全部 34 个老工业城市

11 年面板数据分析结果一致。利用省外境内资金（INLANDK）P 值显示影响不
显著，表明承接国内产业转移对老工业城市就业数量缺乏显著影响；城市 GDP
在 10% 的显著性水平下显著，表明老工业城市总产出对其就业数量效应起到较
为显著的正向效应。如上分析，可以认为承接国际产业转移对老工业城市就业数
量具有一定的负向效应，承接国内产业转移对老工业城市就业数量缺乏显著
影响。

以代表就业质量效应的指标城镇在岗职工工资（WAGE）为被解释变量的固
定效应模型估计结果如表 6 – 16 所示。

表 6 – 16   承接国际和国内产业转移的就业质量效应面板数据模型估计结果

变量	以城镇在岗职工工资为被解释变量的固定效应估计结果		
	估计值	t 值	P 值
常数项	6. 261168	14. 66130 ***	0. 0000
FDI	0. 128865	2. 263937 **	0. 0263
INLANDK	0. 526612	7. 684646 ***	0. 0000
GDP	0. 253753	3. 293573 ***	0. 0015
R²	0. 626067		
DW 值	1. 662235		
F – statistic	8. 476036		
Prob（F – statistic）	0. 000000		
截面数	14		
样本总数	98		

注：*、**、***分别表示在 10%、5%、1% 的显著性水平下显著。

由表 6 – 16 估计结果可知，模型的 R² 在 0.62 以上，F 值在 0.000 的水平上
具有显著性，从拟合度值和 DW 值看模型具有一定的解释能力。模型估计结果
中，实际利用外商直接投资（FDI）在 5% 的显著性水平下显著，且弹性估计系
数为正值，表明承接国际产业转移对老工业城市就业质量起到显著的正向影响。
利用省外境内资金（INLANDK）在 1% 的显著性水平下显著，表明承接国内产业
转移对老工业城市就业质量产生十分显著的正向影响；城市 GDP 在 1% 的显著性
水平下显著，表明老工业城市总产出对其就业质量效应起到十分显著的正向效
应。如上分析，可以认为承接国际产业转移对老工业城市就业质量具有显著的正

向效应，承接国内产业转移对老工业城市就业质量产生十分显著的正向效应。结合表6-15和表6-16的结果分析，可以认为承接国际产业转移对老工业城市就业数量具有一定的负向效应，而对就业质量具有显著的正向效应；承接国内产业转移对老工业城市就业数量缺乏显著影响，而对老工业城市就业质量具有十分显著的正向效应。

结合表6-13至表6-16进行综合分析，可以认为承接国际产业转移对老工业城市就业数量具有一定的负向效应，而对老工业城市就业质量具有显著的正向效应；承接国内产业转移对老工业城市就业数量缺乏显著影响，而对老工业城市就业质量具有十分显著的正向效应。

第二种情况，分析2007～2013年14个老工业城市的面板数据，代表就业数量效应的被解释变量选择各老工业城市城镇单位从业人数（LABOR）；代表就业质量效应的被解释变量选择城镇在岗职工工资（WAGE）；解释变量资本投入、产出水平采用指标为承接产业转移总量（ZK）、减去利用外资的全社会固定资产投资（K）、各城市总产出水平（GDP），分析承接产业转移总量对中部老工业城市产生的就业效应，分别报告最优模型估计结果。以代表就业数量效应的指标城镇单位从业人数（LABOR）为被解释变量的固定效应模型估计结果如表6-17所示。

表6-17　承接产业转移总量的就业数量效应面板数据模型估计结果

变量	以城镇单位从业人数为被解释变量的固定效应估计结果		
	估计值	t 值	P 值
常数项	4.086866	412.2690 ***	0.0000
ZK	0.004668	1.893037 *	0.0619
K	0.003828	1.991102 **	0.0498
GDP	0.002412	1.697070 *	0.0935
R^2	0.993660		
DW 值	1.575812		
F - statistic	793.4500		
Prob（F - statistic）	0.000000		
截面数	14		
样本总数	98		

注：*、**、***分别表示在10%、5%、1%的显著性水平下显著。

由表 6－17 估计结果可知，模型的 R^2 在 0.99 以上，F 值在 0.000 的水平上具有显著性，从拟合度值和 DW 值看模型具有较强的解释能力。模型估计结果中，承接产业转移总量（ZK）在 10% 的显著性水平下显著，表明承接产业转移总量对老工业城市就业数量起到较为显著的正向影响。城市自身资本投入（K）在 5% 的显著性水平下显著，表明城市自身资本投入对老工业城市就业数量起到显著的正向影响。城市 GDP 在 10% 的显著性水平下显著，表明城市总产出对老工业城市就业数量起到较为显著的正向影响。从各个解释变量的弹性估计系数分析，对老工业城市产业结构合理化影响最大的是承接产业转移总量，其次是城市自身资本投入，然后是城市总产出。如上分析，可以认为承接产业转移总量对老工业城市就业数量具有较为显著的正向效应。

以代表就业质量效应的指标城镇在岗职工工资（WAGE）为被解释变量的固定效应模型估计结果如表 6－18 所示。

表 6－18　承接产业转移总量的就业质量效应面板数据模型估计结果

变量	以城镇在岗职工工资为被解释变量的固定效应估计结果		
	估计值	t 值	P 值
常数项	6.972418	12.31912***	0.0000
ZK	0.371827	3.311150***	0.0014
K	0.039126	0.472515	0.6378
GDP	0.170317	1.844338*	0.0688
R^2	0.931583		
DW 值	1.465669		
F－statistic	3.258280		
Prob（F－statistic）	0.000233		
截面数	14		
样本总数	98		

注：＊、＊＊、＊＊＊分别表示在 10%、5%、1% 的显著性水平下显著。

由表 6－18 估计结果可知，模型的 R^2 在 0.93 以上，F 值在 0.000 的水平上具有显著性，从拟合度值和 DW 值看模型具有较强的解释能力。模型估计结果中，承接产业转移总量（ZK）在 1% 的显著性水平下显著，表明承接产业转移总量对老工业城市就业质量起到十分显著的正向影响。城市自身资本投入（K）P 值缺乏显著性，表明城市自身资本投入对老工业城市就业质量缺乏显著的正向影响。城市 GDP 在 10% 的显著性水平下显著，表明城市总产出对老工业城市就业质量起到较为显著的正向影响。如上分析，可以认为承接产业转移总量对老工业城市就业质量具有十分显著的正向效应。结合表 6 – 17 和表 6 – 18 的结果分析，可以认为承接产业转移总量对老工业城市就业数量具有较为显著的正向效应，而对老工业城市就业质量具有十分显著的正向效应。

综合上述 2003 ~ 2013 年 34 个中部老工业城市面板数据分析结果和 2007 ~ 2013 年 14 个老工业城市面板数据分析结果，本书认为承接产业转移总量对老工业城市就业数量具有较为显著的正向效应，而对老工业城市就业质量具有十分显著的正向效应；将承接产业转移分为承接国际产业转移和承接国内产业转移，其中承接国际产业转移对老工业城市就业数量具有一定的负向效应，而对老工业城市就业质量具有显著的正向效应；承接国内产业转移对老工业城市就业数量缺乏显著影响，而对老工业城市就业质量具有十分显著的正向效应。

6.2.2.2 收入效应分析

承接产业转移具有就业效应，而与就业直接相关的就是收入问题。分析承接产业转移对承接地收入产生的影响，仍将承接产业转移分为承接国外产业转移和承接国内产业转移。这里承接产业转移对收入的影响主要是资本投入到承接地产生影响，社会收入还受到城市本身资本投入、承接地经济发展水平以及劳动生产率的影响。根据上述分析并参考已有研究成果，被解释变量选择代表社会收入效应的城镇居民人均收入，解释变量选择承接国外产业转移、承接国内产业转移、城市本身资本投入、总产出水平。

具体指标的选取，代表社会收入效应的被解释变量选择城镇居民人均收入（INCOM），单位为元；解释变量承接国外产业转移选择各个老工业城市的 FDI 流量，先把各城市每年的 FDI 流量根据当年美元兑人民币的汇率折算为人民币，然后再根据价格指数进行调整，单位为亿元；承接国内产业转移选择各个老工业城市每年实际利用的省外境内资金（INLANDK），用 GDP 平减指数调整，单位为亿元；城市本身资本投入选择各个老工业城市全社会固定资产投资流量分别除去其利用的外商直接投资部分，单位为亿元，并调整为可比价格；经济发展水平选择各个老工业城市的 GDP，用 GDP 平减指数调整，单位为亿元；劳动生产率选择各老工业城市 GDP 与就业人员比重。

由于老工业城市承接国内区际产业转移的指标利用省外境内投资数据的限制，本节研究仍然分为 2003 ~ 2013 年 34 个老工业城市的面板数据和 2007 ~ 2013 年 14 个老工业城市的面板数据进行分析。其中，2003 ~ 2013 年 34 个老工业城市的面板数据中，代表社会收入效应的被解释变量选择城镇居民人均收入（IN-

COM）；解释变量为承接国外产业转移的指标各老工业城市的 FDI、城市本身资本投入的指标减去利用外资的全社会固定资产投资金额（K）、各城市经济发展水平（GDP）、劳动生产率（LP），主要分析承接国际产业转移对中部老工业城市的收入效应。2007～2013 年 14 个老工业城市的面板数据中，代表社会收入效应的被解释变量选择城镇居民人均收入（INCOM）；解释变量依然根据将承接国际产业转移和承接国内区际产业转移的数据分开和合并而分为两种情况进行分析。下面是运用计量经济学分析软件 EViews6.0 进行面板数据模型分析的结果，报告最优模型估计结果。

首先运用 2003～2013 年 34 个老工业城市的面板数据，分析承接国际产业转移的社会收入效应，以代表收入效应的指标城镇居民人均收入（INCOM）为被解释变量的固定效应模型估计结果如表 6 - 19 所示。

表 6 - 19　承接国际产业转移的收入效应面板数据模型估计结果

变量	估计值	t 值	P 值
常数项	4.469931	11.11952 ***	0.0000
FDI	0.050593	2.305333 **	0.0218
K	0.234383	8.650120 ***	0.0000
GDP	0.276379	6.266808 ***	0.0000
LP	0.163534	3.856800 ***	0.0001
R^2	0.724579		
DW 值	1.584436		
F - statistic	23.89058		
Prob（F - statistic）	0.000000		
截面数	34		
样本总数	374		

注：*、**、***分别表示在10%、5%、1%的显著性水平下显著。

由表 6 - 19 估计结果可知，模型的 R^2 达到 0.72 以上，F 值在 0.000 的水平上具有显著性，从拟合度值和 DW 值看模型具有较强的解释能力。模型估计结果中，实际利用外商直接投资（FDI）在 5% 的显著性水平下显著，表明承接国际产业转移对老工业城市收入增长起到显著的正向影响。此外，减去利用外资的全社会固定资产投资（K）、城市 GDP、劳动生产率（LP）均在 1% 的显著性水平下显著，表明老工业城市本身资本投入、城市经济发展水平、劳动生产率对其收入增长起到十分显著的正向效应。从各个解释变量的弹性估计系数分析，对老工业城市收入增长影响最大的是其自身经济发展水平，其次是城市本身资本投入，然后是劳动生产率，最后是承接国际产业转移。如上分析，可以认为承接国际产业转移对老工业城市收入增长具有一定的正向效应。

其次分析 2007~2013 年 14 个老工业城市的面板数据，依然根据将承接国内外产业转移的数据分开和合并而分为两种情况进行分析，分别报告最优模型估计结果。第一种情况将承接国际产业转移和承接国内区际产业转移的数据分开处理，指标分别为外商直接投资（FDI）、利用省外境内资金（INLANDK）。第二种情况将承接国际产业转移和承接国内区际产业转移的数据加总处理，称为承接产业转移总量（ZK）。

第一种情况，分析 2007~2013 年 14 个老工业城市的面板数据，代表收入效应被解释变量指标为城镇居民人均收入（INCOM）；解释变量为外商直接投资（FDI）、利用省外境内资金（INLANDK）、各城市经济发展水平（GDP）、劳动生产率（LP）、减去利用外资的全社会固定资产投资（K），分析承接国际和国内产业转移对中部老工业城市产生的收入效应，报告固定效应模型估计结果如表 6-20 所示。

表 6-20 承接国际和国内产业转移的收入效应面板数据模型估计结果

变量	估计值	t 值	P 值
常数项	4.340849	3.729162***	0.0004
FDI	0.334194	4.781458***	0.0000
INLANDK	0.186654	3.147947***	0.0023
GDP	0.325371	3.831887***	0.0003
LP	0.208181	1.747593*	0.0844
K	0.129304	2.039693**	0.0447
R^2	0.754884		
DW 值	1.750341		
F - statistic	13.51648		
Prob（F - statistic）	0.000000		
截面数	14		
样本总数	98		

注：*、**、***分别表示在 10%、5%、1% 的显著性水平下显著。

由表 6-20 估计结果可知，模型的 R^2 在 0.75 以上，F 值在 0.000 的水平上具有显著性，从拟合度值和 DW 值看模型具有较强的解释能力。模型估计结果中，实际利用外商直接投资（FDI）在1%的显著性水平下显著，表明承接国际产业转移对老工业城市收入增长具有十分显著的正向影响；利用省外境内资金（INLANDK）在1%的显著性水平下显著，表明承接国内产业转移对老工业城市也具有十分显著的正向影响；城市 GDP、劳动生产率、自身资本投入在10%的显著性水平下都能达到显著，表明其对老工业城市收入增长均起到较显著的正向效应。如上分析，可以认为承接国际产业转移和承接国内区际产业转移对老工业城市收入增长均具有十分显著的正向效应。结合表6-19和表6-20的结果分析，可以认为承接国际产业转移对老工业城市收入增长均具有一定的正向效应，承接国内区际产业转移对老工业城市收入增长均具有十分显著的正向效应。

第二种情况，分析2007~2013年14个老工业城市的面板数据，代表收入效应被解释变量指标为城镇居民人均收入（INCOM）；解释变量为承接产业转移总量（ZK）、各城市经济发展水平（GDP）、劳动生产率（LP）、减去利用外资的全社会固定资产投资（K），分析承接产业转移总量对中部老工业城市产生的收入效应，报告固定效应模型估计结果如表6-21所示。

表6-21　承接产业转移总量的收入效应面板数据模型估计结果

变量	估计值	t 值	P 值
常数项	0.175574	0.169296	0.8660
ZK	0.365371	4.085494 ***	0.0001
GDP	0.411766	4.890259 ***	0.0000
LP	0.647077	5.093626 ***	0.0000
K	0.181076	2.801055 ***	0.0064
R^2	0.725544		
DW 值	1.808389		
F – statistic	12.44035		
Prob（F – statistic）	0.000000		
截面数	14		
样本总数	98		

注：*、**、***分别表示在10%、5%、1%的显著性水平下显著。

由表6-21估计结果可知，模型的 R^2 在0.72以上，F 值在0.000的水平上具有显著性，从拟合度值和 DW 值看模型具有较强的解释能力。模型估计结果中，承接产业转移总量（ZK）在1%的显著性水平下显著，表明承接产业转移总量对老工业城市收入增长起到十分显著的正向影响。城市 GDP、劳动生产率、城市自身资本投入（K）均在1%的显著性水平下显著，表明其对老工业城市收入增长均起到显著的正向影响。从各个解释变量的弹性估计系数分析，对老工业城市收入增长影响强弱依次为劳动生产率、城市经济发展水平、承接产业转移总量、城市自身资本投入。如上分析，可以认为承接产业转移总量对老工业城市收入增长具有显著的正向效应。

综合上述 2003～2013 年 34 个中部老工业城市面板数据分析结果和 2007～2013 年 14 个老工业城市面板数据分析结果，本书认为承接产业转移总量对老工业城市收入增长具有显著的正向效应；将承接产业转移分为承接国际产业转移和承接国内产业转移，其中承接国际产业转移对老工业城市收入增长具有一定的正向效应；承接国内产业转移对老工业城市收入增长具有十分显著的正向效应。

6.3 承接产业转移环境效应研究

6.3.1 承接产业转移环境效应理论分析

承接产业转移给承接地的环境带来影响，承接产业转移与环境的关系，特别是承接产业转移对环境污染的作用受到学界关注，成为理论和实证研究的焦点。从承接国际产业转移的层面上讲，中国改革开放后经济快速发展吸引外商直接投资迅速增加，这些外商直接投资到中国有多种原因，但从环境成本分析主要缘于发达国家环境标准提升导致成本上升，高污染行业在国际上出现了向环境标准相对低的发展中国家转移以节省成本的现象。在中国，外商直接投资最初落脚于东部沿海地区，粗放式的经济在东部沿海地区快速发展，不仅导致资源浪费，同时产出的高污染和高排放也严重污染了生态环境。之后，沿海地区认识到形势严峻的工业污染并开始重视环境问题，随之环保意识提升、法律法规完善、执行不断严格，对国际转移产业吸引力下降。外商直接投资开始进入环境意识不高又急需发展经济的中国中西部地区，特别是高污染行业，甚至在沿海的产业也转向中西部地区。

中部老工业城市散布于中部六个省份，具有区位优势、资源优势、工业基础、充足廉价的劳动力，但经济发展相对发达国家和东部沿海都处于落后地位。为加快经济发展自然对国际和国内产业转移持欢迎态度，并积极主动招商引资，便于缩小与沿海地区的经济差距。在国家层面上，为追求区域经济协调发展，推出的"中部崛起发展战略"为中部老工业城市承接产业转移创造了政策环境。从东部转出地的角度来看，东部沿海地区基于结构优化、环境保护等原因，也主动向中部转移产业，但许多转移产业是污染密集型的。而从承接地角度来看，中部老工业城市发展经济心情极为迫切，政策上对承接产业转移的污染并没有严格限制，这可能威胁承接地生态环境。特别是中部老工业城市承接产业转移规模不断扩大，对中部老工业城市的经济发展、产业结构优化和技术水平提升产生积极正向效应的同时，也形成了不容忽视的环境问题。承接产业转移过程中产生的环境问题涉及政府管理，由于环境污染的外部性存在，难以由市场机制解决，必须改进政府管理。但是，各地政府管理水平和对污染的认知并不相同，而对提高财政收入和增加当地就业却更为重视，于是在发展破坏环境的污染产业的选择上往往放宽政策。

但是，关于承接产业转移的环境效应还存在不同的观点，认为承接产业转移同时吸纳了先进地区治理污染的先进技术、先进生产工艺，从而将会有利于承接地环境污染的减少。Clark 等（1993）的研究认为，在国际产业转移过程中，发展中国家作为承接地，采用清洁技术，有利于环境保护（Clark C，1993；Birdsall N，1992；Jeffrey A Frankel，2003；Antweiler，2001）。陈龙来（2010）的研究结果表明，中国承接产业转移降低了行业污染排放强度，对环境起到了保护作用。已有关于承接产业转移环境效应的实证研究，也存在支持不同观点的实证结果，承接产业转移对环境的影响还存在争论。因此，分析中部老工业城市承接产业转移的环境效应对制定中部老工业城市振兴发展的政策具有极其重要的意义。

6.3.2　承接产业转移环境效应实证分析

为了分析承接产业转移对环境的影响，我们建立面板数据模型，以环境污染强度为被解释变量，以承接产业转移、产业结构、经济规模等为解释变量进行实证分析。除上述几个解释变量外，影响环境的变量还有很多，如技术进步、人口密度等，但是鉴于本书研究的重点是关注承接产业转移的环境影响，加之研究方法在自由度方面的限制，这里采用上述解释变量对环境的影响进行研究和分析。

关于环境污染强度的衡量，主要选取工业废水排放量（WW）、工业二氧化硫排放量（WS）、工业烟（粉）尘排放量（WG）三个方面的指标，并以单位GDP 的排放量表示污染强度。承接产业转移仍然按照数据可获得性分为 2003～2013 年和 2007～2013 年两个时间段，后一个时间段仍根据国内外产业转移分开和合并两种情况处理；产业结构以第二产业产值占 GDP 的比例（STRUCT2）衡量、经济规模以各城市的 GDP 衡量。

由于老工业城市承接国内区际产业转移的指标利用省外境内投资数据的限制，本节研究仍然分为 2003～2013 年 34 个老工业城市的面板数据和 2007～2013

年14个老工业城市的面板数据进行分析。其中，2003～2013年34个老工业城市的面板数据中，代表环境污染强度的被解释变量选择单位 GDP 的工业废水排放量（WW）、单位 GDP 的工业二氧化硫排放量（WS）、单位 GDP 的工业烟（粉）尘排放量（WG）；解释变量为各个老工业城市的 FDI、各个老工业城市第二产业产值占 GDP 比例（STRUCT2）、各城市经济规模（GDP），主要分析承接国际产业转移对中部老工业城市的环境效应。2007～2013年14个老工业城市的面板数据中，代表环境污染强度的被解释变量选择单位 GDP 的工业废水排放量（WW）、单位 GDP 的工业二氧化硫排放量（WS）、单位 GDP 的工业烟（粉）尘排放量（WG）；解释变量依然根据将承接国际产业转移和承接国内区际产业转移的数据分开和合并而分为两种情况进行分析。下面是运用计量经济学分析软件EViews6.0进行面板数据模型分析的结果，报告最优模型估计结果。

　　首先运用2003～2013年34个老工业城市的面板数据，分析承接国际产业转移的环境效应，以代表环境污染强度的指标单位 GDP 的工业废水排放量（WW）、单位 GDP 的工业二氧化硫排放量（WS）、单位 GDP 的工业烟（粉）尘排放量（WG）为被解释变量进行模型估计，分别称为模型Ⅰ、模型Ⅱ、模型Ⅲ，结果如表6-22所示。

表6-22　承接国际产业转移的环境效应面板数据模型估计结果

变量	模型Ⅰ（WW）	模型Ⅱ（WS）	模型Ⅲ（WG）
常数项	10.69738*** （13.25650）	14.21696*** （21.14986）	12.18903*** （10.93005）
FDI	-0.197784*** （-8.090662）	-0.183738*** （-9.512151）	-0.210368*** （-6.871597）
GDP	-0.550775*** （-12.46835）	-0.560225*** （-15.16805）	-0.477464*** （-7.764846）
STRUCT2	-1.174810*** （-5.101041）	-1.482116*** （-8.132342）	-1.255180*** （-4.070435）
R^2	0.815407	0.902598	0.758604
DW 值	1.069901	1.155016	1.063697
F - statistic	41.35095	86.74729	29.41788
Prob（F - statistic）	0.000000	0.000000	0.000000
截面数	34	34	34
样本总数	374	374	374

　　注：*、**、***分别表示在10%、5%、1%的显著性水平下显著，回归系数括号内为 t 检验值。

由表 6 - 22 估计结果可知，模型 I 的 R^2 达到 0.81 以上，F 值在 0.000 的水平上具有显著性，从拟合度值和 DW 值看模型 I 具有较强的解释能力。模型 I 估计结果中，FDI、GDP、STRUCT2 均在 1% 的显著性水平下显著，且估计系数为负，其中 FDI 的系数绝对值最小，表明承接国际产业转移对老工业城市单位 GDP 的工业废水排放量起到显著的负向影响。根据模型 II 和模型 III 的估计结果同样可以得出，承接国际产业转移对老工业城市单位 GDP 的工业二氧化硫排放量（WS）和工业烟（粉）尘排放量（WG）起到显著的负向影响。如上分析，可以认为承接国际产业转移对老工业城市工业废水、工业二氧化硫、工业烟（粉）尘排放产生了正面效应，减小了老工业城市单位 GDP 的工业废水、工业二氧化硫、工业烟（粉）尘等环境污染排放强度。

其次分析 2007 ~ 2013 年 14 个老工业城市的面板数据，依然根据将承接国内外产业转移的数据分开和合并而分为两种情况进行分析，分别报告最优模型估计结果。第一种情况将承接国际产业转移和承接国内区际产业转移的数据分开处理，指标分别为外商直接投资（FDI）、利用省外境内资金（INLANDK）。第二种情况将承接国际产业转移和承接国内区际产业转移的数据加总处理，称为承接产业转移总量（ZK）。

第一种情况，分析 2007 ~ 2013 年 14 个老工业城市的面板数据，代表环境效应的被解释变量指标为单位 GDP 的工业废水排放量（WW）、单位 GDP 的工业二氧化硫排放量（WS）、单位 GDP 的工业烟（粉）尘排放量（WG）；解释变量为外商直接投资（FDI）、利用省外境内资金（INLANDK）、各城市经济规模（GDP）、产业结构（STRUCT2），分析承接国际和国内产业转移对中部老工业城市产生的环境效应，分别称为模型 IV、模型 V、模型 VI，结果如表 6 - 23 所示。

表 6 - 23　承接国际和国内产业转移的环境效应面板数据模型估计结果

变量	模型 IV（WW）	模型 V（WS）	模型 VI（WG）
常数项	6.547582 *** (6.309020)	9.802009 *** (16.14361)	6.234787 (0.987555)
FDI	- 0.234907 *** (- 3.745369)	- 0.291852 *** (- 5.838479)	- 0.260609 *** (- 2.697895)
INLANDK	- 0.309685 *** (- 4.545281)	- 0.159821 *** (- 3.378416)	0.086164 (0.794838)
GDP	- 0.146903 * (- 1.803891)	- 0.327597 *** (- 5.260354)	- 0.271057 * (- 1.883452)

续表

变量	模型Ⅳ（WW）	模型Ⅴ（WS）	模型Ⅵ（WG）
STRUCT2	− 0. 366054 （ − 1. 569657）	− 0. 534088 *** （ − 4. 417481）	− 0. 190078 （ − 0. 120945）
R^2	0. 810864	0. 927419	0. 506857
DW 值	1. 169003	1. 486944	1. 416075
F − statistic	20. 17512	60. 1307	4. 836744
Prob （F − statistic）	0. 000000	0. 000000	0. 000001
截面数	14	14	14
样本总数	98	98	98

注：* 、** 、*** 分别表示在10%、5%、1%的显著性水平下显著，回归系数括号内为 t 检验值。

由表6 - 23 估计结果可知，模型Ⅳ的 R^2 达到0. 81 以上，F 值在0. 000 的水平上具有显著性，从拟合度值和 DW 值看模型Ⅳ具有较强的解释能力。模型Ⅳ估计结果中，FDI、INLANDK 均在1% 的显著性水平下显著，且估计系数为负，表明承接国际和国内产业转移对老工业城市单位 GDP 的工业废水排放量起到显著的负向影响。根据模型Ⅴ的估计结果同样可以得出，承接国际和国内产业转移对老工业城市单位 GDP 的工业二氧化硫排放量（WS）起到显著的负向影响。模型Ⅵ的 R^2 仅达到0. 506857，FDI 在1% 的显著性水平下显著，且估计系数为负，表明承接国际产业转移对老工业城市单位 GDP 的工业烟（粉）尘排放量（WG）起到较为显著的负向影响；INLANDK 虽估计系数为正，但在10% 的显著性水平下不显著，表明承接国内区际产业转移对老工业城市单位 GDP 的工业烟（粉）尘排放量（WG）缺乏显著影响。如上分析，可以认为承接国际产业转移对老工业城市工业废水、工业二氧化硫、工业烟（粉）尘排放产生了正面效应，减小了老工业城市单位 GDP 的工业废水、工业二氧化硫、工业烟（粉）尘等环境污染排放强度；承接国内区际产业转移对老工业城市工业废水、工业二氧化硫排放产生了正面效应，减小了老工业城市单位 GDP 的工业废水、工业二氧化硫等环境污染排放强度；承接国内区际产业转移对老工业城市工业烟（粉）尘的排放缺乏显著影响。结合表6 - 22 和表6 - 23 的结果分析，可以认为承接国际产业转移对老工业城市环境产生了正面效应，减小了老工业城市单位 GDP 的污染排放强度；承接国内区际产业转移对老工业城市工业废水、工业二氧化硫排放产生了正面效应，减小了老工业城市单位 GDP 的工业废水、工业二氧化硫等环境污染排放强度，而对老工业城市工业烟（粉）尘的排放缺乏显著影响。

第二种情况，分析2007~2013年14个老工业城市的面板数据，代表环境效应的被解释变量指标为单位GDP的工业废水排放量（WW）、单位GDP的工业二氧化硫排放量（WS）、单位GDP的工业烟（粉）尘排放量（WG）；解释变量为承接产业转移总量（ZK）、各城市经济规模（GDP）、产业结构（STRUCT2），分析承接产业转移总量对中部老工业城市产生的环境效应，分别称为模型Ⅶ、模型Ⅷ、模型Ⅸ，结果如表6-24所示。

表6-24 承接产业转移总量的环境效应面板数据模型估计结果

变量	模型Ⅶ（WW）	模型Ⅷ（WS）	模型Ⅸ（WG）
常数项	7.648991***	11.18751***	7.246583
	(9.492144)	(19.96835)	(1.165302)
ZK	-0.879721***	-0.668598***	-0.139326
	(-16.44163)	(-10.97269)	(-1.305470)
GDP	-0.087372	-0.351200***	-0.363355***
	(-1.311117)	(-5.420789)	(-3.294769)
STRUCT2	-0.183574	-0.396742***	-0.176110
	(-0.998490)	(-3.560325)	(-0.113262)
R^2	0.886885	0.912390	0.567221
DW值	1.677794	1.671363	1.356438
F-statistic	39.69289	52.72223	6.635144
Prob（F-statistic）	0.000000	0.000000	0.000001
截面数	14	14	14
样本总数	98	98	98

注：*、**、*** 分别表示在10%、5%、1%的显著性水平下显著，回归系数括号内为t检验值。

由表6-24估计结果可知，模型Ⅶ的R^2达到0.88以上，F值在0.000的水平上具有显著性，从拟合度值和DW值来看，模型Ⅶ具有较强的解释能力。在模型Ⅶ估计结果中，ZK在1%的显著性水平下显著，且估计系数为负，表明承接产业转移总量对老工业城市单位GDP的工业废水排放量起到显著的负向影响。根据模型Ⅷ的估计结果同样可以得出，承接产业转移总量对老工业城市单位GDP的工业二氧化硫排放量（WS）起到显著的负向影响。模型Ⅸ的R^2仅达到0.567221，ZK在10%的显著性水平下不显著，表明承接产业转移总量对老工业城市单位GDP的工业烟（粉）尘排放量（WG）缺乏显著影响。如上分析，可以认为承接产业转移总量对老工业城市工业废水、工业二氧化硫排放产生了正面效应，减小了老工业城市单位 GDP 的工业废水、工业二氧化硫等环境污染排放强度；而对老工业城市工业烟（粉）尘的排放缺乏显著影响。

综上所述，2003～2013 年 34 个中部老工业城市面板数据分析结果和 2007～2013 年 14 个老工业城市面板数据分析结果，本书认为承接产业转移总量对老工业城市工业废水、工业二氧化硫排放产生了正面效应，减小了老工业城市单位 GDP 的工业废水、工业二氧化硫等环境污染排放强度；而对老工业城市工业烟（粉）尘的排放缺乏显著影响；将承接产业转移分为承接国际产业转移和承接国内产业转移，其中承接国际产业转移对老工业城市环境产生了正面效应，减小了老工业城市单位 GDP 的污染排放强度；承接国内区际产业转移对老工业城市工业废水、工业二氧化硫排放产生了正面效应，减小了老工业城市单位 GDP 的工业废水、工业二氧化硫等环境污染排放强度，而对老工业城市工业烟（粉）尘的排放缺乏显著影响。

6.4　承接产业转移能源效应研究

6.4.1　承接产业转移能源效应理论分析

能源消费与环境污染密切相关，能源消费又是许多污染的源头。产业转移对承接地资源能源利用必然产生影响，建立在资源能源基础上的承接地优势如果缺乏产业调整、长期粗放使用资源能源，必然出现环境恶化、能源紧张，耗尽已有的地区优势。鉴于资源能源与环境的这种密切关系，本节也同时分析承接产业转移的能源效应。承接的转移产业许多是落后淘汰产业首先可能变现出对资源能源、环境生态的负面效应。特别是消耗大量资源能源的产业必然会产生相应的废弃物，并污染环境生态。但是在三次产业之间，其对资源能源和环境的影响存在差异，通常第二产业的影响要比第一和第三产业大。而在第二产业内部不同行业间其影响也存在差异，重工业一般高于轻工业。根据承接产业转移类型不同，其对承接地资源能源和环境生态的影响表现出差异。同时，工业化发生的不同阶段对环境污染和能源消耗的影响也存在差异。因而，承接产业转移对地区资源能源不仅有消耗和污染效应，同样也存在节约和保护效应。首先，由于承接产业转移后经济、技术水平提升，承接地会日益重视资源环境保护，相应经济发展后，政府可以有更多的财力投入到资源节约和环境生态保护中。其次，承接产业转移也带来先进的环保思想，而且国家和社会也日益关注能源环境问题，促使承接地提高环保标准，限制污染产业进入。

6.4.2 承接产业转移能源效应实证分析

关于能源效应的研究，为便于实证分析，本节将老工业城市能源消耗作为被解释变量，在解释变量中关注产业转移的影响。由于受到城市尺度上能源消耗数据和利用国内省外数据的限制，具体利用 14 个老工业城市 7 年（2007～2013年）的面板数据构建计量模型，探讨老工业城市承接产业转移在能源消耗方面产生的影响。基于研究结果稳健性的考虑，参考 Groot 等（2002）的做法，对被解释变量的选择采取不同的形式。假设能源消费主要由投资拉动，被解释变量选择能源消费总量（EC）较为合适；假设能源消费主要由内需拉动，被解释变量选择人均能源消费量（PEREC）较为合适；假设能源消费主要由生产驱动拉动，被解释变量选择单位产出的能源消耗量（ECUNIT）较为合适。在解释变量的选取方面，首先，选择人均 GDP（PERGDP）作为能源消耗的核心变量。其次，选择人均 GDP 的平方项（PERGDP2），该变量可以表示不随经济增长变动的其他诸多因素，如节能意识、减排措施、产业结构变化、政府监管等方面。这个变量还可以用来考察是否存在"能源库兹涅茨曲线"，如果其系数显著，就可以判断存在"能源库兹涅茨曲线"。产业转移变量仍然以将国外和国内产业转移量分开和合并分为两种情况处理。下面是运用计量经济学分析软件 EViews6.0 进行面板数据模型分析的结果，报告最优模型估计结果。

第一种情况，分析 2007～2013 年 14 个老工业城市的面板数据，代表能源效应的被解释变量指标为能源消费总量（EC）、人均能源消费量（PEREC）、单位产出的能源消耗量（ECUNIT）；解释变量为人均 GDP（PERGDP）、人均 GDP 的平方项（PERGDP2）、外商直接投资（FDI）、利用省外境内资金（INLANDK），分析承接国际和国内产业转移对中部老工业城市产生的能源效应，分别称为模型Ⅰ、模型Ⅱ、模型Ⅲ，结果如表 6-25 所示。

表 6-25 承接国际和国内产业转移的能源效应面板数据模型估计结果

变量	模型Ⅰ（EC）	模型Ⅱ（PEREC）	模型Ⅲ（ECUNIT）
常数项	801.5132 ***	1.905343 ***	2.624085 ***
	(10.92252)	(13.48048)	(32.59565)
PERGDP	0.056535 ***	0.000108 ***	-5.71E-05 ***
	(10.01775)	(9.142404)	(-9.555737)

变量	模型 I（EC）	模型 II（PEREC）	模型 III（ECUNIT）
PERGDP2	−4.52E−07 *** （−5.393426）	−5.94E−10 *** （−3.109228）	4.86E−10 *** （5.525721）
FDI	−8.934075 *** （−2.888623）	−0.029116 *** （−4.260514）	−0.003208 （−1.635115）
INLANDK	−1.863271 *** （−3.819217）	−0.004307 *** （−4.389640）	−0.000959 *** （−2.876830）
R^2	0.963971	0.976152	0.942057
DW 值	1.675802	1.701126	1.164639
F − statistic	125.9085	192.6191	76.50985
Prob（F − statistic）	0.000000	0.000000	0.000000
截面数	14	14	14
样本总数	98	98	98

注：*、**、***分别表示在10%、5%、1%的显著性水平下显著，回归系数括号内为 t 检验值。

由表6－25估计结果可知，模型 I 的 R^2 达到0.96以上，F 值在0.000的水平上具有显著性，从拟合度值和 DW 值看模型 I 具有较强的解释能力。模型 I 估计结果中，FDI 和 INLANDK 均在1%的显著性水平下显著，且估计系数为负，表明承接国际和国内产业转移对老工业城市能源消费总量起到显著的负向影响，可能导致能源消费总量的减少。此外，解释变量 PERGDP 的系数显著为正，表明随着经济发展中部老工业城市能源消费总量会相应增加。而解释变量 PERGDP2 的系数显著为负，表明中部老工业城市能源消费总量符合倒"U"形的假设，也就是说随着老工业城市经济发展水平提升，能源消费总量会"先升后降"，可以认为"能源库兹涅茨曲线"在老工业城市能源消费总量层面上是存在的。再根据模型估计结果计算能源消费总量拐点——在人均 GDP 达到62538元时。对照中部老工业城市2013年的人均 GDP 数据，发现仅有极少数城市达到拐点值，绝大多数城市都是处于能源消费总量增加的阶段。

模型 II 的 R^2 达到0.97以上，F 值在0.000的水平上具有显著性，从拟合度值和 DW 值看模型 II 具有较强的解释能力。模型 II 估计结果中，FDI 和 INLANDK 均在1%的显著性水平下显著，且估计系数为负，表明承接国际和国内产业转移对老工业城市人均能源消费量起到显著的负向影响，可能导致人均能源消费量的减少。此外，解释变量 PERGDP 的系数显著为正，表明随着经济发展中部老工业城市人均能源消费量会相应增加。而解释变量 PERGDP2 的系数显著为负，表明中部老工业城市人均能源消费量符合倒"U"形的假设，也就是说随着老工业城市经济发展水平提升，人均能源消费量会"先升后降"，可以认为"能源库兹涅茨曲线"在老工业城市人均能源消费量层面上是存在的。再根据模型估计结果计算人均能源消费量拐点——在人均 GDP 达到 90909 元时。对照中部老工业城市 2013 年的人均 GDP 数据，发现所有城市都没有达到拐点值，可见中部老工业城市都是处于人均能源消费量增加的阶段。

模型Ⅲ的 R^2 达到 0.94 以上，F 值在 0.000 的水平上具有显著性，从拟合度值和 DW 值看模型Ⅲ具有较强的解释能力。模型Ⅲ估计结果中，FDI 的估计结果不显著，表明承接国际产业转移对老工业城市单位产出的能源消耗量缺乏显著影响。而 INLANDK 在 1% 的显著性水平下显著，且估计系数为负，表明承接国内产业转移对老工业城市单位产出的能源消耗量起到显著的负向影响，可能导致单位产出的能源消耗量减少。此外，解释变量 PERGDP 的系数显著为负，表明随着经济发展中部老工业城市单位产出的能源消耗量会相应减少。而解释变量 PERGDP2 的系数显著为正，表明中部老工业城市单位产出的能源消耗量符合"U"形的假设，也就是说，随着老工业城市经济发展水平提升，单位产出的能源消耗量会"先降后升"。这与 2007 年以来多数中部老工业城市单位产出能源耗费的实际情况也是对应的。再根据模型估计结果计算单位产出的能源消耗量拐点——在人均 GDP 达到 58744 元时。对照中部老工业城市 2013 年的人均 GDP 数据，发现仅有极少数城市达到拐点值，绝大多数城市都是处于单位产出的能源消耗量减少的阶段。

第二种情况，分析 2007～2013 年 14 个老工业城市的面板数据，代表能源效应的被解释变量为能源消费总量（EC）、人均能源消费量（PEREC）、单位产出的能源消耗量（ECUNIT）；解释变量为人均 GDP（PERGDP）、人均 GDP 的平方项（PERGDP2）、承接产业转移总量（ZK），分析承接产业转移总量对中部老工业城市产生的能源效应，分别称为模型Ⅳ、模型Ⅴ、模型Ⅵ，结果如表 6 – 26 所示。

表 6 – 26　承接产业转移总量的能源效应面板数据模型估计结果

变量	模型Ⅳ（EC）	模型Ⅴ（PEREC）	模型Ⅵ（ECUNIT）
常数项	801.0587 ***	1.892501 ***	2.622020 ***
	(10.98475)	(12.18563)	(32.86055)
PERGDP	0.055562 ***	0.000103 ***	− 5.73E − 05 ***
	(9.872000)	(7.778496)	(− 9.600882)

续表

变量	模型Ⅳ（EC）	模型Ⅴ（PEREC）	模型Ⅵ（ECUNIT）
PERGDP2	$-4.73E-07^{***}$ （-5.759820）	$-6.20E-10^{***}$ （-2.972656）	$4.74E-10^{***}$ （5.505830）
ZK	-2.351620^{***} （-6.012058）	-0.005850^{***} （-6.564116）	-0.001094^{***} （-3.703440）
R^2	0.964225	0.970513	0.942230
DW 值	1.691576	1.629200	1.176761
F－statistic	136.4480	166.6243	82.56948
Prob（F－statistic）	0.000000	0.000000	0.000000
截面数	14	14	14
样本总数	98	98	98

注：*、**、***分别表示在10%、5%、1%的显著性水平下显著，回归系数括号内为t检验值。

由表6－26估计结果可知，模型Ⅳ的 R^2 达到0.96以上，F值在0.000的水平上具有显著性，从拟合度值和DW值看模型Ⅳ具有较强的解释能力。模型Ⅳ估计结果中，ZK在1%的显著性水平下显著，且估计系数为负，表明承接产业转移总量对老工业城市能源消费总量起到显著的负向影响，可能导致能源消费总量的减少。此外，解释变量PERGDP的系数显著为正，表明随着经济发展中部老工业城市能源消费总量会相应增加。而解释变量PERGDP2的系数显著为负，表明中部老工业城市能源消费总量符合倒"U"形的假设，也就是说，随着老工业城市经济发展水平提升，能源消费总量会"先升后降"，可以认为"能源库兹涅茨曲线"在老工业城市能源消费总量层面上是存在的。再根据模型估计结果计算能源消费总量拐点——在人均GDP达到58733元时。对照中部老工业城市2013年的人均GDP数据，发现仅有极少数城市达到拐点值，绝大多数城市都是处于能源消费总量增加的阶段。

模型Ⅴ的 R^2 达到0.97以上，F值在0.000的水平上具有显著性，从拟合度值和DW值看模型Ⅴ具有较强的解释能力。模型Ⅴ估计结果中，ZK在1%的显著性水平下显著，且估计系数为负，表明承接产业转移总量对老工业城市人均能源消费量起到显著的负向影响，可能导致人均能源消费量的减少。此外，解释变量PERGDP的系数显著为正，表明随着经济发展中部老工业城市人均能源消费量会相应增加。而解释变量PERGDP2的系数显著为负，表明中部老工业城市人均能源消费量符合倒"U"形的假设，也就是说，随着老工业城市经济发展水平提升，人均能源消费量会"先升后降"，可以认为"能源库兹涅茨曲线"在老工业城市人均能源消费量层面上是存在的。再根据模型估计结果计算人均能源消费量拐点——在人均 GDP 达到 83064 元时。对照中部老工业城市 2013 年的人均 GDP 数据，发现所有城市都没有达到拐点值，可见中部老工业城市都是处于人均能源消费量增加的阶段。

模型Ⅵ的 R^2 达到 0.94 以上，F 值在 0.000 的水平上具有显著性，从拟合度值和 DW 值看模型Ⅵ具有较强的解释能力。模型Ⅵ估计结果中，ZK 在 1% 的水平下显著，且估计系数为负，表明承接产业转移总量对老工业城市单位产出的能源消耗量起到显著的负向影响，可能导致单位产出的能源消耗量减少。此外，解释变量 PERGDP 的系数显著为负，表明随着经济发展中部老工业城市单位产出的能源消耗量会相应减少。而解释变量 PERGDP2 的系数显著为正，表明中部老工业城市单位产出的能源消耗量符合"U"形的假设，也就是说，随着老工业城市经济发展水平提升，单位产出的能源消耗量会"先降后升"。这与 2007 年以来多数中部老工业城市单位产出能源耗费的实际情况也是对应的。再根据模型估计结果计算单位产出的能源消耗量拐点——在人均 GDP 达到 60443 元时。对照中部老工业城市 2013 年的人均 GDP 数据，发现所有城市都没有达到拐点值，可见中部老工业城市都是处于单位产出的能源消耗量减少的阶段。

结合表 6-25 和表 6-26 的结果进行分析，由于采用截面单元与年份相同的面板数据进行分析，两种情况下模型估计结果基本相同，2007 年以来中部老工业城市倒"U"形"能源库兹涅茨曲线"在能源消费总量和人均能源消费量两个层面上存在。承接产业转移总量对老工业城市能源消费总量、人均能源消费量、单位产出的能源消耗量均起到显著的负向影响。将承接产业转移分为承接国外产业转移和承接国内产业转移，承接国外产业转移对老工业城市能源消费总量、人均能源消费量均起到显著的负向影响，对老工业城市单位产出的能源消耗量缺乏显著影响。承接国内产业转移对老工业城市能源消费总量、人均能源消费量、单位产出的能源消耗量均起到显著的负向影响。可见，承接产业转移带来的技术进步等因素推动了中部老工业城市能源消费总量、人均消费量和单位产出的能源消耗量的下降。

本章小结

本章主要分析中部老工业城市承接产业转移产生的经济效应、社会效应、环境效应和能源效应，理论上着重各种效应产生的途径进行分析，实证分析着重各种效应产生的正负向影响以及显著程度。实证分析主要根据 2003～2013 年 34 个中部老工业城市面板数据和 2007～2013 年 14 个老工业城市面板数据进行模型估计，并将承接产业转移分为承接产业转移总量、承接国外产业转移、承接国内产业转移进行分析。

关于中部老工业城市承接产业转移的经济效应，具体分为经济增长效应和产业结构效应。关于经济增长效应，结果表明中部老工业城市承接产业转移总量对经济增长具有显著的正向效应，承接国际产业转移对老工业城市经济增长具有显著的正向效应，而承接国内产业转移对老工业城市经济增长缺乏显著的正向效应。根据弹性估计系数结果分析，承接产业转移总量每增加 1 个单位，代表老工业城市经济增长的 GDP 相应增加 0.185 个单位；承接国际产业转移量每增加 1 个单位，代表老工业城市经济增长的 GDP 相应增加 0.155 个单位。关于产业结构效应，分为产业结构的合理化和高级化效应，结果表明承接产业转移总量对老工业城市产业结构合理化和高级化均具有显著的正向效应，承接国际产业转移对老工业城市产业结构合理化和高级化均具有显著的正向效应；承接国内产业转移对老工业城市产业结构合理化具有显著正向效应，而对老工业城市产业结构高级化缺乏显著的正向效应。

关于中部老工业城市承接产业转移的社会效应，具体分为就业效应和收入效应。关于就业效应，分为就业数量效应和就业质量效应。结果表明承接产业转移总量对老工业城市就业数量具有较为显著的正向效应，而对老工业城市就业质量具有十分显著的正向效应；承接国际产业转移对老工业城市就业数量具有一定的负向效应，而对老工业城市就业质量具有显著的正向效应；承接国内产业转移对老工业城市就业数量缺乏显著影响，而对老工业城市就业质量具有十分显著的正向效应。关于收入效应，结果表明承接产业转移总量对老工业城市收入增长具有显著的正向效应，其中承接国际产业转移对老工业城市收入增长均具有一定的正向效应；承接国内产业转移对老工业城市收入增长具有十分显著的正向效应。

关于中部老工业城市承接产业转移的环境效应，结果表明承接产业转移总量对老工业城市工业废水、工业二氧化硫排放产生了正面效应，减小了老工业城市单位 GDP 的工业废水、工业二氧化硫等环境污染排放强度；而对老工业城市工业烟（粉）尘的排放缺乏显著影响，其中承接国际产业转移对老工业城市环境产生了正面效应，减小了老工业城市单位 GDP 的污染排放强度；承接国内区际产业转移对老工业城市工业废水、工业二氧化硫排放产生了正面效应，减小了老工业城市单位 GDP 的工业废水、工业二氧化硫等环境污染排放强度，而对老工业城市工业烟（粉）尘的排放缺乏显著影响。

关于中部老工业城市承接产业转移的能源效应，结果表明 2007 年以来中部老工业城市倒"U"形"能源库兹涅茨曲线"在能源消费总量和人均能源消费量两个层面上存在。承接产业转移总量对老工业城市能源消费总量、人均能源消费量、单位产出的能源消耗量均起到显著的负向影响。其中，承接国外产业转移对老工业城市能源消费总量、人均能源消费量均起到显著的负向影响，对老工业城市单位产出的能源消耗量缺乏显著影响。承接国内产业转移对老工业城市能源消费总量、人均能源消费量、单位产出的能源消耗量均起到显著的负向影响。可见，承接产业转移带来的技术进步等因素推动了中部老工业城市能源消费总量、人均消费量和单位产出的能源消耗量的下降。

7 新乡市承接产业转移的
影响因素和效应研究

本书前面章节已经针对中部老工业城市整体承接产业转移的影响因素和效应进行了研究，但是中部老工业城市隶属中部不同省份作为老工业城市具备共性的同时差异也是存在的，针对单个老工业城市承接产业转移的问题进行研究，在城市政府层面上有其实际意义。本章选择中部地区河南省新乡市作为案例城市进行研究，新乡市位于河南省北部，东与山东省毗邻，土地面积占河南省的4.9%，人口占河南省的5.7%，是河南省北部区域中心城市。新乡市作为中部九个国家级加工贸易梯度转移重点承接城市之一，基于产业发展情况和比较优势，积极打造承接东部及沿海产业转移的"桥头堡"。随着产业转移的不断推进，新乡市在承接产业转移过程中不断受到各种挑战，特别是周边地级城市的激烈竞争和自身条件的限制，阻碍了新乡市承接产业转移的进一步发展。那么对已经承接的产业转移进行深入分析和科学研究，厘清影响转移产业的关键因素、明确转移产业产生的效应，从而制定相应政策发挥优势克服短板，不仅可以促进新乡市在现阶段承接产业转移工作中打开新的局面，而且可以为新乡市在承接即将到来的更大规模的区际产业转移竞争中提供决策参考。

7.1 新乡市承接产业转移影响因素研究

7.1.1 新乡市概况及承接产业转移影响因素理论分析

7.1.1.1 新乡市概况

新乡市位于河南省北部，地处中国经济地理的中心位置，是中国中西部地区承接产业梯度转移的前沿区域，是河南省中原城市群发展战略核心城市。面积为8249平方公里，2013年末总人口为600.43万，其中市区建成区面积110平方公里，人口106万。新乡市现辖两个县级市，6个县，4个市辖区，拥有两个国家级开发区,一个省级城乡一体化示范区。新乡市是国家卫生城市、国家园林城市、国家森林城市、中国优秀旅游城市、国家知识产权示范创建城市、全国科技进步先进市、全国社会治安综合治理优秀市、全国绿化模范城市、中国电池工业之都、全国农村改革试验区、全国质量强市示范城市争创城市、全国公交都市建设示范工程创建城市。

2013 年,新乡市地区生产总值达到 1766.1 亿元,其中第一产业为 212.29 亿元,第二产业为 999.5 亿元,第三产业为 554.31 亿元,三次产业结构为12:56.6:31.4。新乡市作为国家老工业基地城市,工业基础良好,门类齐全,结构合理,产品科技含量较高,具有较强的产品配套能力,是中原地区重要的工业基地,拥有 39 个行业大类中的 34 个,192 个工业中类中的 134 个。2013 年全部工业增加值达到 873.73 亿元,规模以上工业增加值达到 797.69 亿元。其中,规模以上轻工业增加值为 311.96 亿元,规模以上重工业增加值为 485.74 亿元,轻、重工业比例为 39.1:60.9。2013 年,社会消费品零售总额 615.19 亿元,进出口总额 11.27 亿美元。新乡市拥有 7 所高校,是中西部地区拥有高校数量最多的非省会城市,在校生 14.18 万人。新乡市是豫北地区唯一的国家公路运输枢纽城市,京广高铁、京广铁路、新菏铁路、新月铁路四条铁路,107 国道,京港澳、大广、济东及正在建设的新晋、鹤辉五条高速公路穿境而过。

从承接产业转移的角度来看,新乡市有相对廉价的土地、成本较低的劳动力资源、非常优越的区位和交通优势。此外,新乡市政府着力推动产业集群招商,出台有《新乡市专业化产业集群招商方案》和《新乡市 2013 年招商引资行动计划》。新乡市是 2007 年由商务部、人力资源和社会保障部、海关总署决定认定的第一批 9 个加工贸易梯度转移重点承接地之一。

7.1.1.2 新乡市承接产业转移影响因素理论分析

(1)研究回顾。本书的研究中不仅关注以外商直接投资为主的国际产业转移也关注以市外境内投资为主的国内区际产业转移。研究承接产业转移影响因素,从承接产业转移推拉力理论出发,就是研究承接地吸引产业转移和排斥产业转移的力量,即影响因素有正负向关系。产业转移承接地最初以资源优势和区位优势介绍作为重点,随着研究深入对于影响因素的分析也更加广泛。

关于承接国际产业转移的研究主要关注 FDI 的影响因素,其中传统成本因素涉及劳动力成本因素;聚集经济因素涉及工业企业数、商业服务水平、基础设施以及城市人口密度等;信息成本因素中,涉承接地的行政管理等级、地理区位、外商投资水平以及外商优惠政策(贺灿飞,2001)。上述影响因素包括信息因素和聚集经济因素,还有研究指出更多影响因素,包括 FDI 聚集效应因素,用前一期 FDI 水平衡量；市场容量因素，用平减指数处理的 GDP 衡量；劳动力成本因素，用年平均工资衡量；人力资本因素，用就业人员中大专学历以上人员占全部就业人数比例衡量；市场潜力因素，用相邻区域 GDP 水平加权衡量；基础设施因素，用公路和铁路在单位面积土地上的长度衡量；对外开放程度因素，用进出口总额占 GDP 比重衡量（李国平，2007）。有些学者提出劳动成本因素、经济发展水平因素、基础设施因素以及集聚效应因素（李郇，2007）。还有些学者的研究提出的影响因素名称不同，但从采用指标来看仍然表示相同意义。如提出路径效应因素采用前一期 FDI 水平衡量，等同于 FDI 聚集效应因素；资本存量因素采用全社会固定资产投资总额衡量，等同于基础设施投入因素；经济规模因素采用 GDP 衡量，等同于市场容量因素；人力资源因素采用职工中的技术人员比例衡量，等同于人力资本因素。此外，还提出了距离指数，用距离海边港口城市远近衡量（冯邦彦，2009）。

中西部地区作为产业转移承接地其影响因素有许多与承接国际产业转移的研究成果中提出的影响因素是相同的。理论研究中较早提出的影响因素分类不够详细，如生产资料因素、销售市场因素、产业关联因素以及制度环境因素（王花荣，2007）。之后，吴雪萍（2010）提出要素成本因素、基础设施因素、产业集聚因素、经济发展规模因素以及对外开放程度因素，并指出仅要素成本因素与产业转移呈负相关，其余因素都呈现正相关。近年的研究成果中涉及因素更加全面，如生产要素包括土地、初级劳动力、资本存量、科技发展、人力资本、基础设施等；市场需求因素包括市场容量和潜力；产业发展因素包括产业集聚、产业配套、产业园区等；经济发展因素包括经济总量、经济结构、金融支持等。而且开始关注难以定量研究的影响因素，如同类行业及机会因素包括承接地产业之间竞争以及机遇等；政策和制度因素包括产业政策和政府效率等，在研究中是进行定性处理的因素（李斌，2011）。对于国内跨区域产业转移的影响因素，国家发改委的研究将其归纳为企业成长因素、制度与政策因素、要素禀赋变化因素和区域与交易成本因素。从承接地的视角，企业成长因素包括和原来企业距离近，生产上便于协作、配套；制度与政策因素包括政府优惠政策、完善的基础设施配套、政府运作效率；要素禀赋变化因素包括招工容易程度、劳动力成本、土地使用成本、靠近原料和资源产地、研发能力、资金成本、水电等能源价格；区位与交易成本因素包括回乡创业等"回流式转移"、亲戚朋友介绍、人文环境相近等社会因素、靠近港口、方便出口、市场化信息化程度（国家发展和改革委员会产业经济与技术经济研究所，2013）。对转移企业进行调研分析得出影响承接地承接产业转移的 17 个因素中，最重要的是以下 7 个因素：扩大市场份额、招商引资等政策优惠、降低土地使用成本、完备的基础设施配套、降低劳动力使用成本、便于生产协作、产品配套和招工容易（国家发展和改革委员会产业经济与技术经济研究所，2013）。同样存在研究提出的影响因素名称不同，但从采用指标来看仍然表示相同意义，如要素成本因素用职工平均工资衡量，等同于上述劳动力成本因素；基础设施投入因素采用全社会固定资产投资总额衡量，产业集聚程度采用制造业区位商衡量。一些学位论文的研究，将影响因素列举得更为全面，如提出市场容量、聚集程度、劳动力成本、基础设施、人力资本水平、产业结构、对外开放水平、市场化程度、优惠政策等因素（陈飞，2013）。这里将所搜集到的研究成果涉及的影响因素进行综合整理，主要包括以下因素：①生产要素，包括资源禀赋优势、劳动力数量、劳动力成本、劳动力质量、科技因素、土地价格等，其中资源禀赋，包括生产原料、生产能源、环境生态脆弱程度等；②市场因素，包括市场容量或市场规模或市场潜力、市场化程度、市场发育程度等；③基础设施因素，包括交通条件，基础设施建设的资本投入量等；④公共服务因素；⑤产业发展因素，包括产业基础、产业结构、产业竞争程度、产业发展阶段、产业发展水平、金融支持力度等；⑥政府政策和制度因素，包括国家区域经济政策导向、经济发展战略及政策导向，具体有土地政策、产业政策、财政税收优惠政策等；⑦文化习俗因素；⑧产业聚集因素；⑨国际化程度因素；⑩对外开放程度因素。这些因素在研究中都应该考虑，并根据承接地的实际情况分析论证发挥重要作用的是哪些影响因素，并对其重要程度进行研究，以便为更好地承接产业转移提供决策参考。

（2）新乡市承接产业转移理论分析。新乡市是老工业城市，同时也是中部地区农业大省河南省的一个地级城市，不论承接国际产业转移还是承接东部地区产业转移，都应该将自身定位于欠发达地区，主要应该承接梯度转移产业。同时结合上述影响因素研究的回顾，将新乡市各个影响因素与承接产业转移的关系做如下理论分析：

生产要素是影响中部地区老工业城市承接产业转移的重要因素。其中劳动力因素、资本因素、资源因素对承接产业转移影响很大。关于自然资源因素，国家为利用资源能源在资源能源地区通常布局有相关产业，而且资源能源因素不是普遍存在的因素而是城市先天优势。东西部地区在改革开放后呈现产业梯度差异后，中部地区在承接产业转移研究中更关注普遍因素。资本因素跟经济发展水平相关，而且由于流动性强，通常与其他影响因素结合发挥作用。如此，在生产要素中，针对中部老工业城市本书认为发挥最重要因素的是劳动力因素，劳动力因素对承接劳动密集型产业（也是东部地区向中部转移规模最大的产业）影响程度极大。可以说，在中部地区承接产业转移研究中劳动力能否有效供给，是需要非常重视的因素。如果劳动力难以有效供给，就会导致显性或隐性的结构性失业，只有劳动力需求能得到满足的地区才能承接产业转移并顺利发展。但是承接大量产业后劳动力成本会提高，产品的成本相应提高，相应对企业转入吸引力减小，从这个意义上，劳动力因素对产业转移形成负向影响。劳动力因素包括劳动力数量、质量、成本等方面，关于老工业基地城市理论的研究认为由于工业发展历史相对较长，其劳动力数量一般比较丰裕，劳动力质量高于农村地区但不一定适应高新技术产业，劳动力成本相对较低。模型构建中我们针对劳动力数量、质量、成本均选择了相应指标，并引入模型，根据模型拟合情况选择相应指标。

市场要素是国际国内企业转移到中部地区考虑的重要影响因素之一。在市场机制作用下，市场决定企业的生存与发展，进而决定产业的规模和水平。市场巨大，具备规模经济条件，企业大量生产产品，降低成本，获得更多利润。企业为追求更高利润，产业转移到市场潜力巨大的地区。当然，不同的产业对市场衡量因素有差异。产品可以直接由居民消费，市场由收入水平和人口结构决定，进而衡量指标可以选择居民消费需求等；不能直接消费产品的市场潜力，选择产品销售率衡量。中部老工业城市新乡承接的转移产业以能够直接由居民消费的产业占比较大。同时市场规模要素还受到经济发展水平的影响，经济发展水平影响收入水平和消费结构，进而能够影响城市市场规模和潜力。市场规模要素也受到居民收入水平的影响，收入水平直接影响消费水平，进而影响市场规模。市场规模还受基础设施因素影响进而影响产业转移，便捷的交通运输和通信设施能增大市场潜力，吸引产业进入。

在经济发展水平因素方面，欠发达地区承接产业转移的相关研究普遍认可经济发展水平是重要影响因素。根据世界上已经发生的大规模产业转移分析，通常发生在发达地区与欠发达地区之间，但是产业在选择承接地时通常选择发展水平较高并能带来相应较高水平利润的地方。理论上讲，经济发展水平高的地区，承接产业转移相关条件有优势，表示该区域生产效率高、基础条件优良，配套设施能力好，有利于承接产业转移。在已有的研究成果中，许多学者将承接地经济发展水平作为重要衡量指标。鲁明泓（1999）通过实证研究分析对承接产业转移影响程度显著的决定因素，得出结论决定性因素也是承接地的经济发展水平。在中部老工业城市承接产业转移研究中，不同城市经济发展水平的差异在同是老工业城市共性指标下其影响作用在增加。

在基础设施因素方面，中部老工业城市承接产业转移过程中，基础设施条件也是重要影响因素，各个老工业城市基础设施建设投入不等，同一个城市在不同时期投入情况也有差异。政府认识到其重要性，并有一定的财政能力或者获得国家项目支持转移支付才能更快提高基础设施建设水平。

此外，产业配套能力也是中部老工业城市承接产业转移的综合影响因素之一，产业配套涉及具体承接产业的发展状况、产业集聚的程度、产业园区发展情况等。

7.1.2 研究方法与数据来源

7.1.2.1 研究方法

梳理关于承接产业转移影响因素的实证研究成果，不仅有调查问卷的传统研究方法，许多研究都使用了较为复杂的建模方法，由于相应计量软件的发展，使研究更为科学客观。针对小的地域范围，如单个城市的研究，采用调查问卷方法，相对比较容易实现，而且能得到相对客观的结果，这种方法更重要的意义在于确定承接产业转移的影响因素。同时，针对较大地域范围，可以结合层次分析方法（AHP），通过获得相关研究专家、地方政府机构领导和研究人员以及迁移企业领导的意见进行研究，这种方法可以判断影响因素的重要程度。除去问卷调查的资料外，还存在大量出版的统计数据，许多研究采用回归模型，比如对数线性回归模型或多元回归模型，选定代表产业转移的指标为被解释变量，将代表承接产业转移影响因素的相应指标作为解释变量，分析其影响显著程度，判断其重要程度。根据我国统计数据主要依据行政地域出版的特点，近年研究中出现运用多个行政地域的时间序列数据建立面板数据模型进行研究的成果，具体多采用序固定效应——截面随机效应模型，并运用 OLS（普通最小二乘法）进行回归分析，同时为消除异方差的影响，保证研究模型的有效性，还会另外采用非线性广义最小二乘法（EGLS）进行估计，确保研究结果的科学性。上述研究方法也有优势，但是调查问卷和层次分析方法，受到调查问卷设计、调查对象选择等主观因素的影响较大。回归分析和面板数据模型主要是采用单方程模型进行的计量实证研究，对各影响因素之间客观存在的彼此影响难以考虑和体现，不免影响到研究结果的科学性。针对相关因素之间相互作用被忽视的情况，已有研究开始采用结构方程模型进行分析。

结构方程模型（Structural Equation Modeling，SEM），近年来作为统计分析的一般框架被广泛应用于社会科学的数据分析研究（王济川，2011）。结构方程模型是基于因子分析的测量模型和基于路径分析的结构模型的结合体，综合运用探索性因子分析、验证性因子分析、路径分析、多元回归及方差分析并进行改进提高，具备同时对多个因变量进行建模的能力，能实现处理复杂的多变量数据的探究与分析（李保东，2014）。结构方程模型最重要的应用价值之一，就是以结构方程模型进行路径分析。因为本书的研究要用到 SEM 路径分析，所以做一简单的介绍。路径分析作为一种统计技术，可以实现将观察变量之间的关系以模型化的方式进行分析。实现方面，为得到路径系数可以通过统计软件进行多次多元回归分析实现，但 SEM 通过模型与检验可以更便捷地实现路径分析。而且可以利用变量间共变情形，同时估计模型当中的所有参数值，并根据研究提出的假设模型，检验理论模型对观察数据的拟合程度，寻找最佳模型。路径分析在经济学领域被称为联立方程模型（Simultaneous Equation Modeling），目标是建立因果解释模型，这也是社会科学领域用来检测因果模式的重要策略。我们都知道相关不等于因果，但在路径分析中，强调相关蕴含因果，变量之间可以存在因果关系，通过适当的程序和分析，配合假设检验，相关可以推导出因果结论，但是 SEM 路径分析需要强有力的理论基础作为统计检验过程的支撑。路径分析要基于研究者关心的变量与关系，并综合已有研究成果构建适当的路径模式以待验证。从技术的视角来看，自变量数量越多，模型拟合程度会越高；但从研究的视角来看，过多的自变量对于结果的解释不仅无益，还可能带来混淆。因此，构建精简的但又能解释最大变异的模型是研究方法的重点，但是除去借鉴理论研究成果和个人对问题的判断外，模型可识别性的技术问题也需要考虑（邱皓政，2009）。

结构方程模型的建模过程简要讲通常需要五个步骤：①构建模型，基于已有研究成果和研究者的分析提出的理论模型。②识别模型，主要看参数估计是否有唯一解答。模型估计如果不收敛或无解，则表明设定的模型有错误。③估计模型，结构方程模型的估计方法比较多，最大概然估计方法最为常用。④评估模型，指得到参数估计值后，不能直接分析，还要评估一下模型对所得数据的拟合程度。如果拟合程度良好，建模过程结束，如果拟合程度不好，考虑修正模型。⑤修正模型，在模型对数据拟合程度不好的情况下，需要重新构建模型。通常 SEM 计算机程序会给出模型参数修正指数以指导模型修正。模型修正后就需要重复上述建模过程。

结构方程模型的分析可以通过软件来实现，SEM 分析软件有 LISREL、EQS、AMOS 等，特别是使用 AMOS 软件逐渐成为 SEM 分析的普遍趋势（荣泰生，2009）。AMOS 是 Analysis of Moment Structures（矩结构分析）的简写，矩结构分析与协方差矩阵分析类似。由于 AMOS 是可视化模块软件，能快速绘制 SEM 结构图，并直观地根据运行结果进行修改、评估模型并进行修正，进行模型探索逐步建立最适当的模型（吴明隆，2009）。本书的研究采用 Amos21 进行 SEM 路径分析，先分析以 FDI 为代表的产业转移，再分析国内区际产业转移。

7.1.2.2 数据来源

本书采用的数据来自历年的《河南统计年鉴》《新乡统计年鉴》《新乡改革开放 30 年》，这是公开出版的数据资料。此外，数据来源还包括新乡市统计局印发的《新乡统计提要 2014》，新乡市政府网站公布的历年《新乡市国民经济和社会发展统计公报》，以及新乡市工信局、发改委、招商局等网站公布的数据。考虑到新乡市承接产业转移的发展历程，以及实证研究数据的可收集性，本书将对新乡市承接国际产业转移的研究时间区间设定在 1985～2013 年，从 1985 年起能收集到新乡市相对完整全面的关于承接国际产业转移的相关数据。将新乡市承接国内、省外产业转移的研究时间区间设定在 2000～2013 年。

7.1.3　承接国际产业转移影响因素实证研究

7.1.3.1　构建模型

根据对新乡市招商企业的分析，特别是针对两个国家级开发区新乡市高新技术产业开发区和新乡市经济技术开发区的调研，本书认为可以从以下方面分析影响新乡市承接产业转移的因素。案例进行实证研究，对政策和文化因素以上文的定性分析为主，实证研究部分以分析经济因素、社会因素为主。

根据上文的理论分析，并且根据新乡市承接国际产业转移的主要形式是外商直接投资，我们选择理论研究中的相关变量因素并分析其对外商直接投资的影响程度。

（1）外商直接投资（FDI），以改革开放后新乡市开始引进外商直接投资后历年的投资额存量衡量（单位：亿元，其中包括港澳台地区的投资）。具体数据的处理参考王满四（2012）等的处理方法，首先根据历年平均汇价将每个年份的外商直接投资换算为以人民币为计价单位；其次根据国家公布的历年 CPI 指数以 1985 年为基期将其换算成为可比价格数据，并计算累计数，根据国家要求的对国有企业的最低折旧率 7% 为标准计提折旧。具体的计算方法为：

$$FDI_n = FDI_{n-1}（1 - 7\%）+ I_t$$

其中，I_t 指第 t 年的外商直接投资量。

（2）市场因素，主要考虑市场规模以及潜力（MAR），这里选用社会消费品零售总额指标衡量，该指标由社会商品供给总量以及社会商品需求中能够完成支付的规模决定，可以较好地衡量城市市场规模及潜力。

（3）产业配套因素（SCA），产业发展因素包括产业发展状况、集聚配套以及开发区情况，这里选择产业配套因素作为影响因素，衡量指标选择城市规模及以上工业增加值指标。该指标是企业生产经营过程中新增加的价值，即企业在全部生产经营活动中的总价值减去其在生产过程中消耗或转移的物质产品和劳务价值后的价值，可以衡量产业总体配套情况。

（4）基础设施因素（INF），基础设施发展水平主要由政府投资决定，选择历年城市全社会固定资产投资额，将数据按照上文所述计算可比价格数据并进行折旧计算。

（5）劳动力因素，劳动力因素涉及劳动力数量、质量、成本等方面，这里相应选择全市劳动就业人数指标衡量劳动力数量（LNUM），选择全市科技活动人员和全市普通高校学生人数衡量劳动力质量（LQUA），选择城市城镇居民人均收入和城市在岗职工工资衡量劳动力成本（LCOS）。分别引入模型检验各个指标影响显著程度，选择重要因素的衡量指标。

（6）经济发展因素，GDP 和人均 GDP 通常被公认为是衡量经济发展水平的最重要指标，这里选择其衡量城市经济发展水平。

在上述变量因素中，根据理论分析内因变量分别为外商直接投资（FDI）和市场因素（MAR），其余因素为外因变量，劳动力因素和经济发展因素还要分别选择不同衡量指标检验模型拟合程度。关于变量指标的量纲处理问题，涉及价格单位的每个变量将其单位都换算为亿元人民币消除价格因素影响，涉及人口数量单位的每个变量都换算为万人单位。

根据承接产业转移影响因素理论分析建立结构方程模型（SEM）路径分析概念模型，如图 7 - 1 所示。

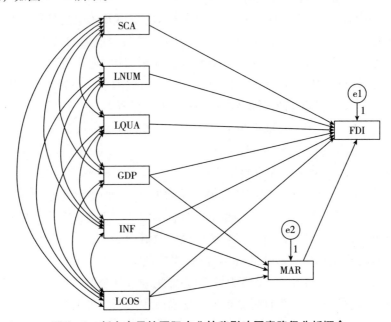

图 7 - 1　新乡市承接国际产业转移影响因素路径分析概念

图 7 - 1 中，FDI 和 MAR 为两个内因变量，在路径分析概念模型图中表示为因变量，自变量为 SCA、LNUM、LQUA、GDP、INF、LCOS，其中两个误差变量 e1、e2 也表示为外因变量。本书选择使用 IBM SPSS Amos21 软件对路径分析概念图示中的因果关系进行检验，SEM 路径分析有多种进行参数估计的方法，针对小样本或变量峰度不太理想时，最大概似法（Maximum Likelihood，ML）仍然可以获得理想估计参数，所以 ML 法也成为研究通常选择的估计方法，本书的估计方法就选择最大概似法。针对调研过程中政府相关部门人员和专家提出质疑的数值进行了修正，针对缺失值的修补本书采用 Amos21 软件提供的数据取代工具中的贝叶斯多重回归修正方法，采用默认的 10 次修正选项，并选择评分函数效果较好的修正值作为最终修正值，处理后有效的样本数据为 29 个年份的数据。

7.1.3.2 模型估计、检验与修正

在上文构建的假设模型中，劳动力质量和成本变量以及经济发展水平变量均搜集到了两个可以表征的指标，将这三个变量的每一个指标都引入并进行模型估计，共进行 8 次模型估计。但根据估计结果的模型拟合指标值，发现模型拟合程度并不理想，多数拟合指标没有达到相关著作提供的判断值。劳动力数量和劳动力质量的表征指标均选择的人口数量数据，在其他研究成果中都能代表人力资本情况，对因变量的解释可能会因为多重共线性存在而产生重合效应。参考王满四（2012）的研究，选择将两个变量分别删去仅保留一个进行建模，并分别选择表征指标进行模型估计。保留劳动力数量变量的模型，劳动力成本和经济发展水平分别选择 2 个指标，提供 4 种估计结果。保留劳动力质量变量的模型，劳动力质量、劳动力成本和经济发展水平分别选择两个指标，提供 8 种估计结果。保留劳动力数量变量的模型各项拟合指标数值优于保留劳动力质量变量的模型，本书决定采用保留劳动力数量变量的模型进行分析，而对于保留劳动力质量变量的相关分析过程从略。采用保留劳动力数量变量的模型，劳动力成本变量选择城镇居民人均收入指标衡量，城市经济发展水平选择全市 GDP 总量规模指标衡量。

Amos 最大概似法进行估计的前提假设是观察变量需要满足正态分布要求。当观察变量为正态分布时，偏度系数（skew）值和峰度系数（kurtosis）值均要接近于 0，理论研究表明，偏度系数小于 3，而峰度系数小于 8 是模型估计能够接受的范围。根据本书确定的模型和指标数据运行 Amos21 软件进行分析后，正态性和异常值分析显示，偏度系数（skew）值分布从 - 0.033 到 1.501，峰度系数（kurtosis）值分布从 - 1.259 到 0.937，满足进行模型估计的正态分布要求。在检验模型适配度前，通常要检查是否有违规估计现象，违规估计的项目主要包括两个方面：一是有负的误差方差存在；二是标准化参数系数超过或太接近 1

（通常以 0.95 为门槛值）。本书研究中这两个违规估计的情况都没有发生，而且模型运行后，报表显示的模型各项拟合指标较好，Amos21 的报表结果中模型修改项 MI（Modification Indices）也没有提出修改意见，最终的 SEM 路径分析模型如图 7 - 2 所示。

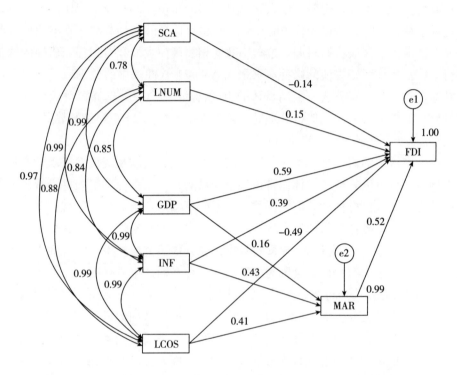

图 7 - 2　新乡市承接国际产业转移影响因素实际路径分析（系数标准化）

　　SEM 模型通常较为复杂，Amos21 软件的报表可输出多个适配度指标，模型与观察数据适配度的判别不能只根据一个指标，单个指标均有其局限性，客观科学的做法是从多元准则进行判断，并考虑理论面、统计面和实务面等因素。综合国内外研究成果，要评估模型适配情况必须考虑多个指标进行综合判断才能较为客观。本书对整体模型适配度从以下几个指标进行衡量，绝对适配度指数选择卡方自由度比值、RMSEA 值、GFI 值、AGFI 值等，其中，卡方自由度比值越接近 0 模型适配度越佳、RMSEA 值小于 0.05 即为良好、GFI 值越接近 1 模型适配度越佳、AGFI 值越接近 1 模型适配度越佳；比较适配度指数选择 NFI 值、RFI 值、IFI 值、TLI 值、CFI 值等，其数值越接近 1 模型适配度越佳。其中卡方自由度比值（CMIN/df）应该小于 2，GFI 值应该大于 0.95，AGFI 值应该大于 0.80，TLI

值和 CFI 值高于 0.95 才能表示模型是个适配良好的模型。

　　表 7 - 1 是根据本书界定的模型运行结果报表摘出的模型拟合指标，表 7 - 1 显示卡方值为 1.263，小的卡方值反映模型适配度良好，但是小样本时卡方值非常敏感，此时观察 NCP 值等于 0，说明检验结果未达显著水平，应该接受虚无假设，说明理论模型与实际数据可以适配。卡方自由度比值为 0.632，小于 1，表示模型适配，但由于也受小样本影响，所以还应该参考其他指标。P 值是显著性指标，显著性大于 0.05，即可认定模型与数据拟合适度良好，本书中 P 值为 0.532，也可以判断模型适合数据。RMSEA 值是一种不需要基准线模型的绝对性指标，其值越小表示模型适配度越佳，小于 0.05 表示模型适配度非常好，本书中 RMSEA 值小于 0.05，可以作为判断模型适配的依据。相应的 GFI 值、NFI 值、RFI 值、IFI 值、TLI 值、CFI 值都接近于 1，也表明模型适配度良好。调整的拟合优度指数大于 0.8 达到 0.826，也表明模型适配度尚可。综合以上常用指标数值的判断结果，本书认为整体而言该模型的拟合程度较好，因此可以直接报告最后的研究数据。

表 7 - 1　外资影响因素 SEM 模型拟合指标

衡量模型适配度的指标	指标值
卡方值（χ^2）	1.263
NCP 值	0.000
自由度（df）	2
卡方自由度比值	0.631
P 值	0.532
RMSEA 值	0.000
GFI 值	0.988
AGFI 值	0.826
NFI 值	0.998
RFI 值	0.982
IFI 值	1.001
TLI 值	1.011
CFI 值	1.000

7.1.3.3　结果分析

　　运行 Amos21 软件后，模型输出的标准化系数以及显著性指标摘录于表 7 - 2，包含模型图中自变量对内因变量 FDI 的直接效果以及通过内因变量 MAR 产生的间接效果。采用最大概似法估计各路径系数值，其中 C. R. 值表示回归系数值除以估计值的标准误，称为临界比值，临界比值的绝对值如果大于 1.96，表示估计值达到 0.05 显著水平，显著性概率值 P 如果小于 0.001，报表会呈现"＊＊＊"符号，显著性概率 P 值如果大于 0.001，报表在 P 栏将直接呈现 P 值。由表 7-2 可知，6 个直接效果的路径系数有 5 个达到显著性水平，3 个间接效果的路径系数有 2 个达到显著性水平。将 SEM 路径分析报表中各项效果汇总得到表 7-3。

表 7-2　模型标准化系数及显著性结果

影响	标准化估计值	C. R. 值	P 值
MAR←LCOS	0.406	2.645	0.008
MAR←INF	0.432	3.614	＊＊＊
MAR←GDP	0.162	1.065	0.287
FDI←MAR	0.521	5.543	＊＊＊
FDI←LCOS	-0.485	-4.115	＊＊＊
FDI←INF	0.389	3.631	＊＊＊
FDI←GDP	0.589	3.995	＊＊＊
FDI←LNUM	0.148	5.410	＊＊＊
FDI←SCA	-0.144	-1.126	0.260

表 7-3　模型路径分析标准化效果值

影响	直接效果	间接效果	总体效果
MAR←LCOS	0.406	—	0.406
MAR←INF	0.432	—	0.432
MAR←GDP	0.162	—	0.162
FDI←MAR	0.521	—	0.521
FDI←LCOS	-0.485	0.212	-0.274
FDI←INF	0.389	0.225	0.615
FDI←GDP	0.589	0.084	0.673
FDI←LNUM	0.148	—	0.148
FDI←SCA	-0.144	—	-0.144

　　模型中影响承接产业转移的因素分析如下：①市场因素主要选择了市场总体规模和潜力变量（MAR），模型运行结果显示其对承接国外产业转移具有显著的正向影响（标准化系数值为 0.521，P 值小于 0.001），可以认为新乡市本地的市

场规模扩大对于吸引外商直接投资具有积极的影响。②劳动力因素，本书选择劳动力数量和成本。模型运行结果与理论分析一致，劳动力成本因素对承接国外产业转移具有显著的负向影响（标准化系数值为 -0.485，P 值小于 0.001）。从直接效果和总体效果分析，劳动力成本提高不利于承接国外产业转移，但是同时劳动力成本因素对本地市场产生正向影响，有利于增加本地市场规模及潜力，进而间接对吸引外商直接投资产生正向影响，因此，劳动力成本因素对外商直接投资的总体作用虽然仍是负向影响，但效果减弱。劳动力数量因素对吸引外商直接投资有正向显著作用（标准化系数值为 0.148，P 值小于 0.001），与理论分析一致，劳动力数量增加有利于承接国外产业直接投资形式的转移。③基础设施因素（INF）分析结果显示，其对外商直接投资有正向影响而且达到显著水平（标准化系数值为 0.389，P 值小于 0.001），基础设施条件的改善有利于吸引外商直接投资的增加。④经济发展因素，本书选择城市总体经济规模（GDP），结果显示经济发展水平对承接国外产业转移具有正向影响（标准化系数为 0.589，P 值小于 0.001），而且达到显著性水平，也就是说，承接城市的经济发展水平越高，对国外投资吸引力越大，而且越容易成功。⑤产业配套因素，本书选择产业集聚规模指标（SCA），结果显示其对外商直接投资有负向的影响（标准化系数为 -0.144，P 值为 0.260），但效果不明显，P 值要远远大于显著性水平。

7.1.4 承接国内产业转移影响因素实证研究

改革开放后经过几十年的发展，我国东中西三大地带之间形成了产业梯度差，国内区际之间产业转移现象也不断受到研究者关注。新乡市作为中部城市在吸收 FDI 之外利用省外境内资金也在不断增加并在城市发展过程中发挥着重要作用。本部分研究将新乡市利用省外境内资金作为其承接区际产业转移的主要指标，分析其影响因素。

7.1.4.1 模型构建与估计

关于新乡市承接区际产业转移研究按照理论分析沿用上文实证研究部分所使用的数据指标。本书将新乡市利用省外境内资金 SW 作为因变量，根据国内公开出版的年鉴等相关资料，以及笔者到新乡市调研的情况考虑指标数据的统计情况，将研究年份定在 2000～2013 年。指标数据的处理作如下说明：新乡市承接国内区际产业转移的主要形式是利用省外境内资金 SW，以《河南统计年鉴》公布的新乡市利用省外资金额存量的数据为主，辅以到新乡市调研的相关数据，对部分数据进行修正，对缺失数据进行按照上文方法进行修补。对于每个年度的数据如上文根据价格指数将其换算为可比价格（以 1985 年为基期），依然根据国家对国企的下限折旧率即7%比率折旧并计算累计数值。具体计算按照 $SW_t = (1 - 7\%) SW_{t-1} + I_t$ 进行，其中 I_t 为第 t 个年份新乡市的实际利用省外境内资金数额。关于分析的新乡市利用省外境内资金的影响因素模型，参考上文论证的理论模型，最终拟合生成的 SEM 路径分析模型如图 7-3 所示。

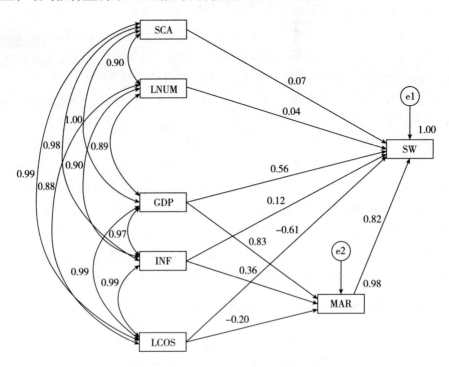

图 7-3　新乡市承接区际产业转移影响因素实际路径分析（系数标准化）

表 7-4 是根据上文界定的模型运行结果报表摘出的模型拟合指标，表中显示卡方值为 2.013，小的卡方值反映模型适配度良好，应该接受虚无假设，说明理论模型与实际数据可以适配。卡方自由度比值为 1.007，小于 2，表示模型适配，但由于也受小样本影响，所以还应该参考其他指标。P 值是显著性指标，显著性大于 0.05，即可认定模型与数据拟合适度良好，本研究中 P 值为 0.365，也可以判断模型适合数据。RMSEA 值是一种不需要基准线模型的绝对性指标，其值越小表示模型适配度越佳，小于 0.05 表示模型适配度非常好，本研究中 RM-SEA 值小于 0.05，可以作为判断模型适配的依据。相应的 GFI 值、NFI 值、RFI 值、IFI 值、TLI 值、CFI 值都接近于 1，也表明模型适配度良好。综合以上常用指标数值的判断结果，可以认为整体而言该模型的拟合程度较好，因此可以直接报告最后的研究数据。

表7-4 内资影响因素 SEM 模型拟合指标

衡量模型适配度的指标	指标值
卡方值（χ^2）	2.013
自由度（df）	2
卡方自由度比值	1.007
P 值	0.365
RMSEA 值	0.023
GFI 值	0.961
NFI 值	0.994
RFI 值	0.937
IFI 值	1.000
TLI 值	1.000
CFI 值	1.000

7.1.4.2 结果分析

同样将运行 Amos21 软件后，模型输出的标准化系数以及显著性指标摘录于表 7 - 5，包含模型图中自变量对内因变量 SW 的直接效果以及通过内因变量 MAR 产生的间接效果。采用最大概似法估计各路径系数值，其中 C. R. 值如果大于 1.96，表示估计值达到 0.05 显著水平，显著性概率值 P 如果小于 0.001，报表会呈现"＊＊＊"符号，显著性概率 P 值如果大于 0.001，报表在 P 栏将直接呈现 P 值。将 SEM 路径分析报表中各项效果汇总得到表 7 - 6。

表7-5 模型标准化系数及显著性结果

影响	标准化估计值	C. R. 值	P 值
MAR←LCOS	- 0.198	- 0.424	0.671
MAR←INF	0.363	1.403	0.161
MAR←GDP	0.834	2.835	0.005
SW←MAR	0.821	9.478	＊＊＊
SW←LCOS	- 0.609	- 3.507	＊＊＊
SW←INF	0.116	1.032	0.302
SW←GDP	0.564	2.667	0.008
SW←LNUM	0.044	1.421	0.155
SW←SCA	0.067	0.382	0.702

表 7－6　模型路径分析标准化效果值

影响	直接效果	间接效果	总体效果
MAR←LCOS	－ 0.198	—	－ 0.198
MAR←INF	0.363	—	0.363
MAR←GDP	0.834	—	0.834
SW←MAR	0.821	—	0.821
SW←LCOS	－ 0.609	－ 0.163	－ 0.772
SW←INF	0.116	0.298	0.415
SW←GDP	0.564	0.684	1.248
SW←LNUM	0.044	—	0.044
SW←SCA	0.067	—	0.067

模型中影响承接区际产业转移的因素分析如下：①市场因素主要选择了市场总体规模和潜力变量（MAR），模型运行结果显示其对承接区际产业转移具有显著的正向影响（标准化系数值为 0.821，P 值小于 0.001），可以认为新乡市本地的市场规模扩大对于吸引省外境内直接投资具有积极的影响。②劳动力因素，本书选择劳动力数量和成本，模型运行结果与理论分析一致，劳动力成本因素对承接省外国内产业转移具有显著的负向影响（标准化系数值为 － 0.609，P 值小于0.001）。劳动力数量因素对承接省外国内产业转移有正向作用（标准化系数值为0.044，P 值大于 0.05），但效果并不明显。③基础设施因素（INF）分析结果显示，其对承接省外国内产业转移有正向影响，但没有达到显著水平（标准化系数值为 0.116，P 值大于 0.05）。④经济发展因素，本书选择城市总体经济规模（GDP），结果显示经济发展水平对承接省外国内产业转移具有正向影响（标准化系数为 0.564，P 值小于 0.005），而且达到显著性水平，也就是说，承接城市的经济发展水平越高，对省外国内产业转移吸引力越大，而且越容易成功。⑤产业配套因素，本书选择产业集聚规模指标（SCA），结果显示其对承接省外国内产业转移有正向的影响（标准化系数为 0.067，P 值为 0.702），但效果不明显，P值要远远大于显著性水平。

7.1.5　综合分析与政策建议

7.1.5.1　综合分析

为了便于对新乡市总体承接产业转移的影响因素进行分析，将对 FDI 和省外境内产业转移研究的路径分析结果综合，具体考虑将两个模型分析结果中同一变量的对因变量的总体效果系数加总，然后将最终影响结果列出，如表7-7所示。

表7-7 新乡市承接产业转移的影响因素路径综合分析

影响关系	总体效果系数
产业转移←MAR	1.342
产业转移←LCOS	-1.046
产业转移←INF	1.03
产业转移←GDP	1.921
产业转移←LNUM	0.192
产业转移←SCA	-0.077

参考王满四等的研究结果，将上文研究中两个路径分析模型中的劳动力数量（LNUM）因素用劳动力质量（LQUA）因素替换，这样可以得到前后两组除去劳动力数量和劳动力质量因素外其他变量的总体效果系数，将其简单相加平均，所得结果如表7-8所示。

表7-8 两个模型综合后新乡市承接产业转移的影响因素路径综合分析

影响关系	总体效果系数
产业转移←MAR	1.094
产业转移←LCOS	-0.590
产业转移←INF	0.812
产业转移←GDP	1.555
产业转移←LNUM	0.192
产业转移←SCA	-0.205
产业转移←LQUA	0.089

将表7-7和表7-8综合起来进行分析，可以得出对新乡市承接产业转移影响最大的因素应该是之前研究中分析的经济发展水平，这也是针对欠发达地区的许多研究得出的结论。其次是本地市场规模及潜力，再次是基础设施因素，影响力最小的是产业配套因素。在劳动力因素中，劳动力成本对承接产业转移形成负向影响并表现明显；劳动力数量因素对承接产业转移形成显著正向影响；劳动力

质量因素对承接产业转移形成影响但不显著，相对于劳动力数量其对承接产业转移的促进作用不大。说明城市经济发展水平对中部老工业城市新乡市承接产业转移发挥了重要作用，城市本身的市场规模及潜力、城市基础设施因素也发挥了很大作用，但产业配套因素没有发挥理论分析上应有的作用，成为承接产业转移的一块短板。

7.1.5.2 政策建议

（1）城市市场因素。本书使用社会消费品零售总额表示城市市场规模及发展潜力（MAR），因为该指标通常可以衡量城市市场规模和未来市场发展规模。该因素对承接国际产业转移和承接国内区际产业转移都具有重要的影响作用，也反映出新乡市承接的转移产业有一个重要目标是占领市场。从承接产业转移的角度出发，拓展城市本地市场规模，有利于承接产业转移。

（2）基础设施因素。本书使用新乡市的全社会固定资产投资指标反映基础设施投入情况，结果表明基础设施对新乡市承接产业转移的直接影响效果并不明显，但通过市场变量其对吸引FDI和承接省外境内投资有间接的影响效果，导致总体上基础设施因素对承接产业转移有较明显的影响作用。在理论上分析，基础设施水平高能够导致企业成本的降低，对承接产业转移是有利的，因此，新乡市在基础设施建设方面应该积极投入，特别是加快交通基础设施建设。

（3）产业发展因素。新乡市产业配套因素在承接产业转移过程中发挥的作用不大，表明新乡市产业配套能力不强，承接的转移产业在本地找到配套产业成本较高，本地的中间投入品或原料与承接产业的要求都存在差距。结果转移产业所需中间投入品许多不得不远距离采购，增加了成本，实证研究中新乡市承接产业转移影响作用最小的也是产业配套能力。在政策制定中，应该响应中央提出的全民创业和支持小微企业政策，大力培育新乡市确定的吸引投资行业相关的中小企业、民营企业，将提高承接产业配套能力作为新乡市承接产业转移工作的重要方面。

（4）劳动力因素。本书分别分析劳动力数量、劳动力成本、劳动力质量对承接产业转移的影响。结果显示劳动力数量和劳动力成本均对承接产业转移促进作用明显，其中劳动力成本因素对承接产业转移是负向影响，表明劳动力成本上升导致转移产业成本上升，不利于承接产业转移，与理论分析结果一致。劳动力数量对新乡市承接产业转移作用明显，体现了新乡市劳动力数量充裕，对产业转移起到了较大促进作用。如此，不断增加就业总数，通过培训再就业等措施降低劳动力成本都可以在一定程度上促进承接产业转移。劳动力素质对承接产业转移影响不显著，这可能与承接产业对本地劳动力质量要求不高相关。相对劳动力数量因素，新乡市需要大力提升其劳动力素质，发挥其承接高技术产业的作用。

（5）经济发展因素。实证研究结果显示，经济发展规模对承接国际产业转移和省外国内区际产业转移都产生了显著的正向影响。本研究中表示经济发展因素的 GDP 总量指标可以在一定程度上代表新乡市经济发展水平和潜力，整体上宏观层面经济发展越平稳，对转移企业获利的预期正向影响越大。经济整体规模越大，发展水平越高，必然对转移产业产生很大的吸引力。积极发展城市经济，不断做大做强经济规模和质量，保障已转移企业自生能力提高，增强承接产业转移能力，可以起到示范作用，保证产业转移良性发展。

关于新乡市承接产业转移的非经济因素在实证研究中没有考虑，但是应该认识到其是承接产业转移的重要影响因素。故而在政策层面，应该响应中央提出的依法治国号召，不断提高政府治理能力，具体考虑相关法律法规的完善，特别是与承接产业转移、招商引资等市场化进程相关的机制体制的完善，取消和下放国家规定的审批权，不断降低交易和制度成本，发挥市场的决定性作用，保障承接产业转移的良性循环。新乡市在承接产业转移时，要不断提高承接产业转移的鉴别力，积极主动承接优势主导产业，积极适应城市转型发展的要求。不断提高主导产业的专业化水平和结构比例，充分发挥其带动和促进作用。此外，要针对新乡市确定的主导产业发展方向，发挥两个国家级开发区的优势不断提高为承接产业提供配套的能力。

7.2　新乡市承接产业转移效应研究

参考第 6 章承接产业转移效应分析，本节研究老工业城市新乡市承接国际产业转移和国内产业转移产生的经济效应、社会效应、环境效应和能源效应。

7.2.1　研究思路与方法

选取新乡市承接国际产业转移和国内产业转移的指标，参考第 6 章选取代表经济效应、社会效应、环境效应和能源效应的指标，根据变量数据的平稳性与否选择传统回归或者协整回归分析变量之间关系。

研究具体方法如下：①单位根检验。采用 ADF 方法检验选取的时间序列变量数据的平稳性。②若变量数据平稳，建立回归模型进行分析；若变量数据为非平稳，可以进行差分，直到差分后的变量检验为平稳。③对同阶单整的变量进行协整检验，通过检验两变量之间的线性关系是否平稳，分析两变量之间是否存在长期稳定的均衡关系。在本节的研究中即是承接产业转移是否产生相应的效应。本节研究采用计量经济软件 EViews6.0 进行数据处理。

7.2.2 指标选取、数据来源与处理

本节研究指标选取参考第 6 章，新乡市承接国际产业转移量使用外商直接投资（FDI）衡量，承接国内产业转移量使用利用省外境内投资（INLANDK）衡量，其中外商直接投资数据使用各年度的年平均汇率转换成人民币。经济效应选择 GDP 总量（GDP）、人均 GDP（PERGDP）和第二产业产值占 GDP 比重（STRUCT2）3 个指标搜集数据；社会效应选择城镇单位从业人数（LABOR）、在岗职工工资（WAGE）和城镇居民人均收入（INCOM）3 个指标搜集数据；环境效应选择工业废水排放量（WW）、工业二氧化硫排放量（WS）、工业烟（粉）尘排放量（WG）3 个指标搜集数据；能源效应选择能源消费总量（EC）、人均能源消费量（PEREC）、单位产出的能源消耗量（ECUNIT）3 个指标搜集数据。本书采用的数据来自历年的《河南统计年鉴》《新乡统计年鉴》和《新乡改革开放 30 年》，这是公开出版的数据资料。此外，数据来源还包括新乡市统计局印发的《新乡统计提要 2014》，新乡市政府网站公布的历年《新乡市国民经济和社会发展统计公报》，以及新乡市环保局、招商局等网站公布的数据。考虑到新乡市承接产业转移的发展历程，以及实证研究数据的可收集性，本书将对新乡市承接产业转移效应的研究时间区间设定在 2007～2013 年。关于数据处理，由于对变量数据取对数处理并不影响原始变量之间的协整关系，同时又有助于消除异方差，因此本节研究对所有变量数据进行取对数处理。

7.2.3 新乡市承接产业转移效应的协整分析

7.2.3.1 单位根检验

由于收集到的数据包括 14 个变量，本节要研究承接产业转移的变量对其他变量的影响，需要进行回归分析，而平稳的时间序列数据才能进行传统回归分析，以避免"伪回归问题"。因此，计量回归分析需要检验时间序列数据平稳性。本书中对代表承接国际产业转移的变量外商直接投资（FDI）和承接国内产业转移的变量利用省外境内投资（INLANDK）进行单位根检验，发现这两个变量原序列和一阶差分序列都是非平稳的，均具有二阶单整性。如此，与这两个变量进行协整回归必须也是二阶单整序列，将代表承接产业转移效应的变量进行单位根检验，选择具有二阶单整性的变量报告如表 7-9 所示。

表7-9 各变量单位根检验

		lnFDI	lnINLANDK	lnGDP	lnWAGE	lnWW	lnEC	lnPEREC	平稳性
检验形式		(c, t, 1)	(c, t, 1)	(c, t, 1)	(c, t, 1)	(c, t, 1)	(c, t, 1)	(c, t, 1)	
原序列	ADF检验值	-3.7007	-2.0740	-1.5981	-2.5249	-4.5855	-1.5116	-1.3402	非平稳
	P	0.1516	0.4567	0.6741	0.3297	0.0823	0.7184	0.7708	
检验形式		(0, 0, 1)	(0, 0, 1)	(0, 0, 1)	(0, 0, 1)	(0, 0, 1)	(0, 0, 1)	(0, 0, 1)	
一阶差分	ADF检验值	-1.7390	-0.3595	-0.3732	-0.2055	-1.2848	-0.8823	-1.8114	非平稳
	P	0.0795	0.5011	0.4962	0.5492	0.1614	0.2743	0.0714	
检验形式		(0, 0, 1)	(0, 0, 1)	(0, 0, 1)	(0, 0, 1)	(0, 0, 1)	(0, 0, 1)	(0, 0, 1)	
二阶差分	ADF检验值	-6.3008	-2.3705	-2.6103	-3.6914	-4.8456	-4.4512	-4.1815	平稳
	P	0.0014	0.0336	0.0232	0.0061	0.0036	0.0029	0.0038	

注：①检验形式中的 c 和 t 分别表示带截距项和趋势项，k 表示滞后阶数；②单位根检验结果的 t 统计量概率值 P 小于 0.05 即判定为平稳。

7.2.3.2 协整检验

协整关系指一些自身非平稳的时间序列其线性组合平稳，反映出的变量之间长期稳定的比例关系。协整检验主要有 Johansen 检验和 Engle - Granger 两步检验法，前者是针对多个变量之间的协整检验，后者是针对两个变量之间的协整检验，本节采用 Engle - Granger 两步检验法对以上所述变量进行协整分析。协整检验的前提是两个序列同阶单整，其主要步骤如下：

第一步，同阶单整的两个序列 $\{X_t\}$ 和 $\{Y_t\}$，用 OLS 法建立长期均衡方程：

$$Y_t = \alpha_0 + \alpha_1 X_t + e_t$$

模型估计残差为：

$$e_t = Y_t - \alpha_0 - \alpha_1 X_t$$

第二步，采用 ADF 单位根检验方法检验残差序列 e_t 平稳性；

第三步，若残差序列 e_t 平稳，则序列 $\{X_t\}$ 和 $\{Y_t\}$ 存在协整关系，否则不具有协整关系。

根据表7-9单位根检验结果，分别将 lnFDI 和 lnINLANDK 与其他序列使用 E - G 检验法进行两两协整检验，将具有协整关系的序列对报告如表7-10所示。

表 7 - 10　协整检验结果

序列对	系数	t 值	R²	DW	et 的 ADF 检验值	ADF 检验 P 值	结论
lnGDP、lnFDI	5. 31/0. 45	47. 01/12. 93	0. 97	2. 32	- 4. 11	0. 0021	协整
lnWAGE、lnFDI	8. 41/0. 51	62. 89/12. 17	0. 96	2. 48	- 4. 79	0. 0013	协整
lnWW、lnFDI	10. 54/ - 0. 27	89. 56/ - 7. 33	0. 91	1. 75	- 2. 17	0. 0385	协整
lnEC、lnFDI	6. 39/0. 25	49. 96/6. 41	0. 89	1. 79	- 2. 19	0. 0375	协整
lnPEREC、lnFDI	0. 61/0. 30	3. 77/5. 87	0. 87	1. 94	- 2. 24	0. 0345	协整
lnGDP、lnINLANDK	4. 09/0. 49	53. 14/34. 52	0. 99	1. 10	- 4. 05	0. 0030	协整
lnWAGE、lnINLANDK	7. 08/0. 54	38. 95/16. 24	0. 98	1. 94	- 2. 85	0. 0126	协整
lnWW、lnINLANDK	11. 27/ - 0. 29	69. 01/ - 9. 70	0. 94	2. 17	- 3. 22	0. 0085	协整
lnEC、lnINLANDK	5. 78/0. 26	20. 28/5. 01	0. 83	1. 41	- 2. 28	0. 0324	协整
lnPEREC、lnINLANDK	- 0. 10/0. 31	- 0. 30/4. 83	0. 82	1. 55	- 2. 16	0. 0389	协整

由表 7 - 10 所示协整检验结果将各协整关系所对应的长期方程整理如下:

$$\ln GDP = 5. 31 + 0. 45 \ln FDI$$

$$\ln WAGE = 8. 41 + 0. 51 \ln FDI$$

$$\ln WW = 10. 54 - 0. 27 \ln FDI$$

$$\ln EC = 6. 39 + 0. 25 \ln FDI$$

$$\ln PEREC = 0. 61 + 0. 30 \ln FDI$$

$$\ln GDP = 4. 09 + 0. 49 \ln INLANDK$$

$$\ln WAGE = 7. 08 + 0. 54 \ln INLANDK$$

$$\ln WW = 11. 27 - 0. 29 \ln INLANDK$$

$$\ln EC = 5. 78 + 0. 26 \ln INLANDK$$

$$\ln PEREC = - 0. 10 + 0. 31 \ln INLANDK$$

如上,协整方程表明,从长期来看,新乡市承接国际和国内产业转移都将加快新乡市经济增长、提升其工资水平,并且降低工业废水排放量,但将增加能源消费总量和人均能源消费量。由协整方程系数可知,若新乡市承接国际产业转移量每增加 1% ,相应的新乡市 GDP 总量、在岗职工工资、能源消费总量、人均能源消费量就分别增长 0. 45% 、0. 51% 、0. 25% 、0. 30% ,而新乡市的工业废水排放量将下降 0. 27% ;若新乡市承接国内产业转移量每增加 1% ,相应的新乡市 GDP 总量、在岗职工工资、能源消费总量、人均能源消费量就分别增长 0. 49% 、0. 54% 、0. 26% 、0. 31% ,而新乡市的工业废水排放量将下降 0. 29% 。

本章小结

关于新乡市承接产业转移影响因素，理论分析可知老工业城市新乡市承接产业转移受到经济因素和非经济因素的影响，其中经济因素包括市场因素、产业配套因素、基础设施因素、劳动力因素、经济发展因素等。采用 SEM 路径分析模型进行实证研究发现，老工业城市新乡承接国际产业转移受到市场总体规模及潜力因素、经济发展水平因素、基础设施建设水平因素的影响效果明显，其次是劳动力数量因素的影响，其影响作用均为正向关系。劳动力成本因素的影响效果明显，其影响作用为负向关系。产业配套因素具有负向影响，但不显著。老工业城市新乡市承接国内区际产业转移的实证研究显示，市场规模及潜力因素、经济发展水平因素的影响效果明显，基础设施因素、产业配套因素发挥正向影响，但效果不显著。劳动力因素中劳动力成本因素具有显著的负向影响，劳动力数量因素有正向作用，但效果并不明显。综上，对新乡市承接产业转移影响最大的因素是经济发展水平，其次是本地市场规模及潜力，再次是基础设施因素，影响力最小的是产业配套因素。在劳动力因素中，劳动力成本对承接产业转移形成负向影响，并表现明显；劳动力数量因素对承接产业转移形成正向影响，也表现显著；劳动力质量因素对承接产业转移形成影响但不显著，相对于劳动力数量其对承接产业转移的促进作用没有发挥。

关于新乡市承接产业转移效应研究，通过对承接产业转移变量和代表承接产业转移效应的变量进行 ADF 检验和协整分析，表明新乡市承接产业转移的经济效应集中体现在促进 GDP 总量增长方面；新乡市承接产业转移的社会效应集中体现在提升在岗职工工资方面；新乡市承接产业转移的环境效应集中体现在减少工业废水排放量方面；新乡市承接产业转移的能源效应集中体现在增加能源消费总量和人均能源消费量方面。就数量关系而言，若新乡市承接国际产业转移量每增加 1%，相应的新乡市 GDP 总量、在岗职工工资、能源消费总量、人均能源消费量就分别增长 0.45%、0.51%、0.25%、0.30%，而新乡市的工业废水排放量将下降 0.27%；若新乡市承接国内产业转移量每增加 1%，相应的新乡市 GDP 总量、在岗职工工资、能源消费总量、人均能源消费量就分别增长 0.49%、0.54%、0.26%、0.31%，而新乡市的工业废水排放量将下降 0.29%。

8 主要结论与研究展望

本书的研究以经济地理学、产业经济学、区域经济学等学科相关理论为基础，以利用外商直接投资、利用省外境内投资以及两者之和作为中部老工业城市承接国际产业转移、国内产业转移和承接产业转移总量的指标，运用面板数据模型、主成分分析法、熵值法、结构方程模型等计量经济研究方法，分析中部老工业城市承接产业转移的现状和基础、承接产业转移的影响因素、竞争能力以及产生的经济效应、社会效应、环境效应、能源效应，在此基础上得出中部老工业城市承接产业转移的一些基本观点和结论。

8.1 主要结论

本书研究中部老工业城市承接产业转移问题，得出如下结论：

（1）分析中部老工业城市利用外商直接投资和省外境内投资数据，得出其承接产业转移的现状。①在承接国际产业转移方面，中部老工业城市承接国际产业转移规模自 2003 年以来一直呈现上升趋势，呈现较快发展趋势；中部老工业城市承接国际产业转移增长速度在最近 10 多年经历了先慢后快的发展过程。中部老工业城市与中部六省其他城市比较其承接国际产业转移的竞争力更强。虽然，承接国际产业转移对中部老工业城市经济增长的贡献率并不大，但承接国际产业转移绝对规模在加速增大。②在承接国内产业转移方面，中部老工业城市承接国内产业转移规模从 2007 年始一直呈现上升趋势，呈现快速发展的态势。中部 14 个老工业城市与所属两省其他城市比较其承接国内产业转移的竞争力更强。此外，承接国内产业转移对中部老工业城市经济增长的贡献率不断上升，承接国内区际产业转移所占比例越来越大。③在承接产业转移总量方面，中部老工业城市承接产业转移总量自 2007 年以来一直呈现上升趋势，呈现快速发展趋势。中部 14 个老工业城市与所属两省其他城市比较其承接产业转移总量的竞争力更强。此外，承接产业转移总量对中部老工业城市经济增长的贡献率在不断上升。

（2）分析中部地区及老工业城市承接产业转移的基础，得出以下结论：①从承接国际和国内产业转移的角度分析，中部地区与发达国家和东部地区存在经济梯度差异，具备经济梯度差异的基本条件。中部 34 个老工业城市中有一半城市超过所在省份人均 GDP 平均水平，属于中部地区经济基础较好的城市，表明其具备承接产业转移的经济优势。②中部地区城镇化建设与东部发达地区存在一定差距，但是中部 6 个省份城镇化都处于快速发展的阶段，因此，中部地区城镇化建设还存在较大的发展潜力。此外，根据年末人民币储蓄余额和城乡人均收入情况排名，中部地区也都处于全国中间水平。③近年中部地区产业结构不断优化升级，但中部产业结构不合理问题仍很突出。从产值比例看，中部省份第一产业产值除山西省外，都高于 10% 的水平，表明产业结构还有较大调整空间；从就业比例看，除山西省外，第一产业吸纳的人口仍然存在较高比例，达到 30% ~ 40%，表明中部地区农业仍然在区域经济中占据过大的比例。

（3）分析中部老工业城市承接产业转移的影响因素，根据理论分析选择代表承接产业转移影响因素的相应指标，并采用面板数据模型进行实证研究。综合理论分析论证和定量实证研究结果，对中部老工业城市承接国际产业转移产生正方向影响的因素，分别是各个城市的基础设施因素、市场规模和潜力因素以及对外开放程度因素，上述影响因素的重要程度依次降低；对中部老工业城市承接国际产业转移产生反方向影响的因素，分别是各个城市的经济发展水平和劳动力成本因素，上述影响因素的重要程度依次降低。对中部老工业城市承接国内产业转移产生正方向影响的因素，分别是各个城市的市场规模因素、产业配套能力因素、市场潜力因素以及人力资本因素，上述影响因素的重要程度依次降低；对中部老工业城市承接国内产业转移产生反方向影响的因素，分别是各个城市的资金配套能力因素、经济发展水平和对外开放程度因素，上述后两个影响因素由于估计系数很小，本书认为其不起主要作用。

（4）研究分析中部老工业城市承接产业转移综合能力并进行定量评价。①中部老工业城市承接产业转移的综合能力评价研究，以城市为研究尺度，构建承接产业转移综合能力评价指标体系，包括 6 个大类 38 个具体指标。以 2013 年末 34 个老工业城市的数据为基础，以 6 个一级指标 38 个具体指标构建的承接产业转移综合能力评分指标为对象，采用主成分分析方法确定 6 个一级指标所属二级指标的权重，进而计算出 6 个一级指标得分。然后采用熵值法计算 6 个一级指标权重，进而计算 34 个老工业城市的承接产业转移综合能力得分值总排名。可直观地反映出中部老工业城市承接产业转移综合能力的状况，有助于企业进行迁移时作为一个参考基准。②根据对中部 34 个老工业城市承接产业转移的综合能力进行定量评价的得分值，按照平均值加标准差的方法和自然间断点的方法进行不同类型划分，对于承接产业转移综合能力强的城市划分结果相近。自然间断点的方法将34个老工业城市划分为综合能力强、综合能力较强、综合能力中等、综合能力较弱、综合能力弱共5个等级，分别包括2个、6个、11个、8个、7个城市。将综合能力强、综合能力较强、综合能力中等3个等级中分项得分排名超过综合能力得分排名的分项列出，可以为转移产业选择承接地提供决策参考。将综合能力较弱、综合能力弱2个等级中分项得分排名低于综合能力得分排名的分项列出，可以为不同城市政府提升其承接产业转移的综合能力提供着力方向。将各分项得分排名前后10位的城市列出，可以为各个老工业城市通过提升其分项水平培养综合能力提供参考。③根据统计分析过程，分析了中部老工业城市承接产业转移综合能力的特征，认为中部老工业城市承接产业转移综合能力中科技创新能力的贡献度最小。承接产业转移综合能力排名靠前的中部老工业城市均为某一级指标得分很高或各项一级指标得分相当并较高。第一种类型的典型老工业城市是安徽芜湖，第二种类型的典型老工业城市是河南洛阳。根据实证研究结果，从国家、省级、城市等不同区域尺度上提出了提升中部老工业城市承接产业转移综合能力的对策建议

（5）分析中部老工业城市承接产业转移产生的经济效应、社会效应、环境效应和能源效应，理论上着重对各种效应产生的途径进行分析，实证分析着重各种效应产生的正负向影响以及显著程度。实证分析主要根据2003～2013年34个中部老工业城市面板数据和2007～2013年14个老工业城市面板数据进行模型估计，并将承接产业转移分为承接产业转移总量、承接国外产业转移、承接国内产业转移进行分析。①关于中部老工业城市承接产业转移的经济效应，具体分为经济增长效应和产业结构效应。关于经济增长效应，结果表明中部老工业城市承接产业转移总量对经济增长具有显著的正向效应，承接国际产业转移对老工业城市经济增长具有显著的正向效应，而承接国内产业转移对老工业城市经济增长缺乏显著的正向效应。根据弹性估计系数结果分析，承接产业转移总量每增加1个单位，代表老工业城市经济增长的GDP相应增加0.185个单位；承接国际产业转移量每增加1个单位，代表老工业城市经济增长的GDP相应增加0.155个单位。关于产业结构效应，分为产业结构的合理化和高级化效应，结果表明承接产业转移总量对老工业城市产业结构合理化和高级化均具有显著的正向效应；承接国际产业转移对老工业城市产业结构合理化和高级化均具有显著的正向效应；承接国内产业转移对老工业城市产业结构合理化具有显著正向效应，而对老工业城市产业结构高级化缺乏显著的正向效应。②关于中部老工业城市承接产业转移的社会

效应，具体分为就业效应和收入效应。关于就业效应，分为就业数量效应和就业质量效应。结果表明承接产业转移总量对老工业城市就业数量具有较为显著的正向效应，而对老工业城市就业质量具有十分显著的正向效应；承接国际产业转移对老工业城市就业数量具有一定的负向效应，而对老工业城市就业质量具有显著的正向效应；承接国内产业转移对老工业城市就业数量缺乏显著影响，而对老工业城市就业质量具有十分显著的正向效应。关于收入效应，结果表明承接产业转移总量对老工业城市收入增长具有显著的正向效应，其中承接国际产业转移对老工业城市收入增长均具有一定的正向效应；承接国内产业转移对老工业城市收入增长具有十分显著的正向效应。③关于中部老工业城市承接产业转移的环境效应，结果表明承接产业转移总量对老工业城市工业废水、工业二氧化硫排放产生了正面效应，减小了老工业城市单位 GDP 的工业废水、工业二氧化硫等环境污染排放强度；而对老工业城市工业烟（粉）尘的排放缺乏显著影响，其中承接国际产业转移对老工业城市环境产生了正面效应，减小了老工业城市单位 GDP 的污染排放强度；承接国内区际产业转移对老工业城市工业废水、工业二氧化硫排放产生了正面效应，减小了老工业城市单位 GDP 的工业废水、工业二氧化硫等环境污染排放强度，而对老工业城市工业烟（粉）尘的排放缺乏显著影响。④关于中部老工业城市承接产业转移的能源效应，结果表明 2007 年以来中部老工业城市倒 "U" 形 "能源库兹涅茨曲线" 在能源消费总量和人均能源消费量两个层面上存在。承接产业转移总量对老工业城市能源消费总量、人均能源消费量、单位产出的能源消耗量均起到显著的负向影响。其中，承接国外产业转移对老工业城市能源消费总量、人均能源消费量均起到显著的负向影响，对老工业城市单位产出的能源消耗量缺乏显著影响。承接国内产业转移对老工业城市能源消费总量、人均能源消费量、单位产出的能源消耗量均起到显著的负向影响。可见，承接产业转移带来的技术进步等因素推动了中部老工业城市能源消费总量、人均消费量和单位产出的能源消耗量的下降。

（6）对中部老工业城市——河南省新乡市承接产业转移影响因素和效应进行案例研究。①关于新乡市承接产业转移影响因素，理论分析可知老工业城市新乡市承接产业转移受到经济因素和非经济因素的影响，其中经济因素包括市场因素、产业配套因素、基础设施因素、劳动力因素、经济发展因素等。采用 SEM 路径分析模型进行实证研究发现，老工业城市新乡承接国际产业转移受到市场总体规模及潜力因素、经济发展水平因素、基础设施建设水平因素的影响效果明显，其次是劳动力数量因素的影响，其影响作用均为正向关系。劳动力成本因素的影响效果明显，其影响作用为负向关系。产业配套因素具有负向影响，但不显著。老工业城市新乡市承接国内区际产业转移的实证研究显示，市场规模及潜力因素、经济发展水平因素的影响效果明显，基础设施因素、产业配套因素发挥正向影响，但效果不显著。劳动力因素中劳动力成本因素具有显著的负向影响，劳动力数量因素有正向作用，但效果并不明显。综上，对新乡市承接产业转移影响最大的因素是经济发展水平，其次是本地市场规模及潜力，再次是基础设施因素，影响力最小的是产业配套因素。在劳动力因素中，劳动力成本对承接产业转移形成负向影响，并表现明显；劳动力数量因素对承接产业转移形成正向影响，也表现显著；劳动力质量因素对承接产业转移形成影响但不显著，相对于劳动力数量其对承接产业转移的促进作用没有发挥。②关于新乡市承接产业转移效应研究，通过对承接产业转移变量和代表承接产业转移效应的变量进行 ADF 检验和协整分析，表明新乡市承接产业转移的经济效应集中体现在促进 GDP 总量增长方面；新乡市承接产业转移的社会效应集中体现在提升在岗职工工资方面；新乡市承接产业转移的环境效应集中体现在减少工业废水排放量方面；新乡市承接产业转移的能源效应集中体现在增加能源消费总量和人均能源消费量方面。就数量关系而言，若新乡市承接国际产业转移量每增加1%，相应的新乡市 GDP 总量、在岗职工工资、能源消费总量、人均能源消费量就分别增长 0.45%、0.51%、0.25%、0.30%，而新乡市的工业废水排放量将下降 0.27%；若新乡市承接国内产业转移量每增加1%，相应的新乡市 GDP 总量、在岗职工工资、能源消费总量、人均能源消费量就分别增长 0.49%、0.54%、0.26%、0.31%，而新乡市的工业废水排放量将下降 0.29%。

8.2　研究展望

（1）基于产业转移承接地的视角选择具有典型性意义的中部老工业城市作为研究对象，分析中部老工业城市承接产业转移的现状和基础、承接产业转移的影响因素、竞争能力以及产生的效应，较为全面地分析了中部老工业城市承接产业转移的问题，但还有一些方面需要拓展研究。中部老工业城市承接产业转移的规模在不断增加，对老工业城市经济、社会、环境、资源能源等也产生了不同影响，但是如何测算其承接产业转移的效率，进而评价其承接产业转移效果还需要进一步深入研究。

（2）关于中部老工业城市承接产业转移的影响因素和效应的研究基于利用外商直接投资和省外境内投资数据，关注老工业城市承接产业转移整体情况，在政策制定和决策参考上还较为宏观。进一步的研究可以考虑对承接产业转移的行业进行区分，从行业角度进行研究，为老工业城市振兴制定微观上更为详细的产业政策和决策提供参考。

（3）关于中部老工业城市承接产业转移影响因素的研究在理论分析中涉及了一些难以量化的制度、文化、习俗、政府等的作用，在实证分析中这些难以量化的因素没有纳入实证模型。首先，未来的研究可以考虑论证能反映这些因素的间接指标并将其纳入实证模型，进而对承接产业转移的影响因素进行全面完整的分析。其次，对承接的产业进行不同类行业和企业的微观划分，在行业和企业的层面上进行定量和调研相结合的研究，可以更为详细地分析承接产业转移的难以量化的影响因素。

（4）本书从经济效应、社会效应、环境效应、能源效应等维度分析了中部老工业城市承接产业转移的效应，但承接产业转移产生的是复杂的综合效应，对老工业城市其他方面的影响在未来研究中可以深入探讨。如承接产业转移产生的城镇化效应、财政收入效应等。承接产业转移对经济、社会、环境生态、能源资源等方面的影响都是综合复杂的，本书仅选择少数指标开展实证检验，所选指标的代表性和研究对象的全面性之间难免存在差异，这也是在未来研究中需要进一步探索的地方。

参考文献

[1] Antweiler W. , Copeland, Brian R. Taylor, M. Scott. Is Free Trade Good for the Environment [J] . American Economic Review, 2001, 91 (4): 877 – 908.

[2] Juergen von Hagen, B Eichengreen. Eichengreen Federalism Fiscal Restraints and European Monetary Union [J] . The American Economic Review, 1996 (86): 134 – 138.

[3] Baumol W. , Oates W. The theory of Environmental Policy (2nd edition) [M] . New York: Cambridge University Press, 1988.

[4] Bernard A. B. , Jones C. I. Technology and Convergence [J] . Economic Journal, 2002, 106 (437): 1037 – 1044.

[5] Bernard A. B. , Eaton J. , Jensen J. B. and Kortum S. Plants and Productivity in International Trade [J] . American Economic Review, 2003 (93): 1268 – 1290.

[6] Birdsall N. , Wheeler D. Trade Policy and Industrial Pollution in Latin America: Where are the Pollution Havens? [J] . The Journal of Environment & Development, 1993, 2 (1): 137 – 149.

[7] Chen C. , Chang L. and Zhang Y. The Role of Foreign Direct Investment in China's Post – 1978 Economic Development [J] . World Developments, 1995, 23 (4): 699 – 703.

[8] Cheng L. K. , Kwan Y. K. What Are the Determinants of the Location of Foreign Direct Investment? The Chinese Experience [J] . Journal of International Economics, 2000 (2): 379 – 400.

[9] Christmann P. , Taylor G. Globalization and the Environment: Determinants of Firm Self – Regulation in China [J] . Journal of International Business Studies, 2001, 32 (3): 439 – 458.

[10] Clark C. Global Competition and the Environmental Performance of Resource Firms: Is the "race to the bottom" Inevitable? [J] . International Environmental Af-

fairs, 1993 (5): 147 – 172.

[11] De Mello, Luiz. Foreign Direct Invest International Knowledge Transfers and Endogenous Growth: Time Series Evidence [J] . University of Dent in UK, 1996 (32): 187 –212.

[12] Eskeland G. S. , Harrison A. E. Moving to Greener Pastures? Multinationals and the Pollution haven Hypothesis [J] . Journal of Development Economics, 2003, 70 (1): 1 –23.

[13] Eva K. Sectoral Linkages of Foreign Direct Investment Firms to the Czech E-conomy [J] . Research in International Business and Finance, 2005, 19 (2): 251 – 265.

[14] George P. Artikis. Plant Location Decisions in the Greek Food Industry [J] . International Journal of Operations & Production Management, 1991 (5): 57 – 70.

[15] Groot L. F. , Cees A. W. & Zhou Minliang. Dynamics of China's Regional Development and Pollution – An investigation into the Environmental Kuznets Curve [P] . Tinbergen Institute Discussion Paper, 2002.

[16] Grossman G. M. , Krueger A. B. Economic Growth and the Environment [M] . National Bureau of Economic Research, Inc, 1994.

[17] Hu X. , Zhou R. J. Strategic research on Xi'an's Ability to Undertake Industrial Transfer of Software and IT Service [C] / / E – Business and E – Government (ICEE), 2010. International Conference on 2010.

[18] Hunya. Restructuring though FDI in Romanian Manufacturing [J] . Economic Systems, 2002, 26 (4): 387 –394.

[19] Jeffrey A. Frankel. Experience of Lessons from Exchange Rate Regine in E-merging Economies [R] . NBER Working Papers 10032, National Bureau of Economic Research, Inc, 2003.

[20] John H. Dunning. The Paradigm of International Production: A Restatement and Some Possible Extensions [J] . Journal of International Business Studies, 1988, 19 (1): 1 – 31.

[21] Jordan Shan. A VAR approach to the Economics of FDI in China [J] . Applied Economics, 2002, 34 (7): 885 –893.

[22] Kirkegaard J. F. Offshoring, Outsourcing, and Production Relocation: Labor – market Effects in the OECD Countries and Developing Asia [J] . Singapore Eco-

nomic Review, 2008 (12): 371 – 418.

[23] Kogut B. , S. J. Chang. Technological Capabilities and Japanese Foreign Direct Investment in the United States [J] . Review of Economics and Statistics, 1991, 73 (3): 401 – 413.

[24] Low P. , Yeats A. Do Dirty Industries Migrate? [R] . World Bank Discussion Paper No. 159, 1992: 89 – 104.

[25] Magnus Blomstrom, Denise Konan, Robert E. Lipsey. FDI in Restructuring the Japanese Economy [R] . NBER Working Paper Series, 2000.

[26] Mani M. , Wheeler D. In Search of Pollution Havens? Dirty Industry in the World Economy, 1960 to 1995 [J] . The Journal of Environment & Development, 1998, 7 (3): 215 – 247.

[27] Markusen J. R. , Maskus K. A Unified Approach to Intra – industry Trade and Direct Foreign Investment [R] . In: Loyd, P. , Grubel, H. , Lee, Hyun – Hoon (Eds) . The Frontiers of Intra – industry Trade. Macmillan, London, 1999.

[28] Markusen J. R. Trade versus Investment Liberalization [R] . NBER Working Paper, 1997.

[29] Michael Steiner. Old Industrial Areas: A Theoretical Approach [J] . Urban Study, 1985 (22): 387 – 398.

[30] Ray M. Northam. Urban Geography [M] . New York: John Wiley & Sons, 1975.

[31] Smarzynska B. K. , Wei S. J. Pollution Havens and Foreign Direct Investment: Dirty Secret or Popular Myth? [R] . National Bureau of Economic Research, 2001.

[32] Sung JinKang, Hong ShikLee. The Determinants of Location Choice of South Korean FDI in China [J] . Japan and the World Economy, 2007 (19): 441 – 460.

[33] World Bank. Is Globalization Causing a Race to the Bottom in Environmental Standards? Briefing Paper, PREM Economic Policy Group and Development Economics Group, Washington DC. World Development Movement (WDM), 2000.

[34] Zarsky L. Havens, Halos and Spaghetti: Untangling the Evidence About Foreign Direct Investment and the Environment [J] . Foreign Direct Investment and the Environment, 1999 (5): 47 – 74.

[35] Zarsky L. Havens, Halos, et al. Untangling the Evidence about Foreign Direct Investment and the Environment [J] . OECD Foreign Direct Investment and the

Evironment，1999（2）：47 – 73.

［36］Zhang Z. Y.，Zheng Q. Z.，Yang L. Supply Chain Reengineering for Industrial Transfer［C］. IEEE Computer Society，2010.

［37］安增军，杨敏. 海峡两岸产业转移效应的评价与产业优化研究［M］. 厦门：厦门大学出版社，2014.

［38］安增军，杨敏. 海峡两岸产业转移效应评价模型构建及实证研究［J］. 东南学术，2013（3）：1 – 5.

［39］蔡绍沈. 陕西省承接东部产业转移效应分析［D］. 西安工程大学硕士学位论文，2013.

［40］曾琦. 湖南省承接产业转移的城镇化效应实证研究［D］. 湖南科技大学硕士学位论文，2014.

［41］曾小彬，魏攀. 珠三角地区制造业产业转移研究——基于广东省区域产业集聚的实证分析［J］. 吉林省经济管理干部学院学报，2010（2）：8 – 14.

［42］陈飞. 西部地区承接产业转移的影响因素及效应研究［D］. 中国农业大学博士学位论文，2013.

［43］陈斐，张新芝. 中西部承接区域产业转移的竞争力研究［J］. 统计与决策，2012（2）：124 – 128.

［44］陈刚，刘珊珊. 产业转移理论研究：现状与展望［J］. 当代财经，2006（10）：91 – 96.

［45］陈红儿. 区际产业转移的内涵、机制、效应［J］. 内蒙古社会科学（汉文版），2002（5）：16 – 18.

［46］陈计旺. 区际产业转移与要素流动的比较研究［J］. 生产力研究，1999（3）：64 – 67.

［47］陈计旺. 影响东部地区产业转移的主要因素分析［J］. 生产力研究，2009（5）：99 – 101

［48］陈建军，葛宝琴. 区域协调发展内生机制的理论研究——以要素流动和产业转移为基点［J］. 中国矿业大学学报（社会科学版），2008，10（4）：59 – 66.

［49］陈建军. 中国现阶段的产业区域转移及其动力机制［J］. 中国工业经济，2002（8）：37 – 44.

［50］陈建军. "东扩西进"与浙江产业区域转移的战略选择［J］. 浙江社会科学，2002（1）：45 – 51.

［51］陈凌佳. FDI 环境效应的新检验［J］. 世界经济研究，2008（9）：

54 – 59.

　　［52］陈龙来. FDI——中间品贸易对我国环境污染影响的实证研究［J］. 兰州学刊, 2010（4）: 30 – 34.

　　［53］陈湘满, 刘海燕. 基于因子分析的湖南承接产业转移能力评价［J］. 湘潭大学学报（哲学社会科学版）, 2013, 37（5）: 48 – 51.

　　［54］陈勇. FDI 路径下的国际产业转移与中国的产业承接［J］. 大连: 东北财经大学出版社, 2007.

　　［55］成艾华, 赵昭. 西部地区承接产业转移中的污染转移问题研究［J］. 开发研究, 2015（1）: 8 – 12.

　　［56］程杰. 河南省承接产业转移的绩效分析［J］. 河南社会科学, 2013, 21（2）: 100 – 103.

　　［57］赤松要. 我国羊毛工业品的趋势［J］. 商业经济论丛, 1935（13）: 21 – 27.

　　［58］崔志刚. 河南承接产业转移对产业结构升级的影响分析［D］. 中国政法大学硕士学位论文, 2011.

　　［59］戴伯勋, 沈宏达, 黄继忠. 中国老工业基地改造的进程与启示［J］. 经济改革与发展, 1997（2）: 49 – 52.

　　［60］狄强, 张章. 产业转移过程中的投资软环境因素分析［J］. 广西财经学院学报, 2007（1）: 51 – 54.

　　［61］丁刚. 国际产业转移: 并非是能耗"猛虎"［J］. 人民论坛, 2007（22）: 32 – 34.

　　［62］丁金刚. 产业转移的动因及趋势预测［J］. 经济师, 2010（2）: 68 – 71.

　　［63］豆建民, 沈艳兵. 产业转移对中国中部地区的环境影响研究［J］. 中国人口·资源与环境, 2014, 24（11）: 96 – 102.

　　［64］杜传忠. 基于成本视角的区际产业转移动因分析［J］. 财贸经济, 2011（8）: 46 – 50.

　　［65］杜运苏, 张为付. 我国承接国际产业转移的碳排放研究［J］. 南京社会科学, 2012（11）: 22 – 28.

　　［66］多淑杰. 国际产业转移对我国技术进步影响的实证分析［J］. 统计与决策, 2012（5）: 109 – 112.

　　［67］樊欢欢, 刘荣. EViews 统计分析与应用（第2版）［M］. 北京: 机械工业出版社, 2014.

［68］费洪平，李淑华．我国老工业基地改造的基本情况及应明确的若干问题［J］．宏观经济研究，2000（5）：30－33.

［69］冯邦彦，段晋苑．广东省区际产业转移影响因素的实证研究［J］．广东工业大学学报（社会科学版），2009，9（1）：39－44.

［70］冯大威．承接产业转移的就业效应研究——以河南省为例［D］．吉林大学硕士学位论文，2014.

［71］冯海华，张为付．基于空间经济学视角下FDI区位投资的实证研究［J］．西南民族大学学报（人文社科版），2010（1）：83－89.

［72］冯南平，杨善林．产业转移对区域自主创新能力的影响分析——来自中国的经验证据［J］．经济学动态，2012（8）：70－74.

［73］高树印，蔡基宏．国家支持的中部地区老工业基地的界定与选择［J］．经济经纬，2006（4）：59－62.

［74］高铁梅．计量经济分析方法与建模：EViews应用及实例［M］．北京：清华大学出版社，2006.

［75］龚雪．产业转移的动力机制与福利效应研究［M］．北京：法律出版社，2009.

［76］古冰，鲁黛迪，蒯文婧．我国污染密集型产业区域转移的趋势、行业特征及区位选择［J］．统计与决策，2013（18）：77－81.

［77］顾乃华，朱卫平．产业互动、服务业集聚发展与产业转移政策悖论——基于空间计量方法和广东数据的实证研究［J］．国际经贸探索，2010（12）：28－34.

［78］关爱萍，魏立强．区际产业转移技术创新溢出效应的空间计量分析［J］．经济问题探索，2013（9）：77－83.

［79］郭耿．郴州市产业转移承接力分析［D］．湖南师范大学硕士学位论文，2013.

［80］郭显光．改进的熵值法及其在经济效益评价中的应用［J］．系统工程理论与实践，1998（12）：98－102.

［81］国家发展和改革委员会．全国老工业基地调整改造规划（2013－2022年）［EB/OL］．http：//www.sdpc.gov.cn/zcfb/zcfbghwb/201304/t20130402_585495.html，2013－03－18.

［82］国家发展和改革委员会产业经济与技术经济研究所．中国产业发展报告2012－2013——我国产业跨区域转移研究［M］．北京：经济管理出版社，2013.

［83］韩胜娟．SPSS聚类分析中数据无量纲化方法比较［J］．科技广场，

2008（3）：229 – 231.

［84］韩艳红. 我国欠发达地区承接发达地区产业转移问题研究［D］. 吉林大学博士学位论文，2013.

［85］郝洁. 产业转移承接地效应的理论分析［J］. 中国流通经济，2013（1）：60 – 67.

［86］何龙斌. 国内污染密集型产业区际转移路径及引申——基于2000—2011年相关工业产品产量面板数据［J］. 经济学家，2013（6）：78 – 86.

［87］何龙斌. 西部地区承接产业转移的生态困境与出路［J］. 经济纵横，2011（7）：65 – 68.

［88］何龙斌. 西部欠发达地区产业转移承接力的评价与培育——以陕南三市为例［J］. 延安大学学报（社会科学版），2010，32（5）：55 – 59.

［89］何有世，秦勇. 离岸软件外包中江苏四城市承接能力的综合评价［J］. 软科学，2009（12）：86 – 90.

［90］贺灿飞，魏后凯. 信息成本、集聚经济与中国外商投资区位［J］. 中国工业经济，2001（9）：38 – 45.

［91］侯伟丽，方浪，刘硕. "污染避难所"在中国是否存在？——环境管制与污染密集型产业区际转移的实证研究［J］. 经济评论，2013（4）：65 – 72.

［92］胡伟，张玉杰. 中西部承接产业转移的成效——基于地理信息系统的空间分析方法［J］. 当代财经，2015（2）：97 – 105.

［93］荒山裕行. 三次产业部门两地区模式中的所得转移［J］. 日本问题研究，1995，30（2）：23 – 25.

［94］黄凌云，徐磊，冉茂盛. 金融发展、外商直接投资与技术进步——基于中国省际面板数据的门槛模型分析［J］. 管理工程学报，2009（3）：16 – 21.

［95］黄凌云，张嫚，黄秀霞，冉茂盛. 中国西部地区承接产业转移力度的空间计量研究［J］. 重庆大学学报（社会科学版），2014，20（4）：1 – 9.

［96］黄伟. 集群状态下产业转移的内在机理研究——基于中国区域产业转移的实证分析［J］. 林业经济，2008（10）：76 – 79.

［97］黄秀霞. 重庆市产业转移承接力度的影响因素研究［D］. 重庆大学硕士学位论文，2013.

［98］黄煦. 安徽各地市产业转移承接力研究［D］. 安徽财经大学硕士学位论文，2013.

［99］惠调艳，胡新，马莉. 陕西软件的产业转移承接能力研究［J］. 中国科技论坛，2010（4）：77 – 83.

[100] 贾广森. 产业转移效应评价及其区域政策取向 [D]. 浙江师范大学硕士学位论文, 2010.

[101] 贾文彬, 乌云其其格. 西部地区承接产业转移的动因分析 [J]. 经济研究导刊, 2010 (23): 62-63.

[102] 贾兴梅, 刘俊杰. 中西部地区承接产业转移的影响因素研究 [J]. 地域研究与开发, 2015 (1): 14-18.

[103] 江世银. 四川承接产业转移, 推动产业结构优化升级 [M]. 北京: 经济管理出版社, 2010.

[104] 江文红, 燕佳静, 赵琳琳. 中部各省承接产业转移投资硬环境比较 [J]. 科技经济市场, 2008 (7): 55-57.

[105] 姜霞. 承接产业转移对湖北产业结构的影响 [J]. 开放导报, 2014 (6): 84-87.

[106] 李保东. 结构方程模型在组织认同研究中的应用 [M]. 北京: 经济管理出版社, 2014.

[107] 李斌, 陈超凡, 万大艳. 低梯度地区承接产业转移影响因素及预测研究 [J]. 湖南师范大学社会科学学报, 2011 (2): 93-96.

[108] 李承柳. 西部地区电子信息产业承接产业转移效应研究——以成都为例 [D]. 西南交通大学硕士学位论文, 2012.

[109] 李国平, 陈晓玲. 我国外商直接投资地区分布影响因素研究——基于空间面板数据模型 [J]. 当代经济科学, 2007 (3): 43-48.

[110] 李晖, 王莎莎. 基于 TOPSIS 模型评价承接产业转移的实证研究 [J]. 系统工程, 2010, 28 (8): 64-69.

[111] 李伟庆. 中国区际产业转移的自主创新效应研究 [D]. 浙江大学博士学位论文, 2011.

[112] 李小平, 卢现祥. 国际贸易、污染产业转移和中国工业 CO_2 排放 [J]. 经济研究, 2010 (1): 15-26.

[113] 李小庆. 皖江城市带承接产业转移的影响因素研究——基于面板协整模型的实证分析 [J]. 铜陵学院学报, 2011 (5): 60-63.

[114] 李郇, 丁行政. 空间集聚与外商直接投资的区位选择——基于珠江三角洲地区的实证分析 [J]. 地理科学, 2007 (5): 636-641.

[115] 李芸. 承接产业转移对安徽产业结构优化升级的影响 [D]. 安徽财经大学硕士学位论文, 2013.

[116] 李子豪, 刘辉煌. FDI 的技术效应对碳排放的影响 [J]. 中国人口·

资源与环境，2011（12）：27－33.

　[117] 林毅夫，张鹏飞. 后发优势、技术引进和落后国家的经济增长［J］. 经济学季刊，2005，10（5）：53－74.

　[118] 刘海燕. 湖南承接产业转移的环境效应研究［D］. 湘潭大学硕士学位论文，2013.

　[119] 刘家国，曹静，李根，等. Eviews 统计分析在计量经济学中的应用［M］. 北京：机械工业出版社，2014.

　[120] 刘君. 重庆承接产业转移问题研究［D］. 重庆工商大学硕士学位论文，2008.

　[121] 刘永举. 重庆市承接产业转移对产业结构优化的影响研究［D］. 重庆师范大学硕士学位论文，2014.

　[122] 卢根鑫. 试论国际产业转移的经济动因及其效应［J］. 上海社会科学院学术季刊，1994（4）：33－42.

　[123] 鲁明泓. 制度因素与国际直接投资区位分布：一项实证研究［J］. 经济研究，1999（7）：57－66.

　[124] 罗哲，邓生菊，关兵. 西部地区承接产业转移的能力分析与规模测度［J］. 甘肃社会科学，2012（6）：90－94.

　[125] 雒海潮，苗长虹，李国梁. 不同区域尺度产业转移实证研究及相关论争综述［J］. 人文地理，2014，29（1）：1－8.

　[126] 马红. 区域产业结构调整与主导产业选择研究［M］. 上海：上海人民出版社，2011.

　[127] 马涛，李东，杨建华，等. 地区分工差距的度量——产业转移承接能力评价的视角［J］. 管理世界，2009（9）：168－169.

　[128] 马子红. 产业转移与产业集聚的实证分析：以昆明为例［J］. 经济问题探索，2010（6）：58－63.

　[129] 马子红. 产业转移与我国西部地区产业结构调整［M］. 北京：中国经济出版社，2014.

　[130] 马子红. 区域产业转移的影响因素及对策分析［J］. 改革与战略，2011，25（6）：140－142.

　[131] 马子红. 中国区际产业转移与地方政府的政策选择［M］. 北京：人民出版社，2008.

　[132] 马子红，马洪斌. 中国区际产业转移的主要模式探究［J］. 生产力研究，2009（13）：141－143.

［133］莫莎，张舒玮．外商直接投资环境效应的实证研究——基于湖南省19个行业的面板数据分析［J］．经济地理，2010，30（6）：1021－1026.

［134］聂华林，赵超．我国区际产业转移对西部产业发展的影响［J］．兰州大学学报，2000（5）：11－15.

［135］庞玉萍．东部产业转移区域选择的影响因素［J］．发展研究，2007（9）：57－59.

［136］彭文斌，吴伟平，李志敏．环境规制视角下污染产业转移的实证研究［J］．湖南科技大学学报（社会科学版），2011（3）：78－80.

［137］邱皓政，林碧芳．结构方程模型的原理与应用［M］．北京：中国轻工业出版社，2009：204－221.

［138］邱晓华，郑京平，万东华等．中国经济增长动力及前景分析［J］．经济研究，2006（5）：4－12.

［139］人民论坛问卷调查中心．经济增长动能抑或政治晋升比拼——当代中国地方政府竞争状况问卷调查分析报告［J］．人民论坛，2010（15）：12－15.

［140］荣泰生．AMOS与研究方法［M］．重庆：重庆大学出版社，2009.

［141］沙文兵，石涛．外商直接投资的环境效应［J］．世界经济研究，2006（6）：46－53.

［142］邵宪宝．区际产业转移对西部地区可持续发展的效应研究［D］．浙江大学硕士学位论文，2012.

［143］石奇．集成经济原理与产业转移［J］．中国工业经济，2004（10）：5－12.

［144］宋哲．我国产业转移的动因与效应分析［D］．武汉大学博士学位论文，2013.

［145］苏华，胡田田，黄供费．中国各区域产业承接能力的评价［J］．统计与决策，2011（5）：41－43.

［146］孙君，姚建凤．产业转移对江苏区域经济发展贡献的实证分析——以南北共建产业园为例［J］．经济地理，2011（3）：432－436.

［147］孙君军．承接东部产业转移的中西部物流能力评价研究［D］．武汉理工大学硕士学位论文，2009.

［148］孙世民，展宝卫．产业转移承接力的形成机理与动力机制［J］．改革，2007（10）：121－125.

［149］孙书利．浙江省承接服务业国际转移的经济效应分析［D］．浙江理工大学硕士学位论文，2013.

［150］孙雅娜，边恕．辽宁承接国际产业转移的能力与对策［J］．辽宁经济，2007（1）：24－25．

［151］檀世凯．重庆承接产业转移的影响因素研究［D］．重庆工商大学硕士学位论文，2012．

［152］陶诚，耿光颖，王春贤．安徽省承接东部沿海产业转移效应分析及相关建议［J］．金融纵横，2009（12）：30－33．

［153］陶良虎．国内外产业转移与中部地区产业承接问题研究［J］．理论月刊，2010（1）：5－11．

［154］汪立．承接产业转移的技术溢出效应研究——以湖南省为例［D］．湖南科技大学硕士学位论文，2013．

［155］王爱民．产业转移对环境影响的实证分析［J］．江苏商论，2013（4）：85－88．

［156］王国中，杜云鹏．国际产业转移与我国外贸商品结构关系的实证分析［J］．经济问题，2007（3）：45－47．

［157］王海文．南昌承接产业转移的经济增长效应及承接模式研究［D］．中央民族大学硕士学位论文，2013．

［158］王花荣．产业关联、制度环境对产业转移力形成的作用分析［J］．职业圈，2007（23）：21－24．

［159］王花荣．产业跨区域转移中的动力机制分析［J］．金融经济，2007（18）：89－91．

［160］王济川，王小倩，姜宝法．结构方程模型：方法与应用［M］．北京：高等教育出版社，2011．

［161］王家庭．多重约束下"低成本、集约型"城镇化模式研究［M］．天津：南开大学出版社，2010．

［162］王建峰．区域产业转移的综合协同效应研究［D］．北京交通大学博士学位论文，2012．

［163］王建平，刘彬．国际产业转移的模式与效应分析［J］．管理现代化，2013（3）：24－26．

［164］王剑，徐康宁．FDI区位选择、产业聚集与产业异质——以江苏为例的研究［J］．经济科学，2005（4）：52－64．

［165］王满四，黄言生．欠发达地区承接产业转移的关键影响因素研究——以江西省赣州市为例［J］．国际商务——对外经济贸易大学学报，2012（2）：96－104．

［166］王楠，张本明．东北经济区产业转移研究［M］．北京：北京交通大学出版社，2014.

［167］王青云．我国老工业基地城市界定研究［J］．宏观经济研究，2007（5）：3 – 7.

［168］王然．我国产业转移的影响因素与发展趋势［J］．兰州学刊，2011，185（2）：175 – 177.

［169］王先庆．产业扩张［M］．广州：广东经济出版社，1998.

［170］王亚飞，吴潇航．区域产业集群优势与 FDI 区位决策［J］．地域研究与开发，2007，26（3）：11 – 15.

［171］王燕玲，林峰．西部地区应积极承接东部地区产业转移［J］．经济问题探索，2005（2）：11 – 14.

［172］王莹莹．香港对内地直接投资及其经济效应分析［D］．湖南大学硕士学位论文，2008.

［173］王颖瑞．甘肃省承接产业转移效应的实证研究［D］．兰州交通大学硕士学位论文，2014.

［174］魏博通．江西承接沿海产业转移的现状与经济效应分析［J］．改革与战略，2012，28（10）：85 – 88.

［175］魏后凯，贺灿飞，王新．外商在华直接投资动机与区位因素分析——对秦皇岛市外商直接投资的实证研究［J］．经济研究，2001（2）：67 – 76.

［176］魏后凯．产业转移的发展趋势及其对竞争力的影响［J］．福建论坛（经济社会版），2003（4）：11 – 15.

［177］魏后凯．国家支持中部老工业基地的界定标准与基本思路［J］．经济管理，2006（15）：6 – 10.

［178］魏后凯．我国外商投资的区位特征及变迁［J］．经济纵横，2001（6）：23 – 28.

［179］吴明隆．结构方程模型——AMOS 的操作与应用［M］．重庆：重庆大学出版社，2009.

［180］吴文洁，白旭科．资源枯竭城市承接产业转移的效应分析［J］．资源与产业，2010，12（2）：1 – 5.

［181］吴雪萍．皖江城市带产业转移影响因素的实证分析［J］．经济论坛，2010（6）：111 – 113.

［182］武瑶．承接产业转移对水环境安全的影响及其评估研究［D］．北京林业大学硕士学位论文，2014.

［183］夏友富．外商投资中国污染密集产业现状、后果及其对策研究［J］．管理世界，1999（3）：109－123.

［184］肖灿夫．我国产业转移的影响因素分析［J］．北方经济，2005（4）：26－27.

［185］肖雁飞，万子捷，廖双红．中部地区承接沿海产业转移现状及综合能力测度［J］．经济问题探索，2014（1）：46－51.

［186］谢丽霜．西部地区承接东部产业转移的环境风险及防范对策［J］．商业研究，2011，381（1）：95－98.

［187］谢姚刚．理性看待污染密集产业转移［J］．国际贸易问题，2004（11）：63－65.

［188］胥留德．后发地区承接产业转移对环境影响的几种类型及其防范［J］．经济问题探索，2010（6）：36－39.

［189］徐文勇．中西部地区产业承接能力分析与评价——以纺织产业为例［J］．特区经济，2012（2）：200－202.

［190］许琳，毛加强．我国利用外商直接投资的区域分布研究［J］．兰州大学学报，2005（6）：134－137.

［191］闫安，赵淑琪，裴凤．皖北地区产业转移综合承接能力评价［J］．合肥工业大学学报（社会科学版），2012（2）：18－26.

［192］严薇，赵宏宇，夏恩君．国际产业转移效应影响因素分析及理论模型构建［J］．商业时代，2009（30）：99－100.

［193］羊绍武．论人民币升值的产业转移效应［J］．西南民族大学学报（人文社会科学版），2006（1）：55－57.

［194］杨凡，陶涛，家顺良．中西部地区产业承接能力分析［J］．合作经济与科技，2010（8）：24－26.

［195］杨敏，安增军．海峡两岸产业转移效应评价原理及方法研究［J］．东南学术，2012（4）：84－102.

［196］姚莉．区域视角下的老工业基地调整改造——以中部地区为例［M］．武汉：湖北人民出版社，2012.

［197］叶宗裕．关于多指标综合评价中指标正向化和无量纲化方法的选择［J］．浙江统计，2003（4）：24－25.

［198］易丹辉．数据分析与 EViews 应用（第2版）［M］．北京：中国人民大学出版社，2014.

［199］于治贤．论世界经济产业结构调整和产业转移［J］．社会科学辑刊，

2000（2）：4-78.

　　［200］余慧倩．长三角需审慎对待国际产业转移［J］．江南论坛，2004
（6）：9-11.

　　［201］元振海．甘肃省承接产业转移的生态环境效应评价［D］．兰州大学
硕士学位论文，2010.

　　［202］翟国涛，刘业兴．我国西部地区承接东部地区产业转移的影响因素分
析［J］．科技信息，2011（27）：379.

　　［203］展宝卫．产业转移承接力建设概论［M］．济南：泰山出版社，
2006.

　　［204］张冬梅．提升西部地区产业承接能力研究［J］．现代经济探讨，
2008（10）：56-58.

　　［205］张洪增．论移植型产业成长模式及其缺陷——兼论对我国产业成长模
式的借鉴［J］．中共浙江省委党校学报，1999（3）：7-12.

　　［206］张健．泛珠区域产业转移的结构效应与环境效应分析［D］．广东外
语外贸大学硕士学位论文，2009.

　　［207］张晋霞．新疆承接产业转移的环境效应研究［D］．新疆石河子大学
硕士学位论文，2014.

　　［208］张璐璐．湖南承接产业转移的收入效应研究［D］．湖南科技大学硕
士学位论文，2013.

　　［209］张倩，伍旭中．皖江城市带承接产业转移的影响因素的实证分析——
以安徽省 FDI 为例［J］．时代金融，2011（9）：135-136.

　　［210］张婷婷．我国欠发达地区承接产业转移实证比较研究［J］．青海社
会科学，2009（1）：21-24.

　　［211］张卫华，赵铭军．指标无量纲化方法对综合评价结果可靠性的影响及
其实证分析［J］．统计与信息论坛，2005，20（3）：33-36.

　　［212］张晓峒．EViews 使用指南与案例［M］．北京：机械工业出版社，
2007：263-269.

　　［213］张兆昕．金华市产业转移的动因及其对经济发展的影响研究［D］．
浙江师范大学硕士学位论文，2014.

　　［214］赵威．长春经济技术开发区吸收外商直接投资的效应及对策分析
［D］．吉林大学硕士学位论文，2007.

　　［215］周戈．广西承接产业转移的影响因素研究［D］．中南民族大学硕士
学位论文，2013.

［216］周江洪，陈矗．论区际产业转移力构成要素与形成机理［J］．中央财经大学学报，2009（2）：66－70.

［217］朱华友，孟云利，刘海燕．集群视角下的产业转移的路径、动因及其区域效应［J］．社会科学家，2008（3）：43－50.

［218］邹篮，王永庆．产业转移：东西部合作方式和政策研究［J］．特区理论与实践，2000（3）：27－31.

［219］左小德，张莉方，梁云．产业转移的引力模型及实证研究［J］．产经评论，2011（3）：47－54.

［220］《振兴老工业基地研究》课题组．中国老工业基地振兴之路［J］．改革，2000（5）：5－19.